学前教育专业"十三五"规划教材

学前舞蹈实用教程

主　编　任玲玲

副主编　曲晓东　姜　波

主　审　孙明忱

西安电子科技大学出版社

内 容 简 介

本书根据学前教育职业技能要求,对学生进行全面的舞蹈基本技能训练,其中包括舞蹈素质训练、芭蕾舞基本动作训练、古典舞动作韵律训练以及藏族、蒙古族、傣族、维吾尔族和东北秧歌等具有代表性的民族民间舞蹈训练与幼儿舞蹈教学、创编等技能训练,可使学生达到舞蹈专业训练的基本要求,同时掌握幼儿舞蹈的特点,并能应用所学的技能进行幼儿舞蹈创编。

本书可作为职业学校学前教育专业教材。

图书在版编目(CIP)数据

学前舞蹈实用教程/任玲玲主编. —西安:西安电子科技大学出版社,2017.11(2018.10 重印)
学前教育专业"十三五"规划教材
ISBN 978-7-5606-4730-2

Ⅰ.① 学… Ⅱ.① 任… Ⅲ.① 学前教育—儿童舞蹈—教材 Ⅳ.① G613.5

中国版本图书馆 CIP 数据核字(2017)第 248887 号

策   划 高 樱
责任编辑 高 媛 阎 彬
出版发行 西安电子科技大学出版社(西安市太白南路 2 号)
电   话 (029)88242885 88201467   邮   编 710071
网   址 www.xduph.com   电子邮箱 xdupfxb001@163.com
经   销 新华书店
印刷单位 陕西天意印务有限责任公司
版   次 2017 年 11 月第 1 版   2018 年 10 月第 2 次印刷
开   本 787 毫米×1092 毫米 1/16 印 张 14
字   数 325 千字
印   数 2001～5000 册
定   价 32.00 元
ISBN 978-7-5606-4730-2/G
XDUP 5022001-2
如有印装问题可调换

序

职业学校教材是体现职业教育人才培养目标、教学内容和教学方法的载体，是职业学校教师进行教学的基本工具，也是全面推进素质教育、培养创新创业人才的重要保证。《国务院关于加快发展现代职业教育的决定》指出："要推进专业设置、专业课程内容与职业标准相衔接，推进中等和高等职业教育培养目标、专业设置、教学过程等方面的衔接，形成对接紧密、特色鲜明、动态调整的职业教育课程体系。全面实施素质教育，科学合理设置课程，将职业道德、人文素养教育贯穿培养全过程。"职业学校必须积极推进课程和教材改革，开发和编写反映新知识、新技术、新工艺，具有职业教育特色的课程和教材，才能适应市场和社会的需要。开发校本教材也是职业学校深化教育教学改革、形成学校品牌特色的重要措施。职业学校要切实提高人才培养质量，就必须有符合学校办学特点和学生实际的校本教材。不同职业学校在发展方向、专业设置、实训设施、教师队伍、文化氛围等方面都各有特点，因此其开发的校本教材也必然融入了学校独有的特色。同时，校本教材的开发也有利于学校教育教学改革与创新，有利于学校特色的形成与发展。

职业学校校本教材的开发可以提高教师对教材和教学方法的理解和驾驭能力。开发校本教材要求教师具有一定水平的专业知识和技能，不仅会教书，还要会编书，有利于提升教师的课程意识，促进教师专业的发展。在校本教材的开发和编写过程中，教师要认真总结自己的专业教学经验，深刻反思自己在教学中的优劣得失，从而使自身的专业知识、专业能力和专业精神不断得到提升。为了更好地开展校本课程建设，提高校本教材的开发质量，职业学校教师应该在两个方面不断提升自己。第一，努力提高教育理论修养，提高专业素质，从较高层次上把握教育教学的理论和实践问题，以课题研究为依托开发课程教材。只有以先进的理论为指导，开发的教学成果才会有长久的生命力。第二，要在教育教学实践中发现问题、研究问题、解决问题，也就是总结自己教育教学实践活动的经验和教训，发现规律，上升到理论，得出有价值的成果，形成教材，更好地指导教育教学实践。

职业学校校本教材的开发要坚持"面向市场、服务发展、促进就业"的理念，以职业能力培养为本位，以强化职业实践为主线，合理整合专业课程，以优化教学改革为突破口，强化职业技能的培养，增强教材的实用性和适应性，实现人才培养目标与社会对人才需求的对接。校本教材的开发要贯彻"以人为本"的原则，以促进学生全面发展为目的，将职业精神与职业技能培养相融合，职业道德和职业技能培养并重，着眼于学生的全面发展和终身发展，强化就业创业能力的培养，使学生不仅学会"做事"，实现就业目标，更能学会

"做人"，实现更加幸福、更有尊严的生活。

凤城市职业教育中心坚持走内涵发展道路，不断创建品牌专业，始终坚持"以服务为宗旨、就业为导向、技能为核心、育人为保障，专业有特色、个人有专长"的办学理念；以"关爱学生，学会过硬本领，使每个学生成才；关爱教师，提高职业素养，使每位教师成功"为办学思想，以培养学生具有"高尚的职业道德、精湛的专业技能、自立的就业能力、自强的创业精神"为目标；以"特色立校、质量强校、品牌壮校、科研兴校"为战略方针，形成了独有的办学特色。自 2014 年被确定为辽宁省首批中等职业学校教育改革发展示范建设学校以来，凤城市职业教育中心不断强化骨干专业建设，其中，学前教育专业形成了以理论素养为根本，以技能训练为主线，园校合作，全程实践的人才培养模式；汽车运用与维修专业和机械加工技术专业形成了学训交替，岗位对接，工学结合的人才培养模式。伴随着凤城市职业教育中心骨干专业的建设与发展，专业教师们也不断总结经验，编写出一系列校本教材。这一系列校本教材的可贵之处在于，紧密结合学校的教学实践，面向学生，面向岗位，极具针对性、实用性，是教师教学工作心血的凝练和提升。相信这一系列校本教材的出版对于推动基层职业学校教育教学改革将起到积极作用。同时，也希望凤城市职业教育中心的广大教师从理论和实践两个方面继续进取，努力完成为国家培养技术技能人才的任务。

辽宁教育研究院副院长
辽宁省职业技术教育学会常务副会长

校本教材系列丛书编写委员会

主　任　孙明忱

副主任　刘　力

委　员　(排名不分先后)

　　　　贺明书　曲晓东　郝继升　于运涛　何　红

　　　　金　莹　任玲玲　吴剑虹　刘　志　刘　爽

前　言

　　舞蹈是以经过提炼、组织和艺术加工的人体动作为主要表现手段，表达人们的思想感情，反映社会生活的一种艺术形式。舞蹈的基本要素是动作的姿态、节奏和表情。舞蹈起源于劳动，与文学、音乐、美术相伴而生，是人类历史上最早产生的艺术形式之一。

　　舞蹈作为教育的内容和手段，不仅可以培养教育对象具有健美的身体姿态，提高动作的协调性、节奏感，而且可以抒发和表达感情，加强相互交往的程度，美化生活，培养良好的道德品质。

　　学前教育专业的舞蹈教学既不同于舞蹈专业院校和文艺团体，又有别于舞蹈爱好者的训练，它是一种独特的综合性教学。在学前教育舞蹈技能课中，教学、表演、编导是三位一体的。

　　全书分为五个单元进行阐述，一个单元为一个学期的教学内容。每个单元除了本学期的教学重点内容，又合理地安排了循序渐进的基础动作训练，包括素质、技巧、芭蕾基训、中国舞基础动作；在民族舞蹈教学中不仅有基础动作组合，也有综合性的表演组合。这种内容安排可以让教师根据学生实际情况进行选择，也为分层教学提供了教学依据。在幼儿舞蹈教学单元中，幼儿舞蹈创编部分的内容比较具体，也给了行之有效的创编过程和创编方法的介绍，体现了职业性和实用性。

　　本书在编写时力求全面、准确地体现《学前教育专业教学大纲》和《师范院校"舞蹈"课程标准》的要求，依据科学性、实用性和示范性的编写原则，构建起以提高学前教育专业学生舞蹈技能为主线的训练体系。

　　本书由任玲玲担任主编，曲晓东、姜波担任副主编，孙明忱担任主审。全书由任玲玲统稿。

　　由于时间仓促，书中难免有不当之处，恳请读者批评指正。

编　者

2017 年 7 月

目　录

第一单元　舞蹈基础知识与素质训练

第二单元　东　北　秧　歌

第三单元　藏族和傣族民间舞蹈

第四单元　蒙古族和维吾尔族民间舞蹈

第五单元　幼儿舞蹈

第一单元

舞蹈基础知识与素质训练

第一章 舞蹈基础理论知识

第一节 舞蹈的定义和来源

一、什么是舞蹈

舞蹈和我们的生活有着非常紧密的联系。在早晨的广场上、傍晚的公园中，随处可见一群群的中老年人，或随着锣鼓点扭"秧歌"，或伴着音乐跳"广场健身舞"，或扶手搭腰跳着"交谊舞"。电视晚会上，各种形式的节日庆典上，学校、社区、幼儿园的舞台上，舞蹈表演和歌舞节目是必不可少的。

那到底什么是舞蹈呢？

用简明的话来说，舞蹈是一种人体动作的艺术，是以经过提炼、组织和艺术加工而美化了的人体动作作为主要表现手段，并在空间和时间中结合音乐、舞台美术等艺术表现方式，来表达人们的思想感情，反映社会生活的一种艺术形式。

另外，属于人体动作范畴的艺术也有许多种，如杂技、哑剧、人体雕塑、韵律操等，而舞蹈不同于别的人体动作艺术的主要方面是：它是以舞蹈动作为主要表现手段，着重表现语言文字或其他艺术表现手段难以表现的人们内在深层的精神世界——细腻的情感、审美理想，反映生活的审美属性。

二、舞蹈的来源

1. 起源

据艺术史学家考证，人类最早产生的艺术就是舞蹈。在远古人类尚未产生语言以前，人们就用动作、姿态的表情来传达各种信息，进行情感、思想的交流。那么，舞蹈作为一种最古老的艺术，它的源头来自哪里呢？

有的学者认为，人有模仿的本能，舞蹈是人用有节奏的动作对各种野兽动作和习性的模仿。还有学者认为，由于原始人的思维分不清主客观的界线，他们认为一切自然物都和自己一样是有灵魂的，由此而产生了图腾崇拜、原始宗教、巫术祭祀等，而这些活动都离不开舞蹈，甚至舞蹈成为了巫术活动的主要内容和最主要的表现手段。因此，有人断言"一切跳舞原来都是宗教的"。我国有很多学者主张舞蹈起源于劳动的理论，因为劳动是人类生存和发展的第一需要，也是劳动创造了人自身，是劳动使人脱离了动物界，是劳动创造了人类社会。在原始人的舞蹈中，表现狩猎和种植以及各种劳动生活的画面占有较大的比重。

我们认为以上各种舞蹈起源的理论，都有一定的道理，但并不十分完整和全面。因为舞蹈活动是人类生活中的一种社会现象，它的起源和世界上的一切事物的构成一样都不是单一的，而是有着多种因素的，所以人们主张"劳动综合论"，即舞蹈起源于人类求生存、求发展中劳动实践和其他多种生活实践的需要，如果再详细一点来说，舞蹈起源于远古人类在求生存、求发展中劳动生产(狩猎、农耕)、性爱、健身和战斗操练等活动的模拟再现以及图腾崇拜、巫术宗教祭祀活动和表现自身情感思想内在冲动的需要。它和诗歌、音乐结合在一起，是人类历史上最早产生的艺术形式之一。

2．舞蹈动作的来源

首先，舞蹈动作是在人们生活中的自然动作的基础上经过舞蹈艺术家的整理、加工、提炼、综合而发展出来的。大部分舞蹈动作来源于人们的生活、生产、劳动和娱乐动作的姿态。

第二，对动物动作的模仿是舞蹈动作的来源之一。俄国早期马克思主义者普列汉诺夫在这方面有过深入的探讨，他在介绍原始舞蹈时就曾这样说，有时候舞蹈不过是对动物动作的简单模仿，例如对马、鹰、孔雀、鱼、青蛙等动物动作的模仿。

第三，有些舞蹈动作是对自然景物的形象进行抽象的艺术概括而形成的。它们都是经过艺术加工了的舞蹈化的动作，是有节奏、有造型、有表情的运动，例如对风、雨、树、草、花等自然景物总结概括出的一定程式的动作。

第四，借鉴于传统的民族舞、民间舞、外国舞等发展自己的舞蹈动作。

第二节　舞蹈的要素、特征与种类

一、舞蹈的要素

舞蹈的基本要素是动作、节奏和表情，三要素是综合一体的。

动作是舞蹈基本的表现手段，是传情达意的舞蹈语言。舞蹈的内容、情节及情绪，全是靠美化的动作展现的。千姿百态的动作，展现了千变万化的情绪。动作是舞的基本手段。

节奏是舞蹈速度、力度、气度的具体体现。舞蹈的各种动态、情感、意念、气质、神态，全是在节奏的律动中得到完美体现的。没有节奏，就没有舞蹈。节奏是舞的律动基础。

表情是舞蹈内在情感的身体体现。情是舞的核心、舞的动力、舞的灵魂。千变万化的情感，形成千姿百态的舞姿。没有情感的动态，就没有舞的生命。表情是舞的核心。

三要素既有相对的独立性，又是紧密相连的。动作是舞的基本手段，节奏是舞的律动基础，表情是舞的基本核心；三者有机的完美结合，形成舞蹈的基本要素。

二、舞蹈的主要特征

舞蹈是以人体动作作为主要艺术表现手段，表现人的思想感情的一种艺术形式。就其艺术表现形式而言，可以看出舞蹈有以下五个明显的特征。

1．动作性

动作是舞蹈最基本的元素。舞蹈动作从它的功能和作用的角度，可分为表情性、说明性、装饰性联结三类。表情性动作主要有描绘人物的情感、思想和性格特征的动作；说明性动作主要有说明事物意义、展示行动目的和具体内容的动作；装饰性联结动作是具有装饰和组织功能的动作，一般没有明显含义，在舞蹈中起装饰、衬托作用，常作为表情性动作与说明性动作相互转换和连接的过渡动作。舞蹈从其最单一的姿态开始，到形成舞句、舞段，从一个小型舞蹈到一部大型舞剧，都是在动作的重复、发展、衔接、变化的基础上，将表情性动作、说明性动作和装饰性联结动作有目的地组合并发展完成的。所以动作性是舞蹈艺术最基本的重要特征之一。

2．节奏性

节奏是舞蹈艺术构成的要素之一。任何舞蹈都具有节奏性，没有节奏便没有舞蹈。节奏是人们对时间的一种知觉，又称节奏知觉，它是宇宙中自然现象的一个基本原则，是一切系统运动和演化的基本规律。

在舞蹈中，节奏性一般表现为动作力度的强弱、速度的快慢和能量的大小。同样的动作，由于节奏的变化发展或是在速度上的快与慢的变化以及力度上的增减或是在幅度上的增大与减小，都可以赋予动作不同的性格和情感内涵。法国舞蹈教育家卡琳娜•伐纳曾说："节奏给动作以活力。"可见正确认识和研究舞蹈的节奏性，并在艺术实践中充分运用和发挥它的功能，是加强舞蹈艺术表现力和提高舞蹈艺术水平的关键所在。

3．造型性

舞蹈的造型性包括两方面内容：一是人体动作姿态的造型；二是舞蹈队形画面的造型，也就是舞蹈的构图。

所谓造型性，就是以人体的四肢动作和表情姿态在连续流动过程中构成某种相对静止的形态。这种"形"与"神"的结合，产生的动中有静，静中有动，动静有序，富有雕塑感、美感的形象动作，具有巨大的表现力。

4．抒情性

舞蹈作为人体动作艺术，是人类感情最集中、最激动的表现形式。用舞蹈来表现和描绘人的内在精神世界和丰富复杂的情感，是舞蹈艺术一个重要的审美特征。

舞蹈在表现人的情感方面所具有的真实、直观、激越、丰富、深厚的特点，往往是其他艺术门类所不及的。无论是人的初级感情还是高级感情，舞蹈都可以充分、深刻、淋漓尽致地予以表达，它既能表现人们的情感，也能表达人们的思想。因此人们常说，舞蹈是一种抒情性艺术。

舞蹈的抒情特征体现了舞蹈的品质，同时也使舞蹈艺术具有迷人的魅力和强烈的感染力。

5．综合性

舞蹈是以人体动作为主要表现手段，但却融汇了文学、音乐、美术和戏剧等姐妹艺术的因素；同时，舞蹈和其他艺术的这种紧密的关系，也丰富和发展了舞蹈艺术本身的表现力。因此，舞蹈形象是一种综合性的艺术形象。

音乐是舞蹈最亲密的伙伴，没有好的音乐很难产生优秀的舞蹈作品。从一定意义上可以这样说，音乐是舞蹈的声音，舞蹈则是音乐的形体。还有人曾说"音乐是舞蹈的灵魂"，也许过于强调了"音乐"，但舞蹈艺术确实离不开音乐。

美术在舞蹈艺术中起着重要作用。常常有人说"舞蹈是动的画，活的雕塑"，"舞蹈家是在用人体作画"，而舞台美术——服装、布景、灯光和道具等，对于展现舞蹈作品所处的时代、环境和人物形象，表现人物思想感情和推动舞蹈情节的发展都起着不可忽视的作用。

文学为舞蹈作品提供了素材，丰富了想象力，增添了意境和内涵。戏剧、武术、杂技、体操等都在舞蹈艺术中得以借鉴和体现。

三、舞蹈的种类

舞蹈艺术作为一个以人体动作为主要表现手段的艺术形式，是由各个不同种类、不同样式、不同风格的舞蹈所组成的。舞蹈种类的科学划分是个十分复杂的问题，各个学说不尽统一，而舞蹈的分类标准也并非一成不变的。按不同角度和方式，划分出的种类也不一样。

(1) 按舞蹈的作用和目的，舞蹈可分为生活舞蹈和艺术舞蹈两大类。

生活舞蹈是人们为自己的生活需要而进行的舞蹈活动，包括习俗舞蹈、宗教祭祀舞蹈、社交舞蹈、自娱舞蹈、体育舞蹈、教育舞蹈等。

艺术舞蹈是指由专业或业余舞蹈家，通过对社会生活的观察、体验、分析、集中、概括和想象，进行艺术的创造，从而创作出主题思想鲜明、情感丰富、形式完整，具有典型化的艺术形象，由少数人在舞台或广场表演给观众欣赏的舞蹈。

(2) 按舞蹈的体裁划分，可分为情绪舞、情节舞和戏剧性舞蹈。

① 情绪舞：也叫抒情性舞蹈，是指在特定的环境中，以鲜明、生动的舞蹈语言来直接抒发人物——舞蹈者的思想感情，达到感染观众的目的的舞蹈。

② 情节舞：也叫叙事性舞蹈，是指通过舞蹈中不同人物的行动所构成的情节事件来塑造人物形象，刻画人物性格，揭示性格冲突和发展，表现作品的主题内容的舞蹈。

③ 戏剧性舞蹈：即舞剧。

(3) 根据舞蹈的不同风格特点划分，可分为：古典舞、芭蕾舞、现代舞、民间舞、交谊舞、爵士舞、踢踏舞、街舞等。

① 古典舞：古典舞是具有古典风格和一定典范意义的舞蹈。它是在民族民间传统舞蹈的基础上，经过历代专业工作者提炼、整理、加工创造而逐渐形成，并经过较长时间艺术实践的检验流传下来的。古典舞一般都具有严谨的程式和规范性的技术。世界上许多国家和民族都有自己独特风格的古典舞蹈。例如极有特点的印度古典舞，其主要特征是具有丰富含义的多姿多彩的哑剧手势以及面部，特别是眼睛的表情语言。流传最广、影响最大的是欧洲古典芭蕾舞，其独特的美学特征是女舞者的足尖技巧和规范的程式化肢体动作以及各种高难度的旋转、跳跃技巧和双人托举动作。

中国古典舞作为我国舞蹈艺术中的一个类别，大多保存在戏曲舞蹈中，是介于戏曲和舞蹈之间的混合物。20 世纪 50 年代初期，舞蹈工作者为发展、创新民族舞蹈艺术，从中国戏曲表演中提取舞蹈素材，继承了戏曲的基本功、技巧、身段、毯子功、步伐等精华，又借鉴武术、古代舞蹈、古代壁画、文字、雕塑等进行了研究、整理、提炼，并参考芭蕾训练方法等，建立起一套中国古典舞教材。而它在表演上手、眼、身、法、步紧密结合的传统特色，对形体运动规律中的圆、曲、伸、拧、倾、收、放、含、仰兼容的艺术表现手法，使中国古典舞成为独立的具有鲜明的民族性和时代性的审美特征的舞蹈体系。

中国古典舞主要包括身韵、身法和技巧。身韵是中国古典舞的内涵，强调"形神兼备，身心互融，内外统一"和"以神领形，以形传神"的意境。

② 芭蕾舞："芭蕾"一词是法语"ballet"的音译，而整套的芭蕾术语也都是用法语表达的。"芭蕾"起源于意大利，兴盛于17世纪的法国，鼎盛于俄国，最终从俄国走向了世界各国，最初为贵族宫廷舞蹈，后走向专业舞台和剧院。

芭蕾舞不仅创造了标志性的足尖技巧，而且拥有以"开、绷、直、立"为原则的一系列完整的训练方法，被各个国家学习沿用至今。例如，现代舞、爵士舞、国际标准舞、我国的古典舞和艺术体操等的基础训练，都在不同程度地借鉴和运用芭蕾舞的训练方法。

③ 现代舞：是19世纪末、20世纪初由美国著名舞蹈家伊莎多拉·邓肯创造兴起的一种与古典芭蕾相对立的舞蹈派别。它的主要特点是摆脱古典芭蕾的程式和束缚，以呵护自然运动法则的舞蹈动作，自由地抒发人的真实情感，强调舞蹈艺术要反映现代社会生活。许多舞蹈家继承了邓肯的主张，又各自发展创造，形成了许多不同技术特点和训练体系的现代舞流派。

④ 民间舞：是产生于民间的劳动和社会生活，由人民群众集体创造、集体传承的，反映群众生活和思想感情、理想愿望的舞蹈，是在人民群众中广泛流传，具有鲜明的民族风格和地方特色的传统舞蹈形式。不同国家、地区和民族都拥有具有自己独特风格和特色的民间舞蹈。

我国历史悠久、民族众多、幅员辽阔、地貌多样，因而民间舞蹈也是丰富多彩、千姿百态，一般可分为"汉族民间舞"和"少数民族民间舞"，统称"中国民族民间舞"。汉族占我国人口的90%以上，广阔的居住区域和截然不同的自然环境，形成汉族民间舞蹈种类繁多、风格迥异的地区特色。北方流传秧歌，有东北秧歌、陕北秧歌、河北秧歌等；南方则流传花灯，如云南花灯、安徽花鼓灯、福建采茶等；此外，遍及各地的各种形态、各具特色的龙舞、鼓舞、狮子舞、高跷等，也是琳琅满目，各具风采。而其他55个少数民族人口所占比例虽小，但是民族特色鲜明，各个能歌善舞，少数民族舞蹈在我国的文化大舞台上占有很重要的地位。常见的民族舞蹈如藏族舞蹈、傣族舞蹈、蒙古族舞蹈、维吾尔族舞蹈、朝鲜族舞蹈、苗族舞蹈、彝族舞蹈等。

⑤ 交谊舞：是起源于西方的国际性的社交舞蹈，最早起源于欧洲，是欧洲各国的一种普遍的社交活动，故有"世界语言"之称。到20世纪20年代以后，交谊舞在世界各地风行起来，所以又称它为"国际舞"。交谊舞在20世纪初传入我国，逐渐形成一种自娱性较强的普通交谊舞。

国际标准交谊舞分为两大类：

第一类是现代类，也叫摩登舞，舞种包括：华尔兹(俗称慢三步)、维也纳华尔兹(俗称快三步)、布鲁斯(俗称慢四步)、狐步舞(俗称中四步)、快步舞(俗称快四步)、探戈、古特巴(俗称水兵舞)。

第二类是拉丁舞，舞种包括：伦巴舞、恰恰舞、牛仔舞、桑巴舞、斗牛舞。

⑥ 爵士舞：是一种急促又富动感的节奏型舞蹈，属于一种外放性的舞蹈。爵士舞主要追求愉快、活泼，又有生气。它的特征是可以自由自在地跳，不必像传统的古典芭蕾必须

局限于一种形式与遵守固有的姿态。

⑦ 踢踏舞：它有拍打敲击的意思，是现代舞蹈风格的一种。踢踏舞表演中，表演者穿着特别的踢踏舞鞋，用脚的各个部位，在地板上摩擦拍击，发出各种踢踏声，加上舞者的各种优美舞姿，形成一种踢踏舞特有的幽默、诙谐和丰富表现力的魅力。踢踏舞历经近百年的发展，形成了不同的风格，最主要的两大分支是爱尔兰风格的踢踏舞和美国风格的踢踏舞。

⑧ 街舞：是起源于美国，基于不同的街头文化或音乐风格而产生的多个不同种类的舞蹈的统称。它诞生于 20 世纪 60 年代末，是美国黑人城市贫民的舞蹈，到了 70 年代它被归纳为嘻哈文化(Hip-Hop Culture)的一部分，具有较强的表演性、参与性和竞争性。80 年代街舞传入中国，并逐渐作为健身活动传播开来。

(4) 按照舞蹈的表现形式划分，可分为：独舞、双人舞、三人舞、群舞、组舞(由若干段舞蹈组成的比较大型的舞蹈作品，其中各个舞蹈有相对的独立性，但它们又都统一在共同的主题和完整的艺术构思之中)、歌舞、歌舞剧和舞剧。

第三节　舞蹈教学的常用术语和记录

一、舞蹈教学的常用术语

(1) 基训：是指对舞蹈演员或者学员基本能力的训练，如训练关节的柔软性，发展身体各部分肌肉动作的能力，控制肢体协调性、稳定性以及跳、转、翻等各种技巧的能力。

(2) 主力腿：指动作过程中或者形成姿态时，支撑身体重心的一条腿。

(3) 动力腿：指与主力腿相对而言，非重心支撑的腿，可做各种摆动、屈伸等动作。

(4) 起法儿：指动作前的准备姿势及技巧前的准备动作，也称作"起势"。

(5) 韵律："韵"指韵味，"律"指内在节奏的动律。韵律在舞蹈动作中指人体运动的自然规律造成的欲左先右、欲纵先收，以及动与静、上与下、高与低、长与短等辩证的规律，形成了舞蹈动作的韵律。韵律在舞蹈中有着重要地位。

(6) 节奏：是指音响轻重缓急的规律，如节拍的强弱、变化或长短交替出现。节奏是旋律的骨干及乐曲结构的基本因素。舞蹈节奏是舞蹈艺术的要素之一，没有节奏就不能称为舞蹈。

(7) 舞蹈动作：是指经过提炼、组织和美化了的人体动作，是构成舞蹈的首要要素和舞蹈艺术的主要表现手段。

(8) 舞蹈组合：是将两个以上的舞蹈动作进行连接和组合形成的舞蹈动作组合。它可以是为了进行舞蹈基本训练的简单的、性质单纯的动作组合，也可以是为了表现一定情感或意义的复杂的、不同性质的动作组合。

(9) 造型：是塑造人物外部形象的艺术手段之一。在舞蹈动作时，人们将相对静止的、雕塑性强的动作姿态称为造型。

(10) 形体：是指人的身体形态的外在表现，它是一门艺术，人体只有在四肢、躯干、头部及头部五官的合理配合下才能显示出姿态美、体态美、线条美和外部形态与内部情感的和谐统一美。

二、舞蹈记录知识

舞蹈是一种时间性、空间性的动态造型艺术，它以人体动作为主要表现手段。为了把舞蹈保留下来，也为了便于记忆、收集和创编舞蹈资料，以更好地进行教学、训练和传承发扬舞蹈文化，需要了解和掌握一定的舞蹈记录方法。

自古至今，各国的许多舞蹈家都在不断研究和探索舞蹈的记录方法，并创造了许多不同的方法，如各种舞谱、动作速记等。这里将简单介绍两类简便、实用、适合学生实际情况的记录方法。

第一类是直观的、形象的再现。在科学发展的今天，影像资料的保存已经非常简便。录像机、摄像机、各种数码产品的普及，为舞蹈艺术的记录、保存和传播、发展提供了最有效的方式和途径。

第二类是使用文字、术语、画图等方式进行记录，主要包括内容简介、舞蹈音乐、舞蹈动作、场记和舞台美术五个部分。

(1) 内容简介：用简练、生动的文字，将舞蹈作品的主题思想、时代背景、生活场景和人物的思想感情、性格气质以及展现主题所设置的主要情节介绍清楚，以便编导、排演者能准确地表达主题思想。作为教材应写出教学目的和教学提示。

(2) 舞蹈音乐：现在一般使用音频设备，在文字记录时可将乐曲分成段落，再将段落分成小节或者以几拍为单位划分，如有歌词，可用歌词来代替并进行划分；音乐记录时还可用简谱记录下主旋律。如果有几首乐曲，可按顺序编为曲一、曲二……在主旋律谱上标出小节数，也可用歌词来代替小节数。

(3) 舞蹈动作：主要是记录舞蹈作品中反复出现的一些基本动作、主题动作和一些较难的动作。常见的记法，是按照每个基本动作出现的先后次序，逐一用详细的文字(动作名称、动作节拍、身体方位、人体重心、动作起止路线等)说明跳法并配上插图。(动作插图要画得准确，也可用动作图片，再配合简明的文字说明，图文结合，易于看懂。)

(4) 场记：通过舞台调度、舞蹈队形移动线路图和文字说明及必要的动作插图，把一个舞蹈的情节、动作、造型、队形与演员的位置变化、表演要求等分段记录下来，比较完整地反映其表演过程。

(5) 舞台美术：包括服装、道具、背景、布景、化妆、灯光等。它对于展现舞蹈作品所处的时代、环境和人物形象，烘托舞台气氛，表现人物思想感情和推动舞蹈情节的发展起着不可忽视的作用。舞台美术可用图文结合的形式进行记录和设计。

三、舞蹈记录常用图形

1. 人体部位图与舞蹈动作方位图

1) 人体各部位名称

人体各部位名称图如图 1-1-1 所示。

2) 舞蹈动作方位图

舞蹈动作方位图如图 1-1-2、图 1-1-3 和图 1-1-4 所示。

手背 — 手心
下臂 — 头
上臂 — 面 颈
胸 — 肩
腰 — 肘
腹 — 胯
膝 — 手腕
小腿 — 臀 大腿
脚背 — 脚跟
脚尖
前脚掌 — 脚腕

图 1-1-1

上方
右方

图 1-1-2

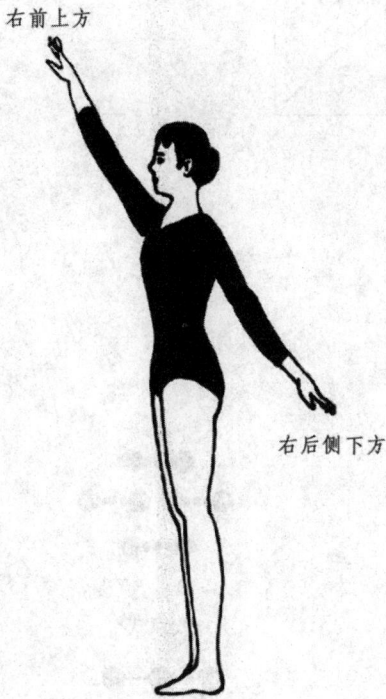

右前上方

右后侧下方

图 1-1-3

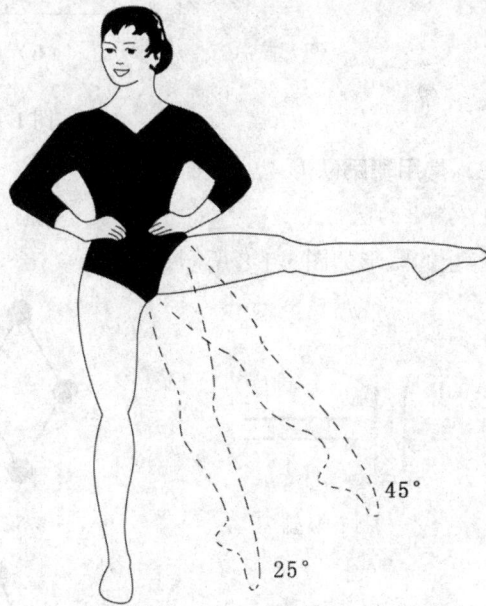

45°
25°

图 1-1-4

2. 舞台调度

舞台调度如图 1-1-5、图 1-1-6 和图 1-1-7 所示。

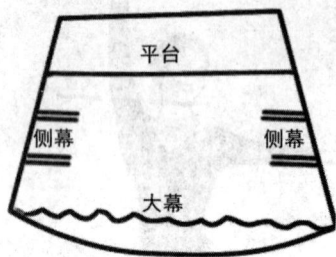

图 1-1-5

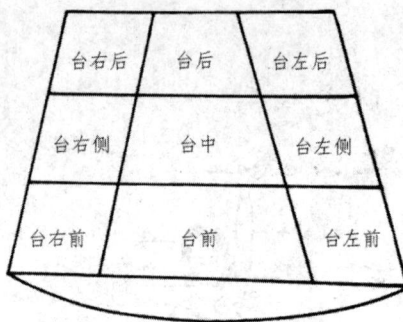

图 1-1-6

（8）左前方　　　　　（1）前方　　　　　（2）右前方

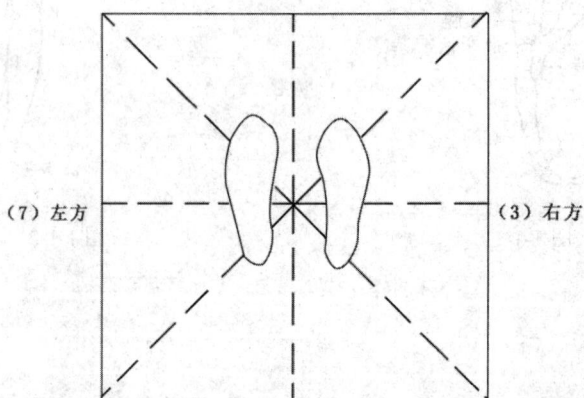

（7）左方　　　　　　　　　　　　　　　　　（3）右方

（6）左后方　　　　　（5）后方　　　　　（4）右后方

图 1-1-7

3. 常用舞蹈队形

1) 静止的队形

静止的队形如图 1-1-8 所示。

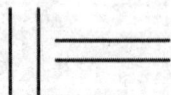

横排、竖排

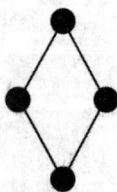

菱形

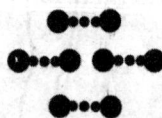

散点式

半圆

三角形

倒三角形

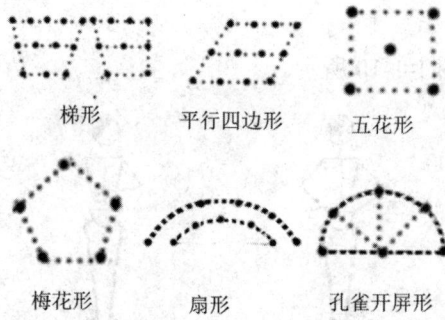

| 梯形 | 平行四边形 | 五花形 |

| 梅花形 | 扇形 | 孔雀开屏形 |

图 1-1-8

2) 流动的队形

流动的队形如图 1-1-9 所示。

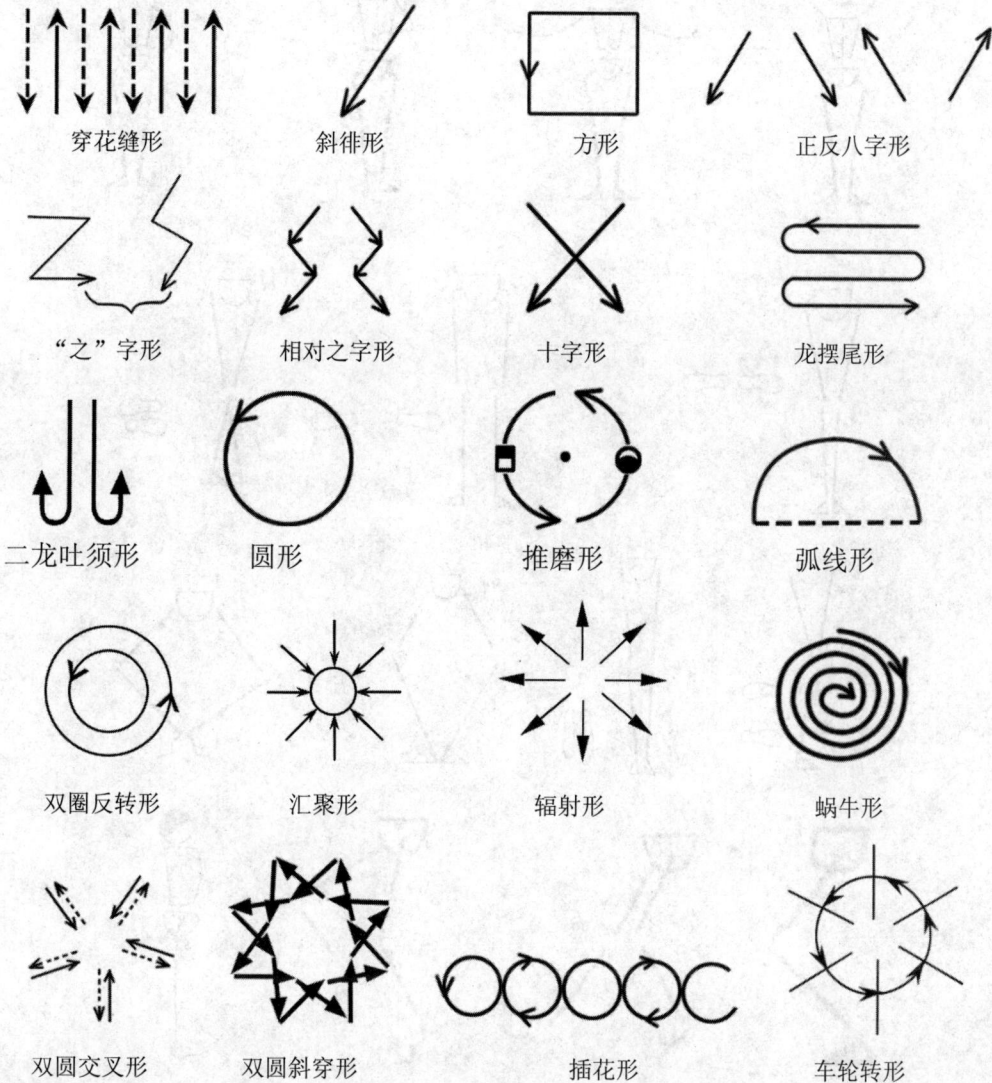

| 穿花缝形 | 斜徘形 | 方形 | 正反八字形 |

| "之"字形 | 相对之字形 | 十字形 | 龙摆尾形 |

| 二龙吐须形 | 圆形 | 推磨形 | 弧线形 |

| 双圈反转形 | 汇聚形 | 辐射形 | 蜗牛形 |

| 双圆交叉形 | 双圆斜穿形 | 插花形 | 车轮转形 |

图 1-1-9

4. 舞蹈动作速画简图

舞蹈动作速画简图如图 1-1-10 所示。

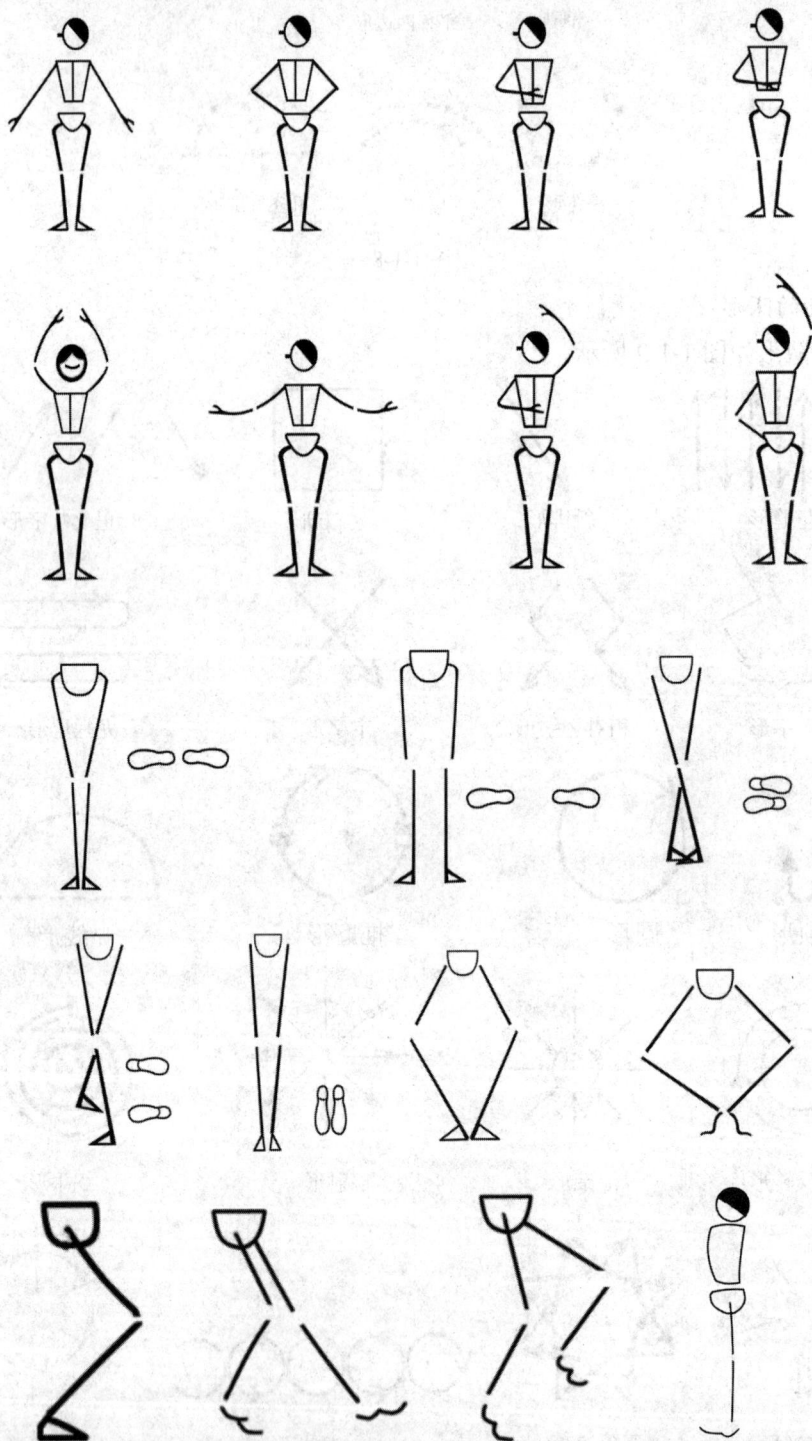

图 1-1-10

第二章 基本功训练

舞蹈基本功训练是对发展身体各部分肌肉动作的能力，提高关节的柔软性，控制肢体协调性、稳定性以及跳、转、翻等各种技巧的能力的训练。从中等职业学校学前教育专业学生舞蹈教学的实际情况和需求出发，这一章的主要教学目的是使学生了解和掌握舞蹈身体运动的一般规律和一定的舞蹈基础训练方法。从整体上训练学生克服身体的自然状态，获得正确直立感，发展肢体动作的协调性、灵活性和节奏感，训练学生完成动作时所需要的软度、力度和开度。

第一节 舞蹈素质训练

舞蹈素质主要是针对提高关节和韧带柔韧性、发展部分肌肉能力的训练，是为以后舞蹈学习打下良好基础的非常重要的训练内容。本节主要介绍了肩部、腰部、腿部、髋部等的软、开度和腰、腹、背等部位肌肉力量的一些训练方法。初学舞蹈的学生，由于入学前对舞蹈的接触情况不同，因而理解和接受能力也不同，而且学生的身体自然条件也有很大差异。因此，可根据不同情况选择教学内容和把握训练程度。舞蹈素质的训练应贯穿整个舞蹈课程教学过程，融入到每次舞蹈实训课中。

一、肩部训练

1. 压肩

做法一：双脚与肩同宽，直膝站立，面向把杆，双臂向前抬起(平行或交叉)，上体前屈，双前臂搭在把杆上，上体尽量往下压(见图1-2-1)。

做法二：双脚弓步，面向把杆，双臂向前抬起(平行或交叉)，上体前屈，双前臂搭在把杆上，上体尽量往前、往下压(见图1-2-2)。

做法三：二人一组，双脚与肩同宽，对面直膝站立，双臂向前抬起，上体前屈，二人双臂上下交叉互搭，上体尽量往下压(见图1-2-3)。

图 1-2-1　　　　　　　　图 1-2-2　　　　　　　　图 1-2-3

2. 后拉肩

做法一：小八字步，直膝站立，背向把杆，双手从后抓住把杆，身体挺直向前倾斜，双臂从后伸直尽量并拢。

做法二：背向把杆，双手从后抓住把杆，双脚弓步，身体尽量向前，双臂从后伸直尽量并拢(见图1-2-4)。

3. 甩肩

做法一：小八字步，直膝站立，双臂向上伸直，双手手指交叉掌心向上翻，身体保持不动，双臂有节奏的向后直臂甩动(见图1-2-5)。

做法二：小八字步，直膝站立，一只手臂向上伸直，另一只手臂向下伸直，身体保持不动，双臂有节奏地分别由上、下同时向后直臂甩动(见图1-2-6)。

图 1-2-4　　　　　　　图 1-2-5　　　　　　　图 1-2-6

二、腰部训练

1. 侧旁腰

做法：侧面对把杆，小八字步，直膝站立，靠把杆一侧的手轻扶把杆，另一只手臂向上伸直(可做芭蕾三位手位或者中国舞托掌手位)，并带动身体向扶把一侧拉抻，下肢保持不动(见图1-2-7)。

2. 后腰

1) 压腰

做法一：俯卧在地面，双手贴近腹部，撑直手臂将上半身支起，头部尽量向后仰(见图1-2-8)。随着软度提高，手臂可继续贴近小腹，还可将小腿吸起，头部尽量靠近小腿和臀部(见图1-2-9)。

图 1-2-7　　　　　　　图 1-2-8　　　　　　　图 1-2-9

做法二：二人一组，其中甲俯卧地面，双臂夹头，掌心贴地，伸直于头前。乙站立在身后，用双脚夹住甲的双腿，抓住甲的手臂帮助甲向上抬起上身并尽量往后下腰。

2）耗腰

做法：面向前方，大八字步站好，两腿往下踩，胯部前顶，两臂向上抬起，与肩同宽，由上向后带动，头眼跟随，头眼与手臂主动向后，引领肩、胸、腰、髋依次向后，形成弧线造型；在弧线姿势上，保持一段时间(见图1-2-10)。初学者由于腰部肌肉力量不足，可借助把杆或墙壁以保持平衡(见图1-2-11)。

图1-2-10

图1-2-11

3．跪下腰

做法：上身直立跪地，膝盖八字微开，两臂与肩同宽向上伸直，眼视前方；两臂由指尖带动，头、眼随手臂指尖引领向后，依次挑胸、挑腰、顶胯下腰；手着地时可抓住脚腕或扶地，身体形成圆弧形；大腿与上肢要充分展开，肩、背、腰最大限度往外拉伸(见图1-2-12)。

初学者可先由跪坐挑腰练起，可屈膝坐跪地面，膝盖八字微开，两臂下垂，眼视前方，双手从后抓住脚踝；完成动作时，手臂撑住，胯迅速顶出，依次腰、胸、肩、颈及头向上挑送(见图1-2-13)。

4．下腰

做法：大八字步准备，身体站立，两臂与肩同宽向上伸直，面视前方；两腿往下踩，胯部前顶，两臂由指尖带动向后，依次引领头、肩、胸、腰、胯部；经耗腰环节，手扶地，腰继续上挑，四肢配合拉伸；回原时，手部推地，胯部向前顶，胸腰借机主动上挑，靠惯例依次起身完成(如图1-2-14)。

图1-2-12

图1-2-13

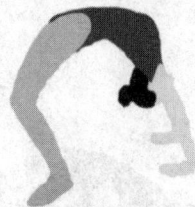
图1-2-14

三、腿部训练

1．压腿

1）压正腿

做法一：地面压正腿。双腿并拢伸直，坐在地面，绷脚背或者勾脚尖，双手向上或者抓住脚尖，上身挺直，从腹部开始向下压(见图1-2-15)。

做法二：把杆压正腿。

① 面对把杆，将一条腿伸直，脚腕搭在把杆上，脚背外开，身体与把上的腿成90度，双手向上(可做芭蕾三位手位或者中国舞托掌手位)随着上身由腹部开始向前、向下压。压腿时，注意主力腿保持直立，双肩保持平行(见图1-2-16)。

② 以压左腿为例，右手扶把杆，身体与把杆成45度角，将左腿伸直，脚腕搭在把杆上，身体与把上的腿成90度，左手向上(可做芭蕾三位手位或者中国舞托掌手位)随着上身由腹部开始向前、向下压。压腿时，注意主力腿保持直立，双肩保持平行(见图1-2-17)。

图1-2-15　　　　　　　　　　图1-2-16　　　　　　　　　　图1-2-17

2) 压旁腿

做法一：地面压旁腿。以压右腿为例，直坐地面，左腿盘膝，右腿向旁尽量打开，膝盖和脚背绷直、外开，右手放在体前，左手向上随身体向右腿下旁腰。压腿时，注意头部保持向前，以肩部的后侧触碰右腿(见图1-2-18)。

做法二：把杆压旁腿。以压右腿为例，面对把杆，右手扶把，将右腿伸直向旁用脚腕搭在把杆上，左手向上随身体向右腿下旁腰。压腿时，注意头部保持向前，以肩部的后侧触碰右腿(见图1-2-19)。

图1-2-18　　　　　　　　　　图1-2-19

3) 压后腿

做法一：以压右腿为例，身体左侧对把杆，双手左侧面扶把，右腿向后伸直，用脚腕处搭在把杆上，压腿时主力腿下蹲，同时头部随上身向后下腰(见图1-2-20)。

做法二：以压右腿为例，身体左侧对把杆，左手扶把，右腿向后伸直，用脚腕处搭在把杆上，右手向上随身体向后下腰。压腿时注意动力腿和主力腿伸直(见图1-2-21)。

图1-2-20   图1-2-21

2. 踢腿

1) 踢正腿

做法一：地面踢正腿。平躺地面，双腿直膝、绷脚，双手自然伸直放于体侧，或手指交叉垫于脑后；踢腿时，髋关节放松，主力腿保持直膝绷脚、紧贴地面，动力腿由脚背带动，直膝绷脚向头部方向用力踢(见图1-2-22)。

做法二：扶把踢正腿。以右腿为例，身体左侧对把杆，左手扶把，右手旁伸(可做芭蕾七位手位或者中国舞山膀手位)，主力腿外开站立，动力腿由后点地位置经过擦地向前，由脚背带动用力向上踢出，落地时由前点地位置向后擦地至后点地位置。踢腿时注意主力腿和上肢动作的稳定，双腿保持伸直状态(见图1-2-23)。

图1-2-22   图1-2-23

2) 踢旁腿

做法一：地面踢旁腿。以右腿为例，左侧卧地面，臀部收紧，双腿并拢，直膝绷脚，左臂弯曲，用肘部支撑地面，可用手支撑头部或者小臂放于地面，右手放在体前；踢腿时，髋关节放松，左腿保持直膝绷脚、紧贴地面，右腿由脚背带动，直膝绷脚、外开向上，向肩部和头部方向用力踢(见图1-2-24)。

做法二：扶把踢旁腿。可双手扶把，也可以单手扶把进行。以左腿为例，双手扶把时，要面对把杆，双手轻扶把杆，单手扶把时，身体右侧对把杆，右手扶把，左手旁伸(可做芭蕾七位手位或者中国舞山膀手位)，主力腿外开站立，动力腿由后内侧点地位置经过擦地，由脚背带动向旁踢出。踢腿时主力腿和上肢保持稳定，动力腿脚背膝盖向上，踢腿方向为肩部后侧(见图1-2-25)。

图 1-2-24

图 1-2-25

3) 踢后腿

做法一：跪踢后腿。以左腿为例，右膝跪于地面，大腿与地面垂直，左腿伸直绷脚向后点地，双手伸直扶地，相距一肩宽；踢腿时头部轻扬，左腿向后上方用力直踢(见图1-2-26)。

做法二：扶把踢后腿。以左腿为例，面对把杆，双手扶把，右腿外开站立，左腿由前点地位置经过擦地向后用力踢出。踢腿时上肢可略向前倾，但头部向后，双肩保持平行(见图1-2-27)。

图 1-2-26

图 1-2-27

四、下叉

1. 竖叉

做法：双腿向身体的前、后方向滑出，成竖一字，前腿脚背绷直外开，后腿脚背膝盖朝下落地，上体直立(见图1-2-28)。

注：对于前腿和后腿柔韧性不够的同学，需要进一步进行正腿和后腿的软度训练，在下竖叉时，也可用双手支撑地面，慢慢向下。

2. 横叉

做法：双腿向身体的两旁滑出，成横一字，上体可平趴在地上，也可直立(见图1-2-29)。

注：对于髋关节(胯)不够开的人，可先不要求完全的一字横叉，双腿先成大八字，逐渐练习；也需提前进行髋部(胯)的外开训练。

图 1-2-28   图 1-2-29

附：髋部训练

方法 1：趴青蛙，伏卧地面，屈膝，腿的内侧贴地，脚心相对并拢，也可由另一个人帮助压住双脚，并尽量将臀部下压，使髋部最后达到完全平贴在地面上。或俯卧地面，双腿屈膝成 90 度，两膝成 180 度，尽量将臀部下压，使髋部最后达到完全平贴在地面上(见图 1-2-30)。

方法 2：躺青蛙，平躺地面，屈膝盘腿，脚心相对，或者使大腿与上体、小腿与大腿之间都成 90 度角，由另一人按住膝盖向下压，使双膝最后达到完全贴在地面上(见图 1-2-31)。

图 1-2-30   图 1-2-31

第二节　芭蕾形体训练——地面动作训练

芭蕾形体训练作为一种训练方法，以其科学性、系统性和可行性一直作为舞蹈基本功训练的首选。其美学特征是"开、绷、直、立"，并具有舒展大方、挺拔向上的特点。通过芭蕾舞基本动作训练手段，塑造学生正确的身体形态及优美体态，有效掌握腿、脚、躯干、上肢的柔韧性、灵活性、力度性和直立性，培养学生动作的协调能力、控制能力和跳跃、爆发等能力。

本节包含了芭蕾形体训练中地面动作训练、把杆动作训练和中间动作训练的一部分内容，教师可依据本节教材所设内容，因材施教，由浅入深，有选择地灵活组织课堂教学。

芭蕾形体训练也是贯穿五个学期舞蹈教学课程的内容，在以后的单元中我们会由浅至深的进行介绍，教师也可根据实际情况，有选择地进行组织教学。

地面动作训练　是在进行把杆训练前的准备动作，主要解决腿和脚的外开能力、肌肉能力、动作和关节的灵活性以及上肢的挺拔姿态。

一、勾绷脚动作练习

目的：训练基本坐姿，锻炼脚部动作能力和关节灵活性，练习腿的外开能力。

基本动作：

(1) 基本坐姿(上肢挺拔垂直坐于地面，双腿并拢向前，直膝绷脚，双手自然伸长放在身体两侧，指尖轻轻点地)(见图1-2-32)。

(2) 绷脚——五个脚趾带动脚背向前、向下绷紧(见图1-2-33)。

(3) 半勾脚(勾脚趾)——在绷脚基础上，保持脚腕不动、脚趾尖带动向上勾到最大限度(见图1-2-34)。

图1-2-32 　　　　　　　　　图1-2-33 　　　　　　　　　图1-2-34

(4) 全勾脚(勾脚腕)——由脚趾尖带动向上勾脚，脚跟向最远处蹬出去，使跟腱韧带拉长，膝盖保持绷直状态(见图1-2-35)。

(5) 外开——在绷脚的基础上，脚跟位置不变，从大腿髋关节处带动双腿向大腿外侧旋转，保持膝盖绷直，最好达到双脚外侧落地，再向内旋转合拢(见图1-2-36)。

(6) 脚腕的环动——由绷脚开始，双脚先经过半勾脚、全勾脚、外开、半勾绷脚最后收回至双腿并拢，直膝绷脚向上的姿态。也可先由绷脚外开动作开始，再做半勾脚、全勾脚、双腿并拢、半勾脚、绷脚的动作。

图1-2-35 　　　　　　　　　图1-2-36

❖ 组合示例一

前奏：准备动作：基本坐姿，绷脚

第一部分：

① 1～4拍双脚半勾脚

　　5～8拍双脚绷脚

② 1～8拍重复①

③ 1～4拍双脚全勾脚

　　　　5~8拍双脚绷脚

④　1~8拍重复③

间奏：1~4拍双脚全勾脚

　　　　5~8拍双脚绷脚

第二部分：

①　1~4拍双脚半勾脚

　　　5~8拍双脚全勾脚

②　1~4拍双脚回到半勾脚

　　　5~8拍双脚绷脚

③　1~8拍将前2个8拍动作加快一倍做，2拍1次

④　1~8拍重复③

间奏：1~4拍双脚全勾脚

　　　　5~8拍双脚绷脚

第三部分：

①　1~4拍单脚做动作：左脚半勾脚，右脚保持绷脚不动

　　　5~8拍左脚全勾脚

②　1~4拍左脚回到半勾脚

　　　5~8拍左脚回到绷脚动作

③~④　右脚重复①~②

间奏：1~4拍双脚全勾脚

　　　　5~8拍双脚绷脚

第四部分：

①　1~8拍双腿外开(向外旋转)

②　1~8拍双腿向内合拢(向内旋转)

③　1~8拍将前2个8拍动作加快一倍做，4拍1次

④　1~8拍重复③

❖ 组合示例二

前奏：准备动作：基本坐姿

第一部分：

①　1~2拍双脚半勾脚

　　　3~4拍双脚绷脚

　　　5~6拍双脚全勾脚

　　　7~8拍双脚绷脚

②　1~8拍重复①

③　1~2拍双脚半勾脚

　　　3~4拍双脚全勾脚

　　　5~6拍双脚回到半勾脚

　　　7~8拍双脚绷脚

④　1~8拍重复③

间奏：1～4 拍双腿外开(向外旋转)

5～8 拍双腿向内合拢(向内旋转)

第二部分：

① 1～2 拍单脚做动作：左脚半勾脚，右脚保持绷脚不动

3～4 拍左脚全勾脚

5～6 拍左脚回到半勾脚

7～8 拍左脚回到绷脚动作

② 1～8 拍重复①

③～④ 右脚重复①～②

间奏：1～4 拍双腿外开(向外旋转)

5～8 拍双腿向内合拢(向内旋转)

第三部分：

① 1～4 拍双脚半勾脚

5～8 拍双脚全勾脚

② 1～4 拍双腿外开(向外旋转)

5～8 拍双脚半勾脚(在外开的位置上做)

③ 1～4 拍双脚绷脚(在外开的位置上做)

5～8 拍双腿向内合拢(向内旋转)

④ 1～8 拍双脚由向上半勾脚开始，环动一周

间奏：1～4 拍双腿外开(向外旋转)

5～8 拍双腿向内合拢(向内旋转)

第四部分：

① 1～4 拍双腿外开(向外旋转)

5～8 拍双脚半勾脚(在外开的位置上做)

② 1～4 拍双脚全勾脚(在外开的位置上做)

5～8 拍双腿向内合拢(向内旋转)

③ 1～4 拍双脚回到半勾脚

5～8 拍双脚绷脚

④ 1～8 拍双脚由外开动作开始，环动一周

二、地面吸伸腿、抬腿练习

目的：训练正确的吸腿、伸腿、抬腿动作和肌肉伸长、外开的感觉，对腿部肌肉产生相应的控制能力。

基本动作：

(1) 正吸腿——向上吸腿，主力腿伸直延长，动力腿由膝盖上提，带动小腿向臀部收紧，保持绷脚，脚尖不离开地面；双腿做时要保持膝盖并拢(见图 1-2-37)。

(2) 向上伸腿——在正吸腿基础上，膝盖保持不动，绷脚，脚尖向天花板延伸，直到膝盖完全绷直；双腿做时要保持膝盖并拢(见图 1-2-38)。

图 1-2-37   图 1-2-38

(3) 旁吸腿——向旁吸腿，主力腿伸直延长，动力腿膝盖外开，贴地面向旁带动小腿向臀部收紧，保持绷脚，脚尖贴住另一条腿的内侧(见图 1-2-39)。

(4) 向旁伸直——在旁吸腿的基础上，膝盖保持不动，绷脚，脚尖向旁延伸，直到膝盖完全绷直(见图 1-2-40)。

图 1-2-39   图 1-2-40

(5) 直抬腿——主力腿保持伸直延长，动力腿绷脚，由脚尖带动，从最远处向上直抬至前腿 90 度。下落时，由脚尖带动，从最远处轻轻落到原位(见图 1-2-41)。

图 1-2-41

❖ 组合示例一

前奏：准备动作：平躺地面，双腿并拢，绷脚直膝，
两手伸直，手心向下放于身体两侧地面(见图 1-2-42)

第一部分：

① 1~4 拍右腿正吸腿

  5~8 拍右腿向上伸直

② 1~4 拍右腿正吸腿，至脚尖点地

  5~8 拍右腿擦地伸直(脚尖沿地面向远伸，直至膝盖绷直，双腿并拢)

③~④   左腿做上述动作

图 1-2-42

间奏：1～4拍双腿正吸腿

       5～8拍双腿擦地伸直

第二部分：

① 1～4拍右腿旁吸腿

    5～8拍右腿向旁伸直

② 1～4拍右腿旁吸腿

    5～8拍右腿擦地伸直(脚尖沿左腿内侧，贴地面向远伸，直至膝盖绷直，双腿并拢)

③～④ 左腿做上述动作

间奏：1～4拍双腿正吸腿

       5～8拍双腿擦地伸直

第三部分：

① 1～4拍右腿向上直抬腿

    5～8拍右腿外开(在直抬腿基础上，大腿髋关节处带动向外旋转)

② 1～4拍右腿向内旋转至正方向

    5～8拍右腿直腿落下(由脚尖带动，从最远处轻轻落到原位)

③～④ 左腿做上述动作

间奏：1～4拍双腿正吸腿

       5～8拍双腿擦地伸直

第四部分：

① 1～4拍右腿旁吸腿

    5～8拍右腿向旁伸直

② 1～2拍右脚在旁伸腿位置上做全勾脚动作

    3～4拍脚做绷脚

    5～8拍右腿由脚尖带动贴地面直腿向内合拢

③～④ 左腿做上述动作

❖ 组合示例二

第一部分：

① 1～4拍右腿正吸腿

    5～8拍右腿向上伸直

② 1～4拍右腿向旁打开轻落，至旁腿位置

    5～8拍右腿由脚尖带动贴地面直腿向内合拢

③～④ 左腿做上述动作

间奏：1～2拍双腿正吸腿

       3～4拍双腿向上伸直

       5～6拍双腿正吸腿，至脚尖点地

       7～8拍双腿擦地伸直

第二部分：

① 1～4拍右腿旁吸腿

    5～8拍右腿向旁伸直

② 1～4 拍右腿由脚尖带动，向上抬至前腿位置

　　5～8 拍右腿直腿落下(由脚尖带动，从最远处轻轻落到原位)

③～④ 左腿做上述动作

间奏：1～2 拍双腿正吸腿

　　　3～4 拍双腿向上伸直

　　　5～6 拍双腿正吸腿，至脚尖点地

　　　7～8 拍双腿擦地伸直

第三部分：

① 1～4 拍右腿正吸腿

　　5～8 拍右腿向上伸直

② 1～4 拍右腿向旁打开轻落，至旁腿位置

　　5～8 拍右腿由脚尖带动，向上抬至前腿位置

③ 1～4 拍右腿由脚尖带动向左腿方向盖腿，身体
保持平躺，最好达到脚尖落地(见图 1-2-43)

　　5～8 拍右腿由脚尖带动，向上抬至前腿位置

④ 1～4 拍右腿正吸腿，至脚尖点地

　　5～8 拍右腿擦地伸直

间奏：1～2 拍双腿正吸腿

　　　3～4 拍双腿向上伸直

　　　5～6 拍双腿正吸腿，至脚尖点地

　　　7～8 拍双腿擦地伸直

图 1-2-43

第四部分：

左腿开始，重复第三部分的动作

三、腹肌训练

目的：训练腹部肌肉力量，为更好地完成各种舞蹈动作打下基础。

❖ 组合示例一

前奏：准备动作：平躺地面，双腿并拢，绷脚直膝，两手伸直，手心向下放于地面

第一部分：

① 1～8 拍双腿用腹肌力量带动，脚尖从最远处向上慢慢直抬，至 90 度

② 1～8 拍双腿由腹肌力量控制，直腿慢慢下落，至脚跟落地

③～④ 重复上述动作

⑤ 1～4 拍双腿用腹肌力量带动，脚尖从最远处向上慢慢直抬，至 90 度

　　5～8 拍双腿由腹肌力量控制，直腿慢慢下落，至离地面 45 度到 25 度停

⑥ 1～4 拍双腿由腹肌力量控制，保持在 45 度到 25 度位置

　　5～8 拍双腿由腹肌力量控制，直腿慢慢下落，至脚跟落地

⑦～⑧ 重复⑤

(见图 1-2-44 至图 1-2-46)

图 1-2-44   图 1-2-45   图 1-2-46

第二部分：重复第一部分的动作

❖ 组合示例二

前奏：准备动作：平躺地面，双腿并拢，绷脚直膝，双手手指交叉手心贴头，枕于脑后

第一部分：

① 1～2 拍上身立起，双手抱头，同时右腿正吸腿，头向右腿膝盖尽量靠近

    3～4 拍还原至准备动作

    5～8 拍重复做一遍

② 1～2 拍上身立起，同时左腿正吸腿，头向左腿膝盖尽量靠近

    3～4 拍还原至准备动作

    5～8 拍重复做一遍

③ 1～2 拍上身立起，双手抱头，同时双腿正吸腿，头向膝盖尽量靠近

    3～4 拍还原至准备动作

    5～8 拍重复做一遍

④ 1～4 拍继续重复动作

    5～8 拍双手向头顶方向延长伸直，手心向上

图 1-2-47

(见图 1-2-47 至图 1-2-48)

第二部分：

① 1～2 拍双手同上身立起，同时右腿向上直抬，双手尽量碰触脚尖

    3～4 拍还原至平躺地面，双手直臂向头顶方向延伸

    5～8 拍重复做一遍

图 1-2-48

② 1～2 拍双手同上身立起，同时左腿向上直抬，双手尽量碰触脚尖

    3～4 拍还原至平躺地面，双手直臂向头顶方向延伸

    5～8 拍重复做一遍

③ 1～2 拍双手同上身立起，同时双腿并拢向上直抬，双手尽量碰触脚尖

    3～4 拍还原至平躺地面，双手直臂向头顶方向延伸

    5～8 拍重复做一遍

图 1-2-49

④ 1～8 拍重复③(见图 1-2-49)

四、腰背肌训练

目的：训练腰背部肌肉的力量，提高对身体动作的控制能力

❖ 组合示例一

前奏：准备动作：俯卧地面，双手在头部上方伸长，手心向下放于地面，双腿伸长自然靠拢(见图1-2-50)

图1-2-50

第一部分：

①　1～2 拍右手随着头、上身和左腿同时向上用力抬起(见图1-2-51)

　　3～4 拍还原

　　5～8 拍重复做一遍

②　1～2 拍左手随着头、上身和右腿同时向上用力抬起

图1-2-51

　　3～4 拍还原

　　5～8 拍重复做一遍

③　1～4 拍双手和头、上身、双腿同时向上用力抬起(见图1-2-52)

　　5～8 拍还原

④　1～8 拍重复③

图1-2-52

第二部分：

重复第一部分的动作

❖ 组合示例二

前奏：准备动作：俯卧地面，双手在头部上方伸长，手心向下放于地面，双腿伸长自然靠拢

第一部分：

①　1～2 拍双手和头、上身、双腿同时向上用力抬起

　　3～4 拍还原

　　5～8 拍重复做一遍

②　1～8 拍重复①

③　1～8 拍双手和头、上身、双腿同时向上用力抬起，保持不动

④　1～2 拍还原

　　3～8 拍双腿绷脚，小腿从后吸腿，双手从两侧至后抓住脚腕处(见图1-2-53)

第二部分：

①　1～4 拍双手抓住脚腕用力向上拉起(见图1-2-54)

　　5～8 拍还原至俯卧吸后腿，手抓脚腕状态(见图1-2-53)

②　1～8 拍重复①

③　1～8 拍双手抓住脚腕，脚用力向上拉起，控制不动

④　1～8 拍保持③动作姿势不动

图 1-2-53

图 1-2-54

五、压腿训练组合

目的：训练腿部韧带的软开度和身体肌肉的伸展性，为进一步学习舞蹈打基础。

❖ **组合示例一**

前奏：1～4拍准备动作：基本坐姿(上肢挺拔垂直坐于地面，双腿并拢向前，直膝绷脚，双手自然伸长放在身体两侧，指尖轻轻点地)

　　　5～8拍双手从两侧最远处向上，至芭蕾三位手位置(见图 1-2-55)

第一部分：

① 1～4拍上身挺直，保持手位，从最远处由腹部开始向下压腿(见图 1-2-56)

　　5～8拍保持手位，从最远处将上身抬起

② 1～8拍重复①

③～④　重复①～②

图 1-2-55

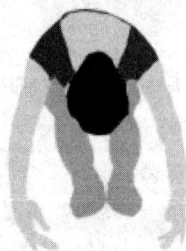

图 1-2-56

⑤ 1～2拍要领同上向下压腿

　　3～4拍还原坐直，保持三位手位

　　5～8拍重复做一次

⑥ 1～8拍重复⑤

⑦ 1～8拍向下压腿，保持不动

⑧ 1～4拍保持压腿姿势不动

　　5～8拍还原坐直，保持三位手位

间奏：右腿直腿向旁打开，脚背膝盖绷直向上，左腿盘膝，右手抓左脚腕，左手至芭蕾三位手位

第二部分：

① 1～4 拍左手保持手位，随上身向右下旁腰，压旁腿

　　5～8 拍上身起直，保持手位

② 1～8 拍重复①

③～④ 重复①～②

⑤ 1～2 拍要领同上向右下旁腰，压旁腿

　　3～4 拍还原坐直，保持三位手位

　　5～8 拍重复做一次

⑥ 1～8 拍重复⑤

⑦ 1～8 拍下旁腰压腿，保持不动

⑧ 1～4 拍保持压腿姿势不动

　　5～8 拍还原坐直，保持三位手位

间奏：左腿向旁打开、伸直，脚背膝盖绷直向上，右腿盘膝，左手抓右脚腕，右手至芭蕾三位手位(见图1-2-57)

图 1-2-57

第三部分：

① 1～4 拍右手保持手位，随上身向左下旁腰，压旁腿(图1-2-58)

　　5～8 拍上身起直，保持手位

② 1～8 拍重复①

③～④ 重复①～②

⑤ 1～2 拍要领同上向左下旁腰，压旁腿

　　3～4 拍还原坐直，保持三位手位

　　5～8 拍重复做一次

图 1-2-58

⑥ 1～8 拍重复⑤

⑦ 1～8 拍下旁腰压腿，保持不动

⑧ 1～4 拍保持压腿姿势不动

　　5～8 拍还原坐直，保持三位手位

间奏：左腿直腿向后划至身体正后方，膝盖、脚背向下，后腿胯跟扣住，右腿保持盘膝，双手于两侧支地(见图1-2-59)

图 1-2-59

第四部分：

① 1～4 拍双手撑地向后仰头、下腰(见图1-2-60)

　　5～8 拍抬头坐直

② 1～8 拍重复①

③ 1～8 拍重复①

④ 1～8 拍左腿收回盘膝，右腿向后划至身体正后方，膝盖、脚背向下，后腿胯跟扣住，双手于两侧支地

图 1-2-60

⑤　1～4拍双手撑地向后仰头、下腰

　　5～8拍抬头坐直

⑥　1～8拍重复⑤

⑦　1～8拍重复⑤

⑧　1～8拍整体还原至准备动作基本坐姿

❖ 组合示例二

前奏：1～4拍准备动作：基本坐姿(上肢挺拔垂直坐于地面，双腿并拢向前，直膝绷脚，双手自然伸长放在身体两侧，指尖轻轻点地)

　　5～8拍双手从两侧最远处向上，至芭蕾三位手位置

第一部分：

①　1～4拍上身挺直，保持手位，从最远处由腹部开始向下压腿

　　5～8拍保持手位，从最远处将上身抬起

②　1～8拍重复①

③　1～2拍要领同上向下压腿

　　3～4拍还原坐直，保持三位手位

　　5～8拍重复一次

④　1～8拍重复③

⑤　1～8拍向下压腿，保持不动

⑥　1～4拍保持压腿姿势不动

　　5～8拍还原坐直，保持三位手位

⑦～⑧　重复⑤～⑥

间奏：双腿直腿向旁尽量打开，成一字或大八字状态，右手至胸前，左手向上成芭蕾四位手位

第二部分：

①　1～4拍双手保持手位，随上身向右下旁腰，压旁腿

　　5～8拍上身起直，保持手位

②　1～8拍重复①

③　1～2拍要领同上向右压腿

　　3～4拍还原坐直，保持手位

　　5～8拍重复一次

④　1～8拍重复③

⑤　1～8拍向右压腿，保持不动

⑥　1～4拍保持压腿姿势不动

　　5～8拍还原坐直，保持四位手位

⑦～⑧　重复⑤～⑥

间奏：腿和上身姿势不变，双手由最远处向旁打开，再至左前右上的芭蕾四位手位(见图1-2-61)

图 1-2-61

第三部分：

① 1～4拍双手保持手位，随上身向左下旁腰，压旁腿

5～8拍上身起直，保持手位

② 1～8拍重复①

③ 1～2拍要领同上向左压腿

3～4拍还原坐直，保持手位

5～8拍重复一次

④ 1～8拍重复③

⑤ 1～8拍向左压腿，保持不动

⑥ 1～4拍保持压腿姿势不动

5～8拍还原坐直，保持四位手位

⑦～⑧　重复⑤～⑥

间奏：右腿向前，左腿直腿向后划到身体正后方，至右前竖叉位置，膝盖、脚背向下，后腿胯跟扣住，双手撑地或者向上至芭蕾三位手位

第四部分：

① 1～4拍双手撑地或保持手位，向后仰头、下腰

5～8拍抬头坐直

② 1～8拍重复①

③ 1～8拍重复①

④ 1～8拍左腿划回至前方，右腿向后划至身体正后方，膝盖、脚背向下，后腿胯跟扣住，双手于两侧支地或者向上至芭蕾三位手位(见图1-2-62)

⑤ 1～4拍双手撑地或保持手位，向后仰头、下腰

5～8拍抬头坐直

⑥ 1～8拍重复⑤

⑦ 1～8拍重复⑤

⑧ 1～8拍整体还原至准备动作基本坐姿

(见图1-2-63至图1-2-64)

图 1-2-62

图 1-2-63

图 1-2-64

六、大踢腿组合

目的：锻炼腿部肌肉控制能力和爆发力，掌握正确的踢腿方式

❖ 组合示例一

前奏：准备动作：平躺地面，双腿并拢，绷脚直膝，两手伸直，手心向下放于身体两侧地面

第一部分：

① 1～4拍右腿由脚背带动从最远处向上用力踢前腿，左腿直膝绷脚保持不动

5～8拍直腿轻落，放回原地

② 1～2拍右腿向上踢前腿

3～4拍直腿轻落，放回原地

5～8拍重复1～4

③～④ 重复①～②

⑤～⑧ 左腿踢前腿，节奏同①～④

间奏：向左转身成侧卧姿态，臀部收紧，双腿并拢，直膝绷脚，左手肘部落地支撑上身，右手放于体前

第二部分：

① 1～4拍右腿脚背、膝盖向上，由脚背带动从最远处用力踢旁腿，左腿直膝绷脚保持不动

5～8拍直腿轻落，放回原地

② 1～2拍右腿向上踢旁腿

3～4拍直腿轻落，放回原地

5～8拍重复1～4

③ 1～8拍重复①

④ 1～2拍右腿向上踢旁腿

3～4拍直腿轻落，放回原地

5～8拍向右转身成右侧卧姿态，臀部收紧，双腿并拢，直膝绷脚，右手肘部落地支撑上身，左手放于体前

⑤～⑧ 左腿踢旁腿，节奏同①～④，最后4拍恢复平躺姿势

间奏：上身起直向前，双腿向后成左腿单腿跪姿，右腿向后伸直，绷脚点地，双手于前撑地

第三部分：

① 1～2拍右腿绷脚，直腿从后方由最远处向上踢后腿，同时仰头

3～4拍直腿轻落，绷脚点地

5～8拍重复1～4

②～③ 重复①

④ 1～2拍右腿踢后腿

3～4拍直腿轻落，绷脚点地

5～8 拍换腿，右腿跪地，左腿向后伸直，绷脚点地

⑤～⑧　左腿踢后腿，节奏同①～④，最后 4 拍收回左腿，成跪坐姿态(见图 1-2-65)

❖ 组合示例二

前奏：准备动作：平躺地面，双腿并拢，绷脚直膝，两手伸直，手心向下放于身体两侧地面

第一部分：

①　1～2 拍右腿由脚背带动从最远处向上用力踢前腿，左腿直膝绷脚保持不动

　　　3～4 拍直腿轻落，放回原地

　　　5～8 拍重复 1～4

②　1～4 拍踢右前腿，同时双手抱住小腿或脚腕停住

　　　5～8 拍直腿轻落，放回原地

③～④　重复①～②

⑤～⑧　左腿踢前腿，节奏同①～④

间奏：向左转身成侧卧姿态，臀部收紧，双腿并拢，直膝绷脚，左手肘部落地支撑上身，右手放于体前

第二部分：

①　1～2 拍右腿脚背、膝盖向上，由脚背带动从最远处用力踢旁腿，左腿直膝绷脚保持不动

　　　3～4 拍直腿轻落，放回原地

　　　5～8 拍重复 1～4

②　1～2 拍侧卧吸旁腿(膝盖向上提，绷脚，脚尖贴左腿内侧向臀部收紧)

　　　3～4 拍做撩踢腿动作(在膝盖不动的基础上，由脚背向上用力向上撩、踢腿)

　　　5～8 拍直腿轻落，放回原地

③～④　重复①～②动作，最后 4 拍向右转身成右侧卧姿态，臀部收紧，双腿并拢，直膝绷脚，右手肘部落地支撑上身，左手放于体前

⑤～⑧　左腿踢旁腿，节奏同①～④，最后 4 拍回复平躺姿态

间奏：上身起直向前，双腿向后成左腿单腿跪姿，右腿向后伸直，绷脚点地，双手放于前方撑地

第三部分：

①　1～2 拍右腿绷脚，直腿从后方由最远处向上踢后腿，同时仰头

　　　3～4 拍直腿轻落，绷脚点地

　　　5～8 拍重复 1～4

②～③　重复①

④　1～2 拍右腿踢后腿

　　　3～4 拍直腿轻落，绷脚点地

　　　5～8 拍换腿，右腿跪地，左腿向后伸直，绷脚点地

⑤～⑧　左腿踢后腿，节奏同①～④，最后 4 拍收回左腿成跪姿，同时双上身直立，

图 1-2-65

双手向上，然后做跪下腰动作

第三节　芭蕾形体训练——扶把动作训练

把杆上的动作训练是克服学生身体自然体态和习惯，让全身尤其是腿部肌肉得到全面、综合、整体发展的一种训练。培养学生规范的舞蹈姿势和动作姿态，锻炼身体各部位基本控制能力、表现能力，发展下肢能力以及躯干部位的柔韧性和平衡能力。

一、基本脚位练习

目的：掌握正确扶把姿势、基本站姿和脚位，修正身体形态。

基本动作：

1．扶把动作

(1) 双手扶把：面向把杆，距离 20～30 厘米，双手与肩同宽，小臂抬起，双手十指轻落把杆，手腕和胳膊肘放松下垂(见图 1-2-66)。

(2) 单手扶把：身体侧对把杆，距离 20～30 厘米，靠近把杆的手略在身前抬起，五指轻落把杆，手腕和胳膊肘放松下垂。

图 1-2-66

2．基本脚位

(1) 正步位站姿：双脚并拢、放平站于地面，双腿内侧夹紧，胯尽量向上提，收小腹，腰部保持直立，后背平直，双肩下沉，头顶向上钻，手或扶把或自然下垂(见图 1-2-66)。

(2) 一位脚：在正步位的基础上，以脚后跟为轴，从髋关节开始，由脚趾带动，同时双脚向外旋转 90 度，成一字形直线(见图 1-2-67)(如外开度不够，可略缩小角度，但旋转后要保证脚掌平放地面)。

(3) 二位脚：双脚保持外开姿态，在一位脚的基础上，两脚脚跟之间相距一个横脚的距离(见图 1-2-68)。

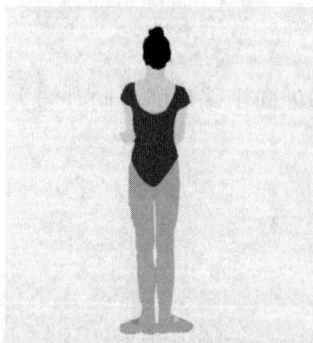

图 1-2-67

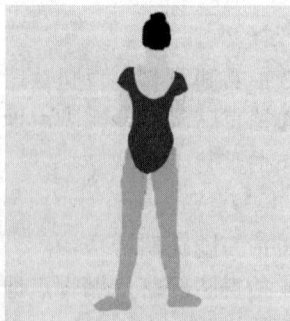

图 1-2-68

(4) 三位脚：双脚保持外开姿态，将一只脚的脚跟放于后脚的脚心处，双脚相互贴紧(见图1-2-69)。

(5) 五位脚：双脚保持外开，前脚脚跟与后脚脚尖持平，双脚重叠贴紧(见图1-2-70)。

(6) 四位脚：在五位脚的基础上，前脚向前迈一步，两脚间距一个竖脚的距离(见图1-2-71)。

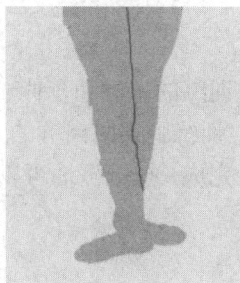
图 1-2-69

图 1-2-70

图 1-2-71

❖ 组合示例

前奏：① 1～8 拍准备动作：面对把杆，基本正步位站姿，双手自然下垂
　　　② 1～8 拍双手轻轻抬起，十指轻落把杆，成双手扶把姿态

第一部分：

① 1～4 拍双脚以脚跟为轴向外旋转，打开至一位脚
　　5～8 拍保持脚位和站姿

② 1～8 拍保持 1 个 8 拍不动

③ 1～4 拍右脚向外挪开一横脚的距离，成二位脚
　　5～8 拍保持脚位和站姿

④ 1～8 拍保持二位脚 1 个 8 拍不动

⑤ 1～4 拍右脚保持外开，脚跟收至左脚尖前，成五位脚
　　5～8 拍保持脚位和站姿

⑥ 1～8 拍保持五位脚 1 个 8 拍不动

⑦ 1～4 拍左脚向后挪开一个竖脚的位置，成四位脚
　　5～8 拍保持脚位和站姿

⑧ 1～8 拍保持四位脚 1 个 8 拍不动

第二部分：

① 1～4 拍左脚收回一位脚位置

② 1～8 拍保持一个 8 拍不动

③ 1～4 拍左脚向外挪开一横脚的距离，成二位脚
　　5～8 拍保持脚位和站姿

④ 1～8 拍保持二位脚 1 个 8 拍不动

⑤ 1～4 拍左脚保持外开，脚跟收至左脚尖前，成五位脚
　　5～8 拍保持脚位和站姿

⑥ 1～8 拍保持五位脚 1 个 8 拍不动

⑦ 1～4拍右脚向后挪开一个竖脚的位置，成四位脚

5～8拍保持脚位和站姿

⑧ 1～8拍保持四位脚1个8拍不动

收势 右脚收回一位脚位置，双手轻轻放下

二、一位擦地训练组合

目的：扶把擦地动作(Battement Tendu)是芭蕾基训中所有动作训练的基础和延伸，可向前、旁、后三个方向做。该动作能有效的锻炼脚背、脚腕的能力，训练腿部肌肉群的力量、外开与延伸以及身体重心的控制能力(擦地动作可在一位和五位上完成，扶把擦地可以双手扶把也可以单手扶把)。

基本动作：

(1) 向旁擦地：在一位脚的基础上，保持站姿，把重心由双腿上移到支撑腿上，动力腿直腿向旁，脚与地面充分摩擦，经过全脚掌擦地、脚跟推起成半角掌擦地，再到前脚掌推起并延伸至脚趾尖，成旁点地，点地位置与主力腿的脚在一条直线(见图1-2-72)；往回擦地收脚时，要求保持重心和身体直立向上的感觉，动力腿直腿向回擦地，经过脚趾擦地、前脚掌擦地、脚跟和全脚掌擦地收回至一位脚。

(2) 向前擦地：在一位脚的基础上，保持站姿，把重心由双腿上移到支撑腿上，动力腿由脚跟带动直腿向前擦地，脚尖被动推出，保持外开，经过全脚掌擦地、半脚掌擦地和脚尖擦地成前点地，动力腿脚尖和主力腿的脚跟在一条直线上(见图1-2-73)；往回擦地收脚时，保持重心，动力腿由脚尖主动引领擦地，脚跟被动跟随，保持外开，经过脚尖擦地、前脚掌擦地、全脚擦地收回一位脚。

(3) 向后擦地：在一位脚的基础上，保持站姿，把重心由双腿上移到支撑腿上，动力腿由脚尖主动引领，带动直腿向后擦地，保持外开，经过全脚掌擦地、半脚掌擦地和脚尖擦地成后点地，动力腿脚尖和主力腿的脚跟在一条直线上(见图1-2-74)；往回擦地收脚时，保持重心，动力腿由脚跟带动向回擦地，脚尖跟随，保持外开，经过脚尖擦地、前脚掌擦地、全脚擦地收回一位脚。

图1-2-72 图1-2-73 图1-2-74

❖ 组合示例一

前奏：准备动作：双手扶把，保持站姿，一位脚准备

第一部分：

① 1～8拍右脚向前擦地

② 1～8拍右脚擦地收回一位

③ 1～4拍右脚前擦地
5～8拍擦地收一位脚

④ 1～8拍重复③

⑤ 1～8拍右脚向旁擦地

⑥ 1～8拍右脚擦地收回一位

⑦ 1～4拍右脚旁擦地

⑧ 1～8拍重复⑦

第二部分：

① 1～8拍右脚向后擦地

② 1～8拍右脚擦地收回一位

③ 1～4拍右脚后擦地
5～8拍擦地收一位脚

④ 1～8拍重复③

⑤ 1～8拍右脚向旁擦地

⑥ 1～8拍右脚擦地收回一位

⑦ 1～4拍右脚旁擦地

⑧ 1～8拍重复⑦

第三部分：

① 1～8拍左脚向前擦地

② 1～8拍左脚擦地收回一位

③ 1～4拍左脚前擦地
5～8拍擦地收一位脚

④ 1～8拍重复③

⑤ 1～8拍左脚向旁擦地

⑥ 1～8拍左脚擦地收回一位

⑦ 1～4拍左脚旁擦地

⑧ 1～8拍重复⑦

第四部分：

① 1～8拍左脚向后擦地

② 1～8拍左脚擦地收回一位

③ 1～4拍左脚后擦地
5～8拍擦地收一位脚

④ 1～8拍重复③

⑤ 1～8拍左脚向旁擦地

⑥ 1～8拍左脚擦地收回一位

⑦ 1～4拍左脚旁擦地

⑧ 1～8拍重复⑦

❖ 组合示例二

前奏：准备动作：双手扶把，保持站姿，一位脚准备

第一部分：

① 1～4拍右脚向前擦地
5～8拍右脚擦地收回一位

② 1～2拍右脚前擦地
3～4拍擦地收回一位
5～8拍重复1～4

③ 1～4拍右脚向旁擦地
5～8拍右脚擦地收回一位

④ 1～2拍右脚旁擦地
3～4拍擦地收一位
5～8拍重复1～4

⑤ 1～4拍右脚向后擦地
5～8拍擦地收一位

⑥ 1～2拍右脚后擦地
3～4拍擦地收回一位
5～8拍重复1～4

⑦ 1～4拍右脚向旁擦地
5～8拍右脚擦地收回一位

⑧ 1～2拍右脚旁擦地
3～4拍擦地收一位
5～8拍重复1～4

第二部分：左脚擦地，重复一遍第一部分的动作

三、蹲(Plie)

目的：蹲的动作分为两种，半蹲(Demi Plie)和全蹲(Grand Plie)，通过训练培养跟腱、腿部肌肉和膝关节的柔韧性、弹性和控制力，以及髋关节和腿部外开习惯的养成，为舞蹈中的跳跃动作打下良好的基础。

基本动作：

(1) 半蹲(Demi Plie)：可在各脚位上进行训练，动作时，腿始终保持最大程度的外开，膝盖对准脚尖方向，尾椎骨对准脚跟，上身保持直立，全脚掌着地，在保证脚跟不离开地面的基础上最大限度下蹲，拉长跟腱(见图1-2-75)；起的时候，脚用力推地，腿部肌肉慢慢向上拉直至双腿内侧收紧；其中二位半蹲的下蹲幅度是膝盖和脚尖成上下垂直线(见图1-2-76)。需要注意的是，下蹲和起来伸直腿的过程要流畅，速度要平均，动作平稳、后背垂直，保持头顶、肩膀、尾椎、脚跟在同一平面上，脚掌平铺地面，五趾抓地，不要向前或向后倒脚。

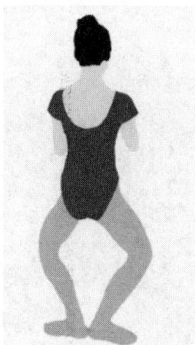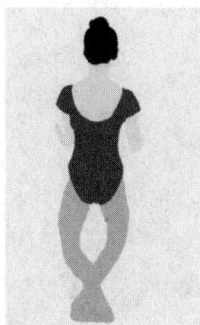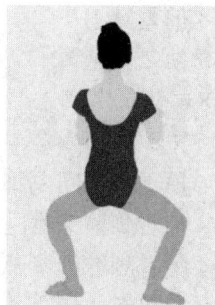

图 1-2-75 图 1-2-76

(2) 全蹲(Grand Plie)：也称深蹲，是半蹲(Demi Plie)的延伸，在半蹲的基础上继续下蹲，直到脚跟被跟腱牵拉而抬起，两膝弯曲与两胯齐平(见图 1-2-77)；起直时先将脚跟落地，再慢慢向上，动作要求同半蹲相同；其中二位脚的全蹲动作脚跟不离开地面，下蹲幅度为大腿与小腿尽量成水平线(见图 1-2-78)。要注意的是，全蹲时脚后跟不能主动推起，起的时候要先放脚跟，其余要领和要求与半蹲相同。

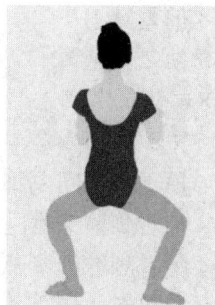

图 1-2-77 图 1-2-78

❖ 组合示例一

前奏：面对把杆，一位脚准备，双手慢慢抬起，轻轻落到把杆上

第一部分：

① 1～4 拍一位半蹲

　　5～8 拍起直，双腿内侧夹紧

② 1～8 拍重复①

③ 1～8 拍一位全蹲

④ 1～8 拍慢慢起直

⑤～⑥ 重复③～④

⑦ 1～8 拍右脚向旁擦地

⑧ 1～4 拍右脚落脚掌和脚跟，重心移到两脚之间，成二位脚

　　5～8 拍双手扶把，二位准备

第二部分：

① 1～4 拍二位半蹲

5～8 拍起直，双腿内侧夹紧

② 　1～8 拍重复①

③ 　1～8 拍二位全蹲

④ 　1～8 拍慢慢起直

⑤～⑥ 　重复③～④

⑦ 　1～4 拍重心推回左脚，右脚脚尖点地

　　5～8 拍右脚擦地收回

⑧ 　1～4 拍右脚继续擦地收收回一位脚

　　5～8 拍双手扶把，一位脚准备

第三部分：

① 　1～4 拍一位半蹲

　　5～8 拍起直，双腿内侧夹紧

② 　1～8 拍重复①

③ 　1～8 拍一位全蹲

④ 　1～8 拍慢慢起直

⑤～⑥ 　重复③～④

⑦ 　1～8 拍左脚向旁擦地

⑧ 　1～4 拍左脚落脚掌和脚跟，重心移到两脚之间，成二位脚

　　5～8 拍双手扶把，二位准备

第四部分：

重复一遍第二部分的动作，最后左脚擦地收回一位

❖ 组合示例二

前奏：面对把杆，一位脚准备，双手慢慢抬起，轻轻落到把杆上

第一部分：

① 　1～4 拍一位半蹲

　　5～8 拍起直，双腿内侧夹紧

② 　1～8 拍重复①

③ 　1～8 拍一位全蹲

④ 　1～8 拍慢慢起直

⑤～⑥ 　重复③～④

⑦ 　1～8 拍右脚向旁擦地

⑧ 　1～4 拍右脚落脚掌和脚跟，重心移到两脚之间，成二位脚

　　5～8 拍双手扶把，二位准备

第二部分：

① 　1～4 拍二位半蹲

　　5～8 拍起直，双腿内侧夹紧

② 　1～8 拍重复①

③ 　1～8 拍二位全蹲

④ 　1～8 拍慢慢起直

⑤~⑥　重复③~④

⑦　1~4拍重心推回左脚，右脚脚尖点地

　　5~8拍右脚擦地收回

⑧　1~4拍右脚继续擦地收到左脚前，成五位脚

第三部分：

①　1~4拍五位半蹲

　　5~8拍起直，双腿内侧夹紧

②　1~8拍重复①

③　1~8拍五位全蹲

④　1~8拍慢慢起直

⑤~⑥　重复③~④

⑦　1~8拍右脚向旁擦地

⑧　1~4拍右脚擦地收回左脚后，至左脚在前的五位脚

　　5~8拍双手扶把，五位脚准备

第四部分：

重复一遍第三部分的动作，最后右脚经过向旁擦地收回一位

四、小踢腿(Battement Tendu Jete)

目的：通过擦地快速踢起的训练，锻炼动力腿肌肉力量和腿脚部动作的速度、力度、灵活性，为大踢腿、跳跃等动作打好基础。

基本动作：

方法：在擦地的基础上进行，经过擦地——点地位——踢腿 25~35 度——控制停留——点地位——擦地收回。小踢腿同扶把擦地一样，有向前、向旁和向后的动作，可在一位脚、五位脚上做，双手扶把或者单手扶把完成(见图 1-2-79)。

图 1-2-79

要求：保持双腿直膝，重心稳定、身体正直，动作时不能晃动，擦地动作要完整，踢腿时由脚背带动，迅速有力并有短暂地控制停留，踢腿高度为 25~35 度；收回时同样要求经过完整的擦地过程，不能腾空收回。

❖ 组合示例一

前奏：面对把杆双手扶把，一位脚准备

第一部分：

① 1～4拍右脚向前擦地，至前点地位置

5拍右脚向上踢起25～35度

6～8拍控制停留

② 1～4拍右脚落前点地

5～8拍擦地收回一位

③ 1～2拍右脚向前擦地，至前点地位置

3～4拍向上小踢腿25～35度

5～6拍落前点地位置

7～8拍擦地收回

④ 1～8拍重复③

第二部分：

① 1～4拍右脚向旁擦地，至旁点地位置

5拍右脚向上踢起25～35度

6～8拍控制停留

② 1～4拍右脚落旁点地

5～8拍擦地收回一位

③ 1～2拍右脚向旁擦地，至旁点地

3～4拍向上小踢腿25～35度

5～6拍落旁点地位置

7～8拍擦地收回

④ 1～8拍重复③

第三部分：

① 1～4拍右脚向后擦地，至后点地位置

5拍右脚向上踢起25～35度

6～8拍控制停留

② 1～4拍右脚落后点地

5～8拍擦地收回一位

③ 1～2拍右脚向后擦地，至后点地

3～4拍向上小踢腿25～35度

5～6拍落后点地位置

7～8拍擦地收回

第四部分：

重复一遍第二部分的动作

❖ 组合示例二

前奏：面对把杆双手扶把，一位脚准备

第一部分：

① 1～2拍右脚向前擦地，至前点地

3～4拍向上小踢腿25～35度

5～6 拍落前点地位置

7～8 拍擦地收回

② 1～8 拍重复①

③ 1～8 拍重复①

④ 1～4 拍一位半蹲

5～8 拍起直

第二部分：

① 1～2 拍右脚向旁擦地，至旁点地

3～4 拍向上小踢腿 25～35 度

5～6 拍落旁点地位置

7～8 拍擦地收回

② 1～8 拍重复①

③ 1～8 拍重复①

④ 1～4 拍一位半蹲

5～8 拍起直

第三部分：

① 1～2 拍右脚向后擦地，至后点地

3～4 拍向上小踢腿 25～35 度

5～6 拍落后点地位置

7～8 拍擦地收回

② 1～8 拍重复①

③ 1～8 拍重复①

④ 1～4 拍一位半蹲

5～8 拍起直

第四部分：

重复一遍第二部分的动作

五、压腿组合

目的：训练腿部关节和韧带的柔韧性，拉长身体肌肉。

基本动作：动作分为扶把压前腿、扶把压旁腿和扶把压后腿三种。方法与要领和本章第二节"舞蹈素质训练"中"压腿"动作的扶把压腿方法和要求相同。

❖ 组合示例

前奏：侧面对把杆，左手轻扶把杆，身体与把杆成 45 度角，将右腿伸直，脚腕搭在把杆上，身体与把上的腿成 90 度，右手向上呈三位手

第一部分：

① 1～4 拍上身由腹部开始向下压前腿

5～8 拍上身起直，右手保持三位

② 重复①

③ 1～8 拍压前腿并保持该动作

④　1～4 拍继续保持压腿动作

　　5～8 拍起直，右手三位手

⑤～⑧　重复①～④

间奏：向左转身，右腿变旁腿，右手扶把杆，左手三位手

第二部分：

①　1～4 拍压旁腿

　　5～8 拍上身起直，左手保持三位

② 重复①

③　1～8 拍压旁腿并保持该动作

④　1～4 拍继续保持压腿动作

　　5～8 拍起直，右手三位

⑤～⑧　重复①～④

间奏：右腿放下，向右转身侧对把杆，双手扶把，右腿从后放到把杆上

第三部分：

①　1～4 拍主力腿半蹲，向后下腰仰头压后腿

　　5～8 拍起直

② 重复①

③　1～8 拍半蹲向后压后腿并保持

④　1～4 拍继续保持压腿动作

　　5～8 拍起直，右手抬至三位

⑤　1～4 拍主力腿保持直立，右手三位，向后下腰仰头压后腿

　　5～8 拍起直

⑥ 重复⑤

⑦　1～8 拍主力腿保持直立，右手三位，向后下腰仰头压后腿

⑧　1～4 拍继续保持压腿动作

　　5～8 拍起直

左腿重复一遍上述动作组合

六、大踢腿(Grand Battement Jete)

目的：训练腿部肌肉、韧带的张弛，锻炼脚经擦地迅速抛向空中的能力，提高腹背肌、主力腿的控制能力，为以后的大幅度踢腿和跳跃动作打下基础。

基本动作：

方法：扶把大踢腿动作分为前、旁、后三个方向，踢前腿一般用单手扶把方式练习，踢旁腿和后腿可用双手扶把或单手扶把进行练习；在一位或者五位脚的基础上，经过擦地，绷脚向上快速用力踢腿，高度要在 90 度以上，再经过点地，擦地收回。

要求：动作过程中保持身体的垂直、腿部的外开，主力腿的髋关节向上提起和重心的稳定；注重脚背的带动力量和脚经过擦地踢起、擦地收回的全过程。

❖ 组合示例

前奏：1～4 拍侧面对把杆，左手轻扶把杆，右手一位手，一位脚准备

5～8 拍右手由二位到七位打开

第一部分：

① 1～2 拍右脚经过擦地向前大踢腿

　　3～4 拍右脚落前点地

　　5～8 拍右脚擦地收回一位

② 重复①

③ 1 拍向前大踢腿

　　2 拍落前点地

　　3～4 拍擦地收回

　　5～8 拍重复 1～4

④ 1 拍向前大踢腿

　　2 拍落前点地

　　3～4 拍擦地收回

　　5～8 拍向左转身，至双手扶把一位脚

⑤ 1～2 拍右脚经过擦地向旁大踢腿

　　3～4 拍右脚落旁点地

　　5～8 拍右脚擦地收回一位

⑥ 重复⑤

⑦ 1 拍向旁大踢腿

　　2 拍落旁点地

　　3～4 拍擦地收回

　　5～8 拍重复 1～4

⑧ 1 拍向旁大踢腿

　　2 拍落旁点地

　　3～4 拍擦地收回

　　5～6 拍一位半蹲

　　7～8 拍起直

第二部分：

① 1～2 拍右脚经过擦地向后大踢腿

　　3～4 拍右脚落后点地

　　5～8 拍右脚擦地收回一位

② 重复①

③ 1 拍向后大踢腿

　　2 拍落后点地

　　3～4 拍擦地收回

　　5～8 拍重复 1～4

④ 1 拍向后大踢腿

　　2 拍落后点地

　　3～4 拍擦地收回

5～6拍一位半蹲

7～8拍起直

⑤ 1～2拍右脚经过擦地向旁大踢腿

3～4拍脚落旁点地

5～8拍右脚擦地收回一位

⑥ 重复⑤

⑦ 1拍向旁大踢腿

2拍落旁点地

3～4拍擦地收回

5～8拍重复1～4

⑧ 1拍向旁大踢腿

2拍落旁点地

3～4拍擦地收回

5～8拍向左转身，至右手扶把，一位脚准备，左手七位手

第三部分—第四部分：

左腿大踢腿，动作节奏与第一部分—第二部分相同

第四节　芭蕾形体训练——中间动作训练

中间动作训练是在扶把动作训练的基础上进行的进一步练习。主要完成基本舞姿和跳跃动作的练习，在训练舞姿表演性的同时着力强调重心和腿的稳定性以及腿的爆发力。

一、基本手位

目的：塑造手臂的线条，提高上肢动作舞姿的美感以及与呼吸的配合，增强肩部、手臂、手腕的灵活性。

基本动作：

1. 手的形态

五指放松自然伸长，大拇指向中指靠拢，食指略微向上，中指、无名指和小指自然并拢(初学者大拇指可轻轻触碰中指指根)(见图1-2-80)。

图 1-2-80

2. 手的基本位置及动作过程

(1) 一位手：双手保持手型，自然下垂于大腿前，手心相对略朝上，胳膊肘和手腕稍微圆屈，上臂稍离身体，肩、手臂、手成一延长的没有棱角的弧线(见图1-2-81)。

(2) 二位手：保持一位手的形状，双手由远处抬至身体前，大概平行于胃的高度，动作过程中要注意胳膊肘和手指的稳定(见图1-2-82)。

(3) 三位手：在二位的基础上，保持手臂姿态形状，由远处向上抬至前额上方，动作过程中要注意保持肩部下沉(见图1-2-83)。

(4) 四位手：一手保持三位不动，另一只手由小指带动向前下切至二位手位置(见图1-2-84)。

图 1-2-81   图 1-2-82   图 1-2-83   图 1-2-84

(5) 五位手：一只手保持三位，另一只手在二位基础上由指尖带领向旁打开至肩的稍前方(见图1-2-85)。

(6) 六位手：在五位手的基础上，一手保持在旁不动，另一只手从三位由小指带领切至二位手位置(见图1-2-85)。

(7) 七位手：在六位的基础上，一手在旁保持不动，另一只手从二位由指尖带领向旁打开至肩的略前方，上臂低于肩，双肩、上臂、肘和小臂、手形成延长的大弧形(见图1-2-86)。

当七位手回到一位时，双手向两旁延伸，掌心翻至下方，伴随呼吸由大臂开始轻轻飘下收回一位，动作时要配合呼吸，但不能耸肩，保持手臂的长圆形态(见图1-2-87)。

  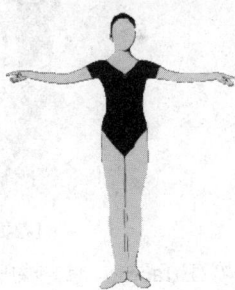

图 1-2-85   图 1-2-86   图 1-2-87

❖ 组合示例

前奏：1～4 小节   准备动作：双脚一位站立，双手一位，目视1点

     5～8 小节   双手由手指带动从一位向两旁打开45度(小七位)，再收回一位

第一部分：

①   1～4 小节   双手向上抬至二位，眼睛看右手方向，头略向左偏

     5～8 小节   双手由二位向上抬至三位，头略向上，眼睛看1点方向

②   1～4 小节   左手保持三位，右手切回二位，呈四位，眼睛看右手方向，头略向左

     5～8 小节   左手三位不变，右手向旁打开，呈五位手，眼睛随右手方向

③   1～4 小节   右手保持不动，左手切至二位，呈六位手，眼睛看向左手方向，头略向右

5～8 小节　右手不变，左手向旁打开，呈七位手，眼睛看向左手方向，头略向右

④　1～8 小节　双手经过向旁延伸慢慢收回一位，眼睛随左手收回看回 1 点

第二部分：

①　1～4 小节　双手向上抬至三位，眼睛随右手方向

　　5～8 小节　双手向上延伸，由指尖带动向两旁打开，至七位手

②　1～4 小节　左手保持七位，右手由七位向下经过一位向上抬至二位位置，呈六位手

　　5～8 小节　右手保持二位位置，左手由七位向下经过一位向上抬至二位手

③　1～4 小节　左手保持二位不变，右手向上抬至三位，呈四位手

　　5～8 小节　右手三位不变，左手向旁打开至七位，呈五位手

④　1～4 小节　左手七位不变，右手从三位向旁打开至七位手

　　5～8 小节　双手经过延伸向下，收回一位

二、舞姿练习

目的：掌握芭蕾舞几个常用基本舞姿及动作组合，提高学生身体协调能力，培养动作的规范性和美感。

基本动作：

(1) 克鲁瓦泽(Croise)：原意为交叉的，芭蕾基本方位之一。演员半侧对观众，动作腿与主力腿交叉的动作，在舞姿中分为向前和向后(见图 1-2-88 至图 1-2-89)。

图 1-2-88　　　　　　　　　　图 1-2-89

(2) 厄法赛(Efface)：原意为打开的，舒展的，指敞开的动作。也属于芭蕾基本方位之一。在舞姿中分为向前和向后(见图 1-2-90 至图 1-2-91)。

(3) 艾卡泰(Ecarte)：原意为分开的，芭蕾基本舞姿之一。它是指腿部敞开的点地或抬腿姿态(见图 1-2-92)。

图 1-2-90　　　　　　　图 1-2-91　　　　　　　图 1-2-92

(4) 阿拉贝斯克(Arabesque)：原意为迎风展翅，芭蕾基本舞姿之一。舞姿为单腿半蹲

或直立，另一腿往后伸直点地或直腿抬起，双手在六位的位置向外延伸，构成从指尖到足尖尽可能延长的直线。

第一阿拉贝斯克(Ⅰ Arabesque)：动作为敞开的(Efface)，例如面对 3 点，右脚为主力腿，左腿向后擦地或经擦地抬起，双手由一位经过二位后，左手向旁打开，至右手在前的六位延伸状态，头看前手(见图 1-2-93 至图 1-2-94)。

图 1-2-93   图 1-2-94

第二阿拉贝斯克(Ⅱ Arabesque)：动作同第一阿拉贝斯，只是手相反(见图 1-2-95 至图 1-2-96)。

图 1-2-95   图 1-2-96

第三阿拉贝斯克(Ⅲ Arabesque)：动作为交叉的(Croise)，同样面对三点，左脚为主力腿，右腿向后擦地或经擦地抬起，右手向前，左手向旁打开(见图 1-2-97 至图 1-2-98)。

图 1-2-97   图 1-2-98

第四阿拉贝斯克(Ⅳ Arabesque)：同第三阿拉贝斯，只是手部动作相反(见图 1-2-99 至图 1-2-100)。

图 1-2-99　　　　　　　　　　　图 1-2-100

❖ 组合示例一

前奏：1～4 拍准备动作：面对 8 点，右脚在前五位，双手一位，头向 1 点

　　　　5～8 拍双手由手指带动从一位向两旁打开 45 度(小七位)，再收回一位(见图 1-2-101)

第一部分：

①　1～4 拍左腿半蹲，同时右脚向前擦地，双手至三位，头略向左倾，看右手方向。(见图 1-2-102)

　　　　5～8 拍左腿立直，右脚保持前点地姿态，双手向上延伸打开至七位手

②　1～4 拍右脚经擦地收回五位，双腿同时半蹲，双手由七位经呼吸收回一位

　　　　5～8 拍右腿直立，同时左脚向后擦地，双手由一位经过二位到左手再上右手在旁的五位，头看 1 点(见图 1-2-103)

③　1～4 拍左脚擦地收回五位，双腿半蹲双手收一位

　　　　5～8 拍右脚向旁擦地，左腿立直，双手从一位向旁打开，右手向上延长，身体略向左倾斜，与右腿呈延长的直线，头看向左手(见图 1-2-104)

图 1-2-101　　　　图 1-2-102　　　　　图 1-2-103　　　　图 1-2-104

④　1～4 拍右脚擦地收回五位，手收回一位

　　　　5～8 拍右脚向后擦地，双手由一位到二位，左手保持二位，右手向旁打开，呈第一阿拉贝斯克

第二部分：

①　1～4 拍双脚不动，双手经过呼吸收回一位

· 52 ·

5～8拍脚不变，双手经过二位，右手保持二位，左手向旁打开，呈第二阿拉贝斯

② 1～4拍右脚擦地收一位后继续向前擦地，左腿同时半蹲，双手收一位

5～8拍双腿经过四位半蹲向前移重心至右脚，双手经二位打开到左手在前的六位，呈第三阿拉贝斯克

③ 1～8拍双脚不动，左手经三位到七位，同时右手经一位到二位，呈第四阿拉贝斯克

④ 1～4拍身体转向1点，左脚直接划到旁点地位置，双手打开到七位手

5～8拍身体转向2点，左脚擦地收到前五位，双手收回一位

第三部分—第四部分：

反面重复第一部分—第二部分动作

❖ 组合示例二

前奏：1～4拍准备动作：面对8点，右脚在前五位，双手一位，头向1点

5～8拍双手由手指带动从一位向两旁打开45度(小七位)，再收回一位

第一部分：

① 1～4拍左腿半蹲，同时右脚向前擦地，双手至二位，头略向左倾，看右手方向

5～8拍经过四位蹲向前移重心至右脚，左脚后点地，左手向上到三位，右手向旁打开，呈五位手

② 1～4拍左脚擦地收一位，右腿半蹲，手收二位

5～8拍右腿立直，左脚继续向前擦地至前点地，右手保持二位，左手向旁打开七位，呈六位手

③ 1～4拍左脚擦地收五位，双腿半蹲，双手收一位

5～8拍左腿立直，右脚向旁擦地至旁点地，右手向上到三位，左手向上到二位，呈四位手，身体向左倾斜，头与脚尖成延长线，眼看右上方

④ 1～4拍右脚擦地收后五位，双手收二位

5～8拍右脚向后擦地，左手保持二位，右手打开七位，呈第一阿拉贝斯克

第二部分：

① 1～4拍第一阿拉贝斯克，左腿和上肢保持不变，右腿慢慢向上抬起90度(具体高度根据学生实际情况要求)

5～8拍双腿保持不动，双手经过二位互换位置，呈第二阿拉贝斯克

② 1～4拍左腿半蹲，右脚擦地向前至前点地，同时右手经三位到七位、左手经一位到二位，呈六位手

5～6拍双腿做四位半蹲，双手收二位

7～8拍重心前移至右脚，左脚后点地，左手向上、右手打开，呈五位手

③ 1～4拍左腿伸直向上抬起，同时左手向下至二位，呈第三阿拉贝斯克

5～8拍双腿不动，左手经三位到七位，同时右手经一位到二位，呈第四阿拉贝斯克

④ 1～4拍左脚经擦地收回五位，双手收一位

5～6拍右脚向旁擦地同时转向1点，双手七位

7～8拍右脚擦地收后五位，同时身体转向2点，手收回一位

第三部分—第四部分：

反面重复第一部分—第二部分动作

三、舞步和跳跃练习

1. 行进步和行礼

目的：通过芭蕾走步的姿态训练，让学生可以在音乐中感受步态的和谐优美，在行礼动作中体会芭蕾舞高雅优美的姿态，从而改善不良走路姿态。

基本动作：

(1) 行进步：双脚交替直腿绷脚向前行进，双手小七位或者提裙，目视 1 点。训练时可多方向进行，可单人或集体练习(见图 1-2-105 至图 1-2-106)。

(2) 行礼：一腿绷脚向旁迈一步，脚外开，落地同时落重心，另一腿膝盖微弯，收至半脚尖后点地(男子将双腿并拢成自然位)，膝盖靠前腿膝盖窝处，同时主力腿屈膝行礼(男低头行礼)(见图 1-2-107 至图 1-2-109)。

图 1-2-105　　　图 1-2-106　　　　图 1-2-107　　　图 1-2-108　　　　图 1-2-109

2. 跑跳步

目的：跑跳步是幼、少儿芭蕾舞基本训练中的舞步动作，用以训练腿部动作的协调性和对腿部、脚部动作的控制能力以及跳跃能力。

做法：一腿绷脚向上踢腿 90 度，脚尖向下靠近另一腿膝盖位置，同时带动另一腿直腿绷脚跳起，落地交换腿做同一动作，双脚交替 1 拍 1 次。

训练时可进行原地动作训练，也可以做直线、斜线、圆圈等的行进训练。

3. 跳跃动作：Saute 小跳

芭蕾舞的跳跃动作种类是非常多样的，但它的训练都是由浅入深，从易到难，由小至中再到大，有规律并且是循序渐进的，而且所有的跳跃都是从半蹲开始，结束在半蹲上的。

跳跃动作分为双起双落、单起双落、双起单落、单起单落换脚、同一脚单起单落五种类型，每一类又分为小跳、中跳、大跳三种。小跳是双起双落跳跃类的第一个动作，是一切跳跃类动作中最简单的动作，也是初学者最容易掌握的跳的力学原理，跳跃的动作就是从这开始学习的。

目的：增强腿部肌肉的控制能力和爆发能力，拉长肌肉线条，训练腿部的弹性和弹跳能力，为以后的跳跃动作做好铺垫。

做法：小跳可在一位、二位、五位上进行训练。以一位小跳为例，上身保持直立，双腿在一位脚的基础上先经过半蹲，再由脚背推动，绷脚直腿向上跳，至脚尖离地与地面垂直即可，落地时依次从脚尖、脚掌再到脚后跟，同时做半蹲以进行缓冲(见图 1-2-110 至图 1-2-112)。

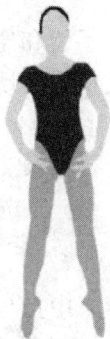

图 1-2-110　　　　　　　图 1-2-111　　　　　　　图 1-2-112

训练时要先学一位，再学二位、五位，先进行单一动作的扶把练习，再进行离把单一动作的练习。学生熟练掌握后，再进行连续跳跃练习，开始离把练习时双手可叉腰进行，一段时间后可做一位手的练习。

本单元针对的是舞蹈课初学阶段的学生，所以小跳只进行一位小跳的训练，先从 8 拍 1 次的单一训练，到 4 拍 1 次的单一训练。再到 8 拍内做连续跳 2 次、3 次、4 次循序渐进的训练。要根据学生具体学习情况和能力安排训练的难易度。

第五节　中国古典舞训练

中国古典舞是我们民族特有的舞蹈形式，它是在继承传统的基础上，经过几代人不断的努力实践、探索、发展，对传统舞蹈艺术审美特征的宏观把握和对典型舞姿、动态的精心选择，根据古典舞自身的特点，提炼出"提、沉、冲、靠、含、腆、移"等动作元素；又用科学的思维方法对古典舞传统的"形、神、劲、律"等艺术特征加以整理和提升，吸收、借鉴了芭蕾舞中科学有效的训练方法而形成了今天的中国舞训练体系。

中国古典舞具有典型的东方气质，展现了刚劲和典雅的结合之美，讲究舞者的外部形态和内在神韵相结合，因此在训练中始终围绕着"形、神、劲、律"的神韵特征，强调圆、曲、拧、倾、收、放、含、仰，欲左先右、欲上先下的动作规律。在舞蹈的形象性、爆发力、表现力和技巧性等方面都优于芭蕾舞。

中国古典舞的训练内容包括软开度训练，头、眼的训练，上肢动作训练，下肢动作训练，身韵训练，转、翻、跳技术技巧的训练等。训练过程基本与芭蕾舞训练相同，由地面到扶把再到把下的中间练习，由浅入深，循序渐进。

根据学前教育专业舞蹈课的课时限制和内容实用性的实际要求，本教材选取中国古典舞基本训练中的部分内容进行介绍，让学生在芭蕾舞训练的基础上，通过中国古典舞中的呼吸、姿态、韵律、技巧等训练形成中国古典舞表演的初步意识，提升学生肢体动作的协调性和表现力，提高学生舞蹈素质。

中国古典舞训练也贯穿五个学期舞蹈教学课程的内容，在以后的单元中我们会由浅至深地进行介绍，教师也可根据实际情况，有选择地进行组织教学。

一、上肢动作训练

上肢动作训练包括手指、手腕、肘、手臂和肩关节的训练，是上肢部分从末梢到根部训练的完整体。手和手臂是一个复杂而又极具表现力的部位，由于手和手臂的各个关节具有灵活、支配自如的特性，因此它也成为整个身体动作中比较丰富而优美的一部分。此外，手臂在转、翻、跳等技术技巧中也起着重要的领法儿作用。

1. 手的基本形状和动作

1) 手形

(1) 兰花手(掌)：拇指伸直与中指靠拢，中指与手掌之间的掌指关节要向前"挺、膜"，尽量使中指的第二指关节上翘，其余手指向中指靠拢(见图 1-2-113)。此手形为女子常用手形。

(2) 虎口掌：虎口撑开，四指自然而松弛地并拢，用力将意识集中在指尖，形成指尖微向上翘，手掌成涡形的形态(见图 1-2-114)。此手形为男子常用手形。

(3) 空心拳：拇指、食指和中指轻轻捏住，其余二指弯曲地靠拢，形似半握拳，小拇指在弯曲中稍与无名指错开(见图 1-2-115)。此手形为女子常用拳形。

  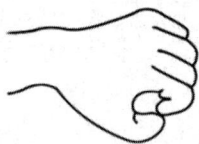

图 1-2-113　　　　　　　　图 1-2-114　　　　　　　　图 1-2-115

(4) 实心拳：自食指起的四指合拢握紧，大拇指贴在食指上，手腕微向里扣，形成拳形(见图 1-2-116)。此手形为男子常用拳形。

(5) 单指：食指伸直翘起，拇指与中指弯曲着圈回捏在一起，无名指与小指弯曲错开着向中指靠拢(见图 1-2-117)。此手形为女子常用指形。

(6) 剑指(双指)：食指与中指伸直、贴紧、上翘，拇指伸直贴于掌心，无名指与小指从第二指关节处屈回与拇指靠拢(见图 1-2-118)。此手形为男子常用指形。

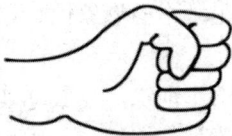  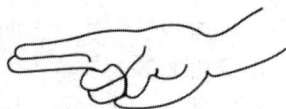

图 1-2-116　　　　　　　　图 1-2-117　　　　　　　　图 1-2-118

2) 手部基本动作

(1) 轮指：要求两只手像两个立着的齿轮，依次轮转，可由小指带动依次轮转，也可由拇指带动依次轮转(见图 1-2-119 至图 1-2-120)。

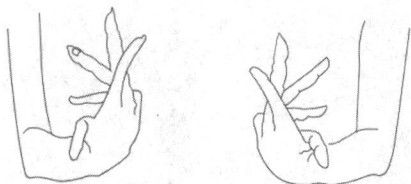

图 1-2-119

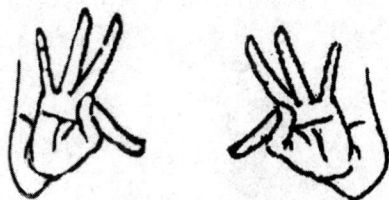

图 1-2-120

(2) 提压腕：提压腕是腕关节在松弛的状态下，做提压的上下运动，提腕时指关节要尽量放松，自然垂下，压腕时从掌根经过掌指关节，到指关节一节一节直到兰花手的形成，慢慢抹下来，手指尽量上翘。男子动作时保持虎口掌的姿态，指关节不动(见图 1-2-121)。

(3) 摊掌：结合轮指动作，手心向上，摊开掌心，摊掌时不可折腕，女子兰花手的手指要翘(见图 1-2-122)。

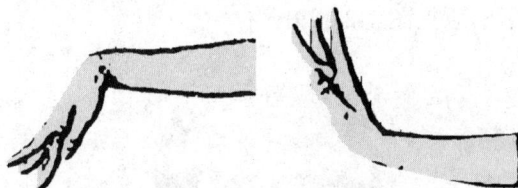

图 1-2-121

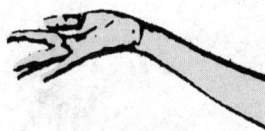

图 1-2-122

(4) 推掌：结合轮指动作，推掌时手心向外推出，立掌、翘指，不可折腕。

(5) 端掌：手心向上，自下向上端起至胸前，女兰花指、男虎口掌。

(6) 小五花：小五花是盘腕的双手同时配合的动作，左、右手一上、一下同时走 8 字圆的路线。动作时，腕部靠紧，双手对称，由手背相对的扣腕动作开始一手向上一手向下同时旋转，转到下方的手腕转向前，继续旋转至转不动时再次扣腕(见图 1-2-123 至图 1-2-125)。

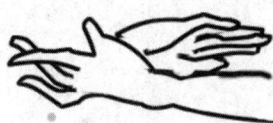

图 1-2-123

图 1-2-124

图 1-2-125

2. 手的位置和手臂动作

1) 基本手位

(1) 准备位(分为叉腰和背手两种位置)：叉腰位时，女兰花手、男虎口掌，腕关节微屈，贴放于腰际处，沉肩、松肘；背手位时，要求相同，只是双手手指靠近贴放于腰以下、尾骨之上的位置(见图 1-2-126)。

(2) 山膀：山膀是基本手位中最常用的一个位置，分为单山膀和双山膀。动作时手平抬于身旁，高度与肩平，开度与胸平，小臂内旋手心向外，手臂从肩关节到指尖成长弧形，有不断向外伸展的感觉(见图1-2-127)。

图1-2-126　　　　　　　　　　　　　　图1-2-127

(3) 按掌：女兰花手、男虎口掌，将手心向下按在身前，大约胃的高度，距离身体约6～7寸，手臂呈圆弧形，沉肩、圆肘，手略上翘(见图1-2-128)。

(4) 托掌：基本手位中的常用位置，分为单托掌和双托掌。手臂保持长弧形，抬至头的前上方，手心向上推，手撑住，肩膀下沉(见图1-2-129)。

图1-2-128　　　　　　　　　　　　　　图1-2-129

(5) 顺风旗：一手做单山膀位，一手做单托掌位，姿态像一面随风吹展开的旗(见图1-2-130)。

(6) 山膀按掌：一手呈山膀位，一手做按掌(见图1-2-131)。

(7) 托按掌：手臂一手为托掌位，另一手做按掌(见图1-2-132)。

图1-2-130　　　　　　　图1-2-131　　　　　　　图1-2-132

(8) 扬掌：在托掌位置上手心向上摊开，不折腕，整个手臂在斜上方约45度，可双手做也可单手做(见图1-2-133)。

(9) 斜托掌：在顺风旗的姿态上，双手手心向上摊开，不折腕，双臂有如托着轻盈的长纱(见图1-2-134)。

(10) 提襟：手臂在胯旁弯曲成长弧形，肘略架起，如提衣襟的状态，虎口对着胯关节，手腕微向里扣，肘微向前，一般采用拳形，女空心拳、男实心拳，可双手或单手做(见图1-2-135)。提襟可与山膀、按掌、托掌、扬掌相结合，形成手臂动作姿态。

(11) 双展翅：双手在双托掌的位置上，手心向下并向外打开一些，双臂在斜上方约45度。

图1-2-133　　　　　　图1-2-134　　　　　　图1-2-135

2) 手臂的基本动作

(1) 大三节：是训练肘关节在动作中松弛运用的重要动作，几乎所有的手臂动作都经过或贯穿着大三节的过程。动作时要求沉肩、松肘，由肘带动小臂往手腕、手指关节处一节节延伸，回来时仍沉肩、松肘，从小臂到腕关节一节节回来(见图1-2-136至图1-2-141)。

  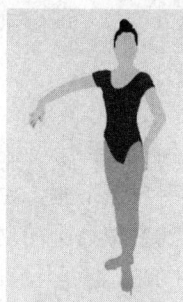

图1-2-136　　　　　　图1-2-137　　　　　　图1-2-138

图1-2-139　　　　　　图1-2-140　　　　　　图1-2-141

(2) 盖手：手腕松弛向旁抬起(大三节动作过程)，经山膀到托掌，手向下按，动作时眼随手动(见图1-2-142)。盖手可分为单盖、双盖和双手交替单盖三种。

(3) 分手：由手腕松弛地带动，由里向外打开，路线是与盖手相反的立圆，动作时眼随手动(见图1-2-143)。可分为单分、双分、交替单分三种。

图 1-2-142   图 1-2-143

(4) 撩手：手背带领，手臂由下向上的动作。

(5) 切掌：指手臂由托掌位转成手心向里手背向外，由小指外沿带动，如刀切状向下切至胸前(见图1-2-144)。

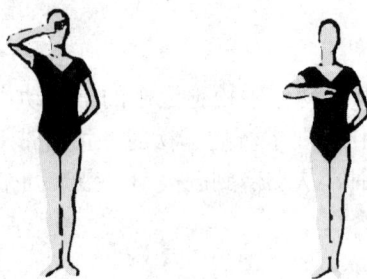

图 1-2-144

(6) 晃手：晃手有双晃手、单晃手，大的晃手和小的晃手等动作，这里主要介绍双晃手动作。双手自然下垂，由手腕引领，两只手保持与肩同宽的间距，沿着立圆路线从右到左，或从左到右做划圆的动作，头、眼跟随手的动作；大的晃手要求手臂伸长，以肩关节为轴心(见图1-2-145至图1-2-150)，小的晃手以肘关节为轴心，晃动小臂(见图1-2-151至图1-2-156)。单晃手动作由单手完成，要领基本同上。

图 1-2-145   图 1-2-146   图 1-2-147   图 1-2-148

图 1-2-149　　　　　　图 1-2-150　　　　　　图 1-2-151　　　　　　图 1-2-152

图 1-2-153　　　　　　图 1-2-154　　　　　　图 1-2-155　　　　　　图 1-2-156

(7) 摇臂：摇臂是腰部动作的 8 字圆和手臂的立圆路线配合起来的动作，动作时由手腕带动(手心向下或向上)，由前向后划立圆，同时与腰部旁提、转腰相结合，使手臂更加伸展，并使立圆路线准确完整，双手交替，连贯完成(见图 1-2-157 至图 1-2-165)。动作中连续转腰，形成腰上的 8 字圆。

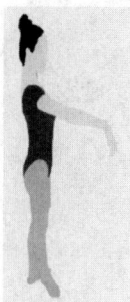

图 1-2-157　　　　　　图 1-2-158　　　　　　图 1-2-159　　　　　　图 1-2-160

图 1-2-161　　　　图 1-2-162　　　图 1-2-163　　　　图 1-2-164　　　　图 1-2-165

手和手臂动作训练主要介绍的是古典舞上肢各个动作的姿态、动作路线和规律，在手位训练过程中应贯穿手部动作和手臂动作的训练，而手和手臂动作训练又需要与身体的呼吸和韵律相结合，因此在中国古典舞的训练中不能单一地训练某个动作，要根据动作特点与要求，配合不同的训练内容进行综合训练。

二、下肢动作训练

古典舞的下肢动作训练是要通过对关节、韧带、肌肉的专业化训练，使它们具备完成各类动作、舞姿和技术技巧需要的能力，其中包括脚形、脚位的训练，步伐训练，柔韧性训练，扶把动作训练等多项训练内容。本节主要介绍脚形、脚位和几个简单的基本步伐的训练。

1. 脚形和脚位

1) 脚形

(1) 勾脚：脚趾向上勾，脚向前伸，脚跟往远蹬(见图 1-2-166)。

(2) 绷脚：脚趾与膝盖保持直线，脚背顺脚尖方向往远往下绷紧(见图 1-2-167)。

(3) 扣脚：在绷脚的基础上由第四、五脚趾的外沿主动带动，踝关节向脚的内侧做扣脚(见图 1-2-168)。

(4) 撇脚：在勾脚的基础上做，由脚尖主动带动向外撇开踝关节，脚跟尽量往前转开(见图 1-2-169)。

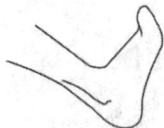  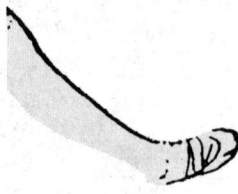 

图 1-2-166   图 1-2-167   图 1-2-168   图 1-2-169

2) 脚的基本位置

(1) 正步：双脚并拢，脚尖朝前，重心在双脚上(见图 1-2-170)。

(2) 小八字步：在正步位的基础上，双脚脚跟并拢，脚尖向两旁打开各 25 度，重心在双脚上(见图 1-2-171)。

(3) 大八字步：两脚在小八字步的基础上打开，两脚脚跟间隔一只脚的距离，重心在双脚上(见图 1-2-172)。

(4) 丁字步：在小八字的基础上，一只脚的脚跟放在另一只脚脚心的正中，重心在双脚上，动作时身体通常对 2 点或 8 点方向(见图 1-2-173)。

(5) 踏步：在小八字步的基础上，一只脚顺另一只脚脚跟的斜后方擦出，前腿伸直，支撑重心，后腿膝盖微弯，膝盖靠近前腿膝盖窝处，绷脚脚尖点地或半脚掌点地(见图 1-2-174)。

(6) 虚步：在丁字步的位置上，动力腿经擦地向前、旁或后至最远的位置点地，重心保持在主力腿上(见图 1-2-175)。

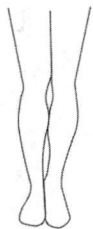
图 1-2-170

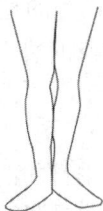
图 1-2-171

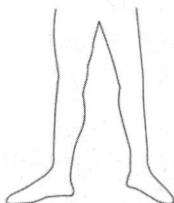
图 1-2-172

图 1-2-173

图 1-2-174

图 1-2-175

2. 基本步伐

步伐是脚位的移动训练，在古典舞的训练中有着丰富的步伐，它们都具有组合连接或起法儿的作用。

(1) 圆场：在正步上，双膝自然弯曲，膝盖靠拢，一只脚勾脚，脚跟向前上至另一只脚的脚心或脚掌处，踩下时沿着脚的外沿依次由脚跟滚压至脚掌，同时后脚脚跟推离地面，勾脚向前成下一步，两脚依次序不断反复(见图 1-2-176)。

(2) 花梆步：正步半脚掌，双脚内踝和膝盖要靠拢，双膝微屈，踝关节放松、立腰、提胯，保持平稳状态，双脚交替用脚掌向前、向旁或向后快速移动，步子要始终保持小而碎，节奏快而巧(见图 1-2-177)。

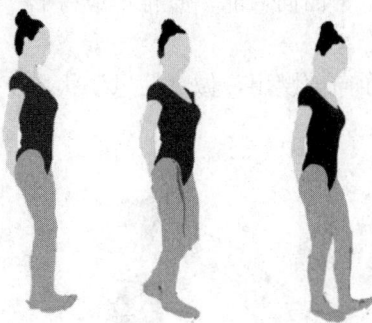
图 1-2-176

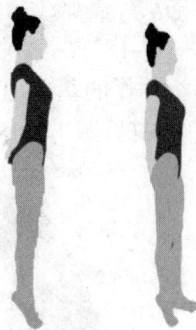
图 1-2-177

三、身韵训练

"身韵"从字面上来解释，可以说是"身法"与"韵律"的总称，在古典舞训练中，从头至尾都贯穿着身韵练习中的一些元素，身韵在总结了戏曲、武术等传统艺术的动作规律后，确定了以腰为核心，强调身体呼吸和中段训练的重要性。而"提、沉、冲、靠、含、腆、移、旁提"等几个动律元素无论是对人体中段的肌肉还是呼吸，都各有其独到而不同的训练价值。

(1) 提、沉。

提沉是由呼吸带动的腰部围绕身体的横轴在垂直面的上下运动，它是古典舞中必不可少的运动元素，是舞蹈的呼吸，只要有舞蹈就会有提沉的元素存在。

提：腰、肩尽量放松，由腰腹部带动慢慢吸气，由腰至背、肩、颈、头，到身体完全挺直，气息一直贯穿到头顶，单一训练时一般在交叉盘坐，双手扶膝或背手状态下进行(见图 1-2-178)。

沉：由腰腹部带动，吐气，到气息完全吐尽含回，由腰至背、肩、颈、头顺序逐渐松弛，单一训练时一般在交叉盘坐，双手扶膝或背手状态下进行(见图 1-2-179)。

(2) 冲、靠。

冲：在提沉基础动作上，胸沿着水平面向右斜前方(2 点方向)或左斜前方(8 点方向)做移动，肩与地面保持平行，眼神与冲的方向保持一致(见图 1-2-180)。

靠：在提沉动作基础上，左侧后背主动沿着水平面向左斜后方(6 点方向)，或右侧后背向右斜后方(4 点方向)做移动，肩与地面保持平行，前肋往里收，后背侧肌拉长，头往身体中心靠拢，头及颈部略向下(见图 1-2-181)。

图 1-2-178　　　　　图 1-2-179　　　　　图 1-2-180　　　　　图 1-2-181

(3) 含、腆。

含：在沉的动作基础上，呼吸带动腰在水平面向后靠，腰椎形成弓形，含胸裹肩，头向里低含(见图 1-2-182)。

腆：在提沉动作的基础上，胸沿着水平面向前腆出，做"迎风"状，使上身的肩胸完全舒展开，头微仰(见图 1-2-183)。

图 1-2-182　　　　　　　　　图 1-2-183

(4) 横移：在提沉动作基础上，腰肋沿垂直面向左或向右平行移动(见图 1-2-184)。

(5) 旁提：在提沉动作的基础上，经过吐气含身，由旁肋经下弧线向上提拉，要求从髋关节到腰椎、腰肋往上顶，有一种动作的悬垂感，单一训练时。一般采用跪坐姿态(见图1-2-185)。

图 1-2-184 　　　　　　　　　　　图 1-2-185

(6) 横拧：以腰为轴心，上身保持直立向左或者向右横拧身体，头、眼配合拧身转动，单一训练时，一般采用跪坐姿态(见图1-2-186)。

图 1-2-186

四、组合

1. 地面身韵训练组合示例

第一部分：

前奏：1～4拍准备动作，双腿交叉盘坐，双手在身后背手，上身直立

　　　5～8拍呼气，身体慢慢下沉

① 1～8拍提沉1次

② 1～4拍提，同时双手大三节向上打开(见图1-2-187)

　　5～8拍沉，同时双手向下落至扶膝位置(见图1-2-188)

图 1-2-187 　　　　　　　　　　图 1-2-188

③ 1～4拍右手盖手至按掌位置做推手，左手扶膝，身体向2点做冲，眼睛平视2点(见图1-2-189)

5～8拍右手分手向2点打开做摊手,身体向6点做靠眼睛平视2点(见图1-2-190)

图1-2-189　　　　　　　　　　图1-2-190

④　1～4拍快一倍重复③

　　5～8拍做1次提沉,手臂大三节收回扶膝位置

⑤　1～4拍经过提沉向右横移

　　5～8拍提沉收回

⑥　1～4拍经过提沉向左横移

　　5～8拍提沉收回

⑦　1～8拍经过提沉向前做腆,同时双手做大三节向上再向下收。背手位置

⑧　1～8拍经过提沉向后做含,同时双手大三节向上再向下收回扶膝位置

第二部分:

①　1～8拍提沉1次

②　1～4拍提,同时双手大三节向上打开

　　5～8拍沉,同时双手向下落至扶膝位置

③　1～4拍左手盖手至按掌位置做推手,身体向8点做冲,眼睛平视8点

　　5～8拍左手分手向8点打开做摊手,身体向4点做靠,眼睛平视8点

④　1～4拍快一倍重复③

　　5～8拍做1次提沉,手臂大三节收回扶膝位置

⑤　1～4拍经过提沉向右横移

　　5～8拍提沉收回

⑥　1～4拍经过提沉向左横移

　　5～8拍提沉收回

⑦　1～8拍经过提沉向前做腆,同时双手做大三节向上再向下收回背手位置

⑧　1～8拍经过提沉向后做含,同时双手大三节向上再向下收回扶膝位置

2. 手位和基本动作组合示例

第一部分:

前奏:1～4拍准备动作,双腿跪坐,双背手,上身直立

　　　5～8拍呼气,身体慢慢下沉

①　1～2拍左侧旁提,右手大三节至旁下方,眼睛看向右手方向(见图1-2-191)

　　3～4拍沉,收手至背手位置

　　5～8拍反面做相同动作

②　　1～6拍从右向左的双晃手加旁提1次,眼睛和头随着手的方向移动(见图1-2-192)

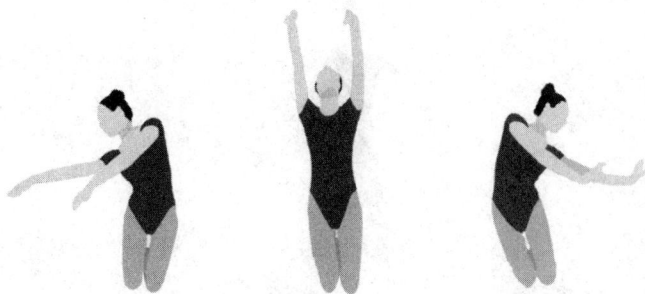

图 1-2-191 图 1-2-192

7~8拍呼吸下沉，右手落背手，左手按掌位，身体和头稍转向右

③ 1~8拍身体从右向左横拧，双手由手腕引领从右向左打开划平圆，左手心朝前右手背朝前；身体转至8点方向，右手做按掌位，左手背手，眼睛看向8点上方(见图1-2-193)

图 1-2-193

④ 1~4拍左脚向2点迈步，身体站直，双脚右踏步位，右手提腕后转向下由手腕引领胳膊从下由旁向上做大三节，撩手到头上，眼睛跟随右手动作(见图1-2-194)

5~8拍身体朝向2点，右手推手呈单托掌位置，左手背手不动，眼睛看1点方向(见图1-2-195)

图 1-2-194 图 1-2-195

⑤ 1~4拍右手转向手心朝里，切掌向下，同时双腿半蹲，重心向后移(见图1-2-196)

5~8拍身体立直，重心移至后脚，左脚在前的虚步，同时右手从旁打开成单山膀位置，眼睛看向1点(见图1-2-197)

图 1-2-196   图 1-2-197

⑥ 1～8 拍保持单山膀位置，身体右侧旁提，略向左倾斜，脚做圆场步以左肩为中心轴，向左转一周，眼睛看向左肩前下方(见图 1-2-198)

图 1-2-198

⑦ 1～4 拍右脚向 8 点方向上步，呈左踏步，微蹲，同时双盖手胸前交叉，眼随手动(见图 1-2-199)

　　5～8 拍身体朝 8 点，立直，双手从两旁打开到左手在上的顺风旗位置，眼随左手，停在 2 点上方(见图 1-2-200)

⑧ 1～8 拍双手经过双分手打开成双扬掌，脚收右前丁字步(见图 1-2-201)

图 1-2-199   图 1-2-200   图 1-2-201

第二部分：

① 1～4 拍花梆步向右，双手做小的双晃手

　　5～8 拍继续做花梆步向右，双手做大的双晃手

② 1～8 拍左手、右手各做 1 次摇臂动作，脚呈小八字步(见图 1-2-202 至图 1-2-203)

③ 1～4 拍右脚向 8 点上步成左踏步，身体向左前倾，双手经下弧线至左前斜下方，眼睛看向手的方向(见图 1-2-204)

5～8　双手做摊手动作，身体经过提沉和小的屈身

图 1-2-202

图 1-2-203　　　　　　　　　图 1-2-204

④　1～4 拍左脚勾脚向左旁迈一步，右脚跟至左后成踏步，同时双手向右晃手，眼随手动(见图 1-2-205)

　　5～8 拍身体朝向 2 点，左脚在前的踏步，双手成山膀按掌位，左手山膀右手按掌，眼看 8 点

⑤　1～4 拍双手从左经下弧线向右摆，同时腿做半蹲，眼睛跟随右手方向

　　5～8 拍双手成右手托掌，左手按掌位，保持左脚前踏步，向左下旁腰，眼睛跟随右手，最后看向左下方(见图 1-2-206)

图 1-2-205

图 1-2-206

⑥　1～2拍双手手心向里，胸前交叉后经下弧线打开到双山膀的位置

　　3～8拍保持山膀位置，脚做圆场步，以右肩为轴心，身体略向右倾，向右一周，眼睛看右侧(见图1-2-207至图1-2-208)

⑦　1～8拍双手经下弧线向上做双分手，呈左手在上右手在下的斜托掌，脚做丁字步，身体对8点，眼睛看向2点上方(见图1-2-209)

⑧　1～8拍经过呼吸，双手经大三节收手至双背手

图1-2-207　　　　　　　　　　　　图1-2-208　　　　　图1-2-209

反面动作组合动作同上，方向相反

第二单元

东北秧歌

第一章　舞蹈基本素质训练

第一节　芭蕾舞形体训练

本单元的芭蕾形体训练部分，是在第一单元训练的基础上设置的教学内容，增加了扶把擦地、扶把蹲、中间舞姿动作、中间小跳等动作训练的难度；增添了扶把划圈、扶把单腿蹲、半脚尖、中间舞步、跳跃动作等训练内容。该训练部分的主要目的是提高学生舞蹈基本能力，以及身体各部分动作的协调性，为接下来的民族民间舞蹈的学习打下基础。教师可根据学生实际情况和教学计划安排，适当分配课时，有选择地进行教学训练。

一、扶把动作训练

1. 蹲(Plie)

❖ 组合示例

前奏：面对把杆，一位脚准备，双手慢慢抬起，轻轻落到把杆上

第一部分：

① 1~2拍一位半蹲

　　3~4拍起直，双腿内侧夹紧

　　5~8拍重复1~4

② 1~4拍一位全蹲

　　5~8拍慢慢起直

③ 1~2拍双脚在一位上立半脚尖(Releve)(见图2-1-1)

　　3~4拍呼吸含胸(见图2-1-2)

　　5~8拍向后仰头，挑胸腰，头略向右转，眼看右侧(见图2-1-3)

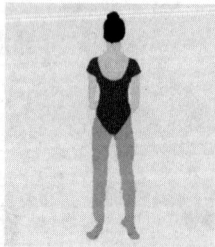　　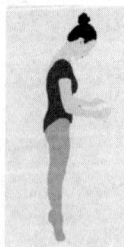　　

图2-1-1　　　　　　　图2-1-2　　　　　　图2-1-3

④ 1~2拍上身起直，目视前方

　　3~4拍半脚掌落回一位

　　5~8拍右脚向旁擦地，落二位脚位置

⑤ 1~8拍二位上做半蹲、起直2次

⑥　1～8 拍二位上做全蹲、起直 1 次

⑦　1～8　拍重复⑥1～8

⑧　1～4 拍重心推回左脚，右脚脚尖点地

　　5～8 拍右脚经过旁擦地收至右脚在前的五位脚

第二部分：

①　1～8 拍右前五位做半蹲、起直 2 次

②　1～8 拍二位上做全蹲、起直 1 次

③　1～4 拍双脚在五位上立半脚掌(见图 2-1-4)

　　5～8 拍右腿膝盖保持外开，脚尖贴左腿内侧向上

吸腿(Passe)(见图 2-1-5)

图 2-1-4　　　　图 2-1-5

④　1～4 拍右脚轻轻挪向右腿膝盖后面贴住

　　5～6 拍右脚从左腿膝盖后面慢慢下滑，呈左脚在前的五位半脚掌

　　7～8 拍双脚脚跟落下，成左脚在前的五位脚

⑤～⑧　左脚在前，重复①～④

2．一位擦地训练组合(Battement Tendu)

❖ 组合示例

前奏：准备动作：双手扶把，保持站姿，一位脚准备

第一部分：

①　1～2 拍右脚向前擦地

　　3～4 拍右脚擦地收回一位

　　5～8 拍重复 1～4

②　1～4 拍再做 1 次向前擦地、收回

　　5～8 拍做 1 次半蹲、起直

③　1～8 拍右脚向旁做擦地、收回 2 次

④　1～4 拍再做 1 次旁擦地、收回

　　5～8 拍做 1 次半蹲、起直

⑤　1～8 拍右脚向后擦地

　　5～8 拍擦地收一位

⑥　1～4 拍右脚做向后擦地、收回 2 次

　　5～8 拍做 1 次半蹲、起直

⑦～⑧　重复③～④

第二部分：

左脚做以上相同动作

3．小踢腿(Battement Tendu Jete)

❖ 组合示例

前奏：面对把杆双手扶把，一位脚准备

第一部分：

①　1～2 拍右脚向前擦地，至前点地

3～4拍向上小踢腿25～35度

5～6拍落前点地位置

7～8拍擦地收回

② 1拍右脚向前小踢腿(连贯动作)

2拍空中停1拍

3拍点地

4拍经擦地收回一位

5～8重复1—4

③～④ 右脚向旁做小踢腿，动作节奏同上

⑤～⑥ 右脚向后做小踢腿，动作节奏同上

⑦～⑧ 重复③～④

第二部分：

左脚做以上相同动作

4. 地面划圈(Roud De Jambe a Terre)

目的：以胯为轴心，做划圈动作，使支撑腿结实有力，动作腿灵活自如，训练踝部、脚背的柔韧性和灵活性。

方法：本节介绍的划圈动作是扶把地面划圈，可分为向外划圈(En Dehors)和向内划圈(En Dedans)。

① 向外划圈(En Dehors)：动作腿擦地向前，沿地面向外划弧线经二位到旁，再延续划到后方，然后经擦地收一位或到前面，连续做。

② 向内划圈(En Dedans)：动作腿擦地向后，沿地面划圈经二位向前，然后经擦地收回一位或到后面。

要求：支撑腿要非常用力踩住地板，保持垂直外开，不要随动力腿摆动，动作腿在保持外开的基础上膝盖伸直，脚尖绷紧与地面接触，尽量划大圈，但不能出胯，经过一位时全脚放平。

❖ **组合示例**

前奏：准备动作：双手扶把，保持站姿，一位脚准备

第一部分：

① 1～2拍右脚向前擦地

3～4拍划圈至旁

5～6拍停2拍

7～8拍擦地收一位

② 1～2拍右脚向旁擦地

3～4拍划圈向后至后点地

5～6拍停2拍

7～8拍擦地收回一位

③～④ 重复①～②

⑤ 1～4拍右脚向前擦地

5～8拍划圈向旁

⑥ 1～4 拍继续划圈向后

5～8 拍擦地收一位

⑦～⑧ 重复⑤～⑥

第二部分：

① 1～2 拍右脚向后擦地

3～4 拍划圈至旁

5～6 拍停 2 拍

7～8 拍擦地收一位

② 1～2 拍右脚向旁擦地

3～4 拍划圈向前至前点地

5～6 拍停 2 拍

7～8 拍擦地收回一位

③～④ 重复①～②

⑤ 1～4 拍右脚向后擦地

5～8 拍划圈向旁

⑥ 1～4 拍继续划圈向前

5～8 拍擦地收一位

⑦～⑧ 重复⑤～⑥

反面动作组合同上

5. 单腿蹲(Battement Fondu)

目的：Fondu 原意为"溶化"，在这里是指逐渐下蹲，即双腿同时弯同时直，双腿要十分协调，同时完成不同动作，一条腿是带空间的有幅度的，一条腿是原地弯直的。两条腿不同动作的协调性，为以后的跳跃练习做准备，提供最大的弹性。

方法：支撑腿保持外开做半蹲的同时，动作腿微弯曲，膝盖打开，脚尖绷紧轻轻放在支撑腿内踝骨上方一点(旁吸腿至膝盖下位置)(见图 2-1-6)，脚跟向前顶(向后时，动作腿保持绷脚外开姿势，轻轻放在支撑腿脚腕后上方一点(见图 2-1-12)，支撑腿慢慢起直的同时，动作腿保持膝盖外开，由脚引领小腿到大腿向各个方向慢慢伸直(见图 2-1-7、图 2-1-10 和图 2-1-13)；初学者一般可以做点地或 45 度的单腿蹲(见图 2-1-8、图 2-1-11 和图 2-1-14)，90 度的单腿蹲需要经过开的吸腿；收回时支撑腿再做半蹲，动作腿的大腿保持高度，膝盖往旁打开，同时弯腿。

图 2-1-6　　　　　图 2-1-7　　　　　图 2-1-8　　　　　图 2-1-9

要求：动作过程中要始终保持两条腿的外开，下蹲和起来要平稳，有控制，动作连贯不断，始终把节奏灌满，不能有停顿，双腿的弯直要保持一致。

图 2-1-10　　　　　图 2-1-11　　　　　图 2-1-12　　　　图 2-1-13　　　　图 2-1-14

❖ 组合示例

前奏：1～4 拍双手扶把，保持站姿，一位脚准备
　　　5～8 拍右脚向旁擦地

第一部分：

① 1～2 拍右脚绷脚弯腿收旁吸腿至膝盖下，左腿半蹲
　 3～4 拍左腿起直，同时右腿外开向前伸直点地
　 5～8 拍重复 1 次
② 1～2 拍下蹲收腿
　 3～4 拍左腿起直，右腿向前 45 度伸直
　 5～6 拍下蹲收腿
　 7～8 拍落一位脚，起直
③ 1～2 拍左腿半蹲，右脚抓地，膝盖弯曲打开成旁吸腿至膝盖下
　 3～4 拍左腿起直，同时右腿向旁伸直点地
　 5～8 拍重复 1～4
④ 1～2 拍下蹲收腿
　 3～4 拍左腿起直，右腿向旁 45 度伸直
　 5～6 拍下蹲收腿
　 7～8 拍落一位脚，起直
⑤ 1～2 拍左腿半蹲，右脚抓地，膝盖弯曲打开成后旁吸腿至膝盖下
　 3～4 拍左腿起直，同时右腿向后伸直点地
　 5～8 拍重复 1～4
⑥ 1～2 拍下蹲收腿
　 3～4 拍左腿起直，右腿向后 45 度伸直
　 5～6 拍下蹲收腿
　 7～8 拍落一位脚，起直
⑦～⑧　重复③～④

第二部分：

左腿做反面相同动作

6. 压腿组合

7. 踢腿组合

压腿和踢腿动作可以做与第一单元相同组合，也可以根据具体需要增加力度和幅度，还可以不做具体组合，只进行单一动作的基本功训练。

二、中间动作训练

1. 舞姿与辅助、链接动作训练

(1) 碎步(Suivi)：碎步的目的是训练脚下的灵活性及脚腕部的力度。

方法：Suivi 是连续不断的意思，可分为原地做和移动两种。动作时以五位上立半脚尖(脚尖或半脚尖)为基础，双脚脚腕放松，两脚半脚掌交替踩地，胯向上提，步子快且碎，节奏平均；移动时由后脚主动走，前脚再跟到五位半脚掌位置，节奏平均；训练时可根据具体需要配合各种上肢舞姿和动作。

要求：胯部始终保持上提，膝盖松弛，半脚掌尽量推高，脚腕收紧立稳又要灵活松弛，脚下步子越碎越好，但要平稳，节奏平均。训练时可先从扶把练习开始，慢慢过渡到中间练习。

(2) 帕-德-布雷(Pas De Bourree)：布雷舞步也叫插秧步，是在中间练习常用的一种动作，有链接、辅助、结束等多种用途。

方法：帕-德-布雷有多种做法，有原地的、移动的、换脚的、不换脚的、带转身的等动作样式，本节主要介绍以换脚的帕-德-布雷为例。双脚五位准备，以右脚在前的五位为例，动作时右脚做半蹲，左脚弯腿至旁吸腿至膝盖下位置或吸腿位置，下一拍左脚半脚尖落五位伸直，右脚在前做旁吸腿至膝盖下位置或吸腿位置，然后换成右脚落五位半脚尖，左脚提起到前旁吸腿至膝盖下位置，重心移到右脚，下一拍左脚全脚落前五位，同时做半蹲，右脚从后做旁吸腿至膝盖下位置，进行反面动作(见图 2-1-15 至图 2-1-16)做单面动作时可落成五位半蹲；本动作可原地做也可移动做，还可加身体方向的变化，移动做时可成直腿旁移(见图 2-1-17 至图 2-1-18)。

要求：动作要干净、流畅、轻巧，脚下的位置要准确，动作时没有双脚同时在地上的瞬间，总是一脚踩下另一脚马上抬到旁吸腿至膝盖下位置上，移动时两步要接近，步子不能太大。训练时可以先扶把单一练习，再慢慢过渡到中间练习。

图 2-1-15　　　　　　　图 2-1-16　　　　　　　　图 2-1-17　　　　　　　图 2-1-18

(3) 唐-利埃(Temps Lie)：由擦地换脚舞步和二、四、五位手臂动作组成的动作，用于中间练习，以训练脚、腿、手臂和头部动作的协调性以及在倒换重心时自我平衡和控制躯干，使动作流畅而富有节奏。

方法：唐-利埃有多种做法，可向前、向旁、向后，还有与各手位动作相配合，在训练中根据不同需要安排相应动作。动作时双脚五位准备，支撑腿半蹲，动作腿向前或者向旁、向后擦地，双手同时由一位到二位，头略向支撑腿方向倾斜，看动作腿方向的手臂，然后在半蹲的动作上移动重心至另一腿后站直，手成四位或者五位(见图2-1-19至图2-1-21)。

图2-1-19　　　　　　　　　图2-1-20　　　　　　　　　图2-1-21

要求：动作要平稳、流畅，移重心时动作过程要清晰、重心移动后保持稳定，头和手臂动作与擦地、移重心的动作配合协调。

❖ 组合示例

前奏：1～4拍准备动作：面对8点，右脚在前五位，双手一位，头向1点

　　　5～8拍双手由手指带动从一位向两旁打开45度(小七位)，再收回一位

第一部分：

① 1～4拍左腿半蹲，右脚向前擦地，双手由一位至二位，头看右手

　　5～6拍重心向前移动至四位半蹲

　　7～8拍重心继续前移至右脚，起直，左脚后点地，手由二位到右手向旁打开的五位，眼睛看向1点

② 1～4拍左手向后，右手经一位向前，呈第四阿拉贝斯克，眼睛随右手动作方向

　　5～6拍保持姿态不动

　　7～8拍左脚擦地收后五位

③ 1～2拍双脚立半脚掌，成五位半脚尖(releve)，双手三位，头略上扬，眼看右手方向

　　3～8拍双脚suivi碎步向右原地转一周

④ 1～2拍面对1点，双脚落五位，半蹲，手二位

　　3～4拍左腿保持半蹲，右脚向旁擦地，左手向旁打开成六位手

　　5～6拍重心向右移动成二位半蹲

　　7～8拍继续向右移动重心至右脚起直，左脚旁点地，左手打开七位

⑤ 1～4拍向左下旁腰，同时右手向上，左手向前呈四位手，头向左转

　　5～6拍旁腰起直，手打开七位，目视1点

　　7～8拍左脚收前五位，同时身体转向2点方向，手收一位

⑥ 1～4拍左腿半蹲，右脚向后擦地，双手由一位至二位

　　5～6拍向后移动重心至四位半蹲

7～8 拍继续向后移动重心至右脚，起直，左脚前点地，同时左手向旁、右手向上，呈五位手

⑦　1～2 拍左脚擦地收前五位，手打开成七位

3～6 拍向右下旁腰，同时右手向上做三位手，左向下做一位手

7～8 拍旁腰起直，手打开七位

⑧　1～8 拍由左腿半蹲，右脚包脚(sur le cou-de-pied)位置开始做原地秧步(Pas de bourree simple)2 次，最后落回面向 2 点，左脚在前的五位

第二部分：

反方向动作相同

2．跳跃动作训练

1) 小跳(Saute)

小跳是跳跃练习中最基本的动作，训练学生腿部肌肉的力量、弹性、爆发力，以及脚背和脚腕的灵活性与控制力，应在每个单元的芭蕾形体训练中循序渐进地不断进行训练。

本单元的小跳可开始进行二位和五位的训练，在一位小跳中可进行连续 4～8 次的训练。

2) 五位换脚跳(Changement De Pied)

此动作是双起双落跳类的第二种，跳的方法和原理同小跳(Saute)一样，不同的是双脚在五位的基础上跳起，在快要落地时前后脚互换位置。训练时可以先从 8 拍 1 次开始，然后循序渐进，逐步增加跳跃次数。

3) 中跳

中跳是在小跳的基础上的跳跃训练，要求 Plie 蹲的幅度要深一些，起跳时尽量向上，双腿在空中保持绷直状态，落地同小跳一样由脚尖、脚掌到脚跟依次落下，同时落地要做 Plie 蹲，一般采用 3/4 拍音乐。

中跳训练时可以加上手的配合，手由七位开始准备，做 Plie 时，双手呼吸向下收一位，跳起时双手由一位到三位，向上提拉，起到向上引领的作用，落地时双手打开七位。

第二节　中国古典舞训练

本单元的中国古典舞训练部分，是在第一单元训练的基础上设置的教学内容，增加了脚的位置、手臂动作、舞姿动作、步伐等基本动作训练内容；在舞姿组合和身韵组合练习中强调动作的连贯性和肢体动作的协调以及呼吸的运用。教师可根据学生实际情况和教学计划安排，适当分配课时，有选择地进行教学训练。

一、上肢动作训练

盘腕：盘腕是由指带动的腕关节的 8 字原运动。有单、双、向里、向外几种。

外盘由食指的外沿先行，到指尖带动向外尽量平盘，再从下平绕成 8 字圆盘回(见图 2-1-22)；里盘由小指外沿先行，至指尖带动向内尽量平盘，再从下平绕成 8 字圆盘回(动作路线与外盘相反)。

图 2-1-22

二、下肢动作训练

1．脚的位置

(1) 大掖步：在踏步的基础上，前腿弯曲 45～90 度，后腿伸长绷脚点地，重心保持在前腿上(见图 2-1-23)。

(2) 弓箭步：弓箭步是丁字步的扩大和发展。该动作有两种分类：

① 一种是前弓箭步，在丁字步的基础上，后腿向后撤出，前腿膝盖弯曲成 90 度，小腿与地面垂直，脚尖朝外，后腿要绷直，脚尖朝外，重心在两腿之间，身体直立，肩与胯在垂直面上对着正前方(见图 2-1-24)。

图 2-1-23 　　　图 2-1-24 　　　图 2-1-25

② 另一种是旁弓箭步，在丁字步基础上，前腿向旁撤出，膝盖弯曲成 90 度，小腿与地面垂直，脚尖向外，另一腿绷直，脚尖基本朝前，身体直立，肩与胯在一个垂直面上，方向对正前，重心在两脚之间(见图 2-1-25)。

2．腿的基本动作和舞姿

(1) 吸腿：前吸腿弯曲成 90 度，绷脚，大脚趾靠在主力腿的内侧，主力腿伸直，收腹立背；旁吸腿时动力腿膝盖向旁打开，上吸 90 度，脚尖靠在主力腿上，主力腿保持开胯伸直(见图 2-1-26)。训练时可先扶把练习，再到把下练习；可配合不同的手位动作和身体的拧转舞姿进行练习。

(2) 端腿：动力腿在扣脚的基础上向上端起，大腿和膝盖外开，小腿尽量上抬(见图 2-1-27)；端腿动作也可由旁抬腿的位置开始训练，大腿和膝盖保持外开扣脚，由脚引领小腿向里跨。

(3) 射雁：射雁动作是中国古典舞中比较常用的基本舞姿之一，可以分为立身射雁(小射雁)和大射雁两种，还有配合射雁舞姿的跳跃练习。

① 立身射雁(小射雁)：在踏步位的基础上，动力腿绷脚由脚尖带动，从主力腿后小腿向上抬起，动力腿膝盖靠近主力腿膝盖内侧，身体向主力腿方向横拧(见图 2-1-28)；立身射雁在离把动作时手位顺风旗位，身体横拧，重心略微前倾。

② 大射雁：在小射雁的基础上动力腿屈膝高抬，主力腿弯曲，身体向主力腿方向拧倾，头与动力腿的脚尖要形成两头上翘的感觉；离把动作可用顺风旗手位或者托按掌手位(见图 2-1-29)。

图 2-1-26　　　　　图 2-1-27　　　　　图 2-1-28　　　　　图 2-1-29

（4）大蹁腿：大蹁腿又名踢月亮门腿，它是中国古典舞腿部动作训练中的一种踢腿动作，可跟很多技巧、舞姿等相配合。丁字步准备，手双山膀，动力腿从十字腿方向踢起在空中作宽臼关节环动，经过前面、侧面从旁腿落下。整个动作如用腿画出一个"月亮门"。

（5）踢盖腿：踢盖腿是中国古典舞腿部动作训练中的一种踢腿动作，可跟很多技巧、舞姿等相配合。丁字步准备，手双山膀，动力腿从旁腿方向踢起，踢起时要用掀胯的力量然后经过前面在十字腿方向落下，落时腿成后撤步，整个动作与蹁腿相反。

3. 基本步伐

（1）蹉步：蹉步是丁字步上的移动，由前脚向脚尖方向勾脚上步，落地时脚跟先落，经过勾压到脚掌，重心及时移动到前脚，同时后脚催促着前脚，用脚心处向前脚脚跟靠拢，再形成一个丁字步。（见图 2-1-30 至图 2-1-31）

（2）慢步：上步前身体旁提，旁腰和头留在反方向，上步时勾脚迈步，步子幅度是保持主力腿重心动力腿尽量伸长，脚跟先落地，依次压前脚掌，同时后脚脚跟抬起，接着迈下一步，双脚交替进行。

图 2-1-30　　　图 2-1-31

三、组合训练

❖ **组合示例一**

身韵基本元素组合：

准备：盘腿坐，背手，目视 1 点

　　　5～6 拍提

　　　7～8 拍沉

第一部分：

① 1～4 拍向上提，双手手臂大三节向上撩出

　 5～8 拍沉，手臂大三节向下收回

② 1～2 重复同① 1～4

　 3～4 重复同① 5～8

　 5～8 拍重复一遍 1～4 拍动作，最后收扶膝位

③ 1～4 拍向右 2 点方向做冲

5～8 拍向左靠，6 点方向

④　1～4 拍向左做冲

　　5～8 拍向右做靠

⑤　1～4 拍向右旁移，右手提压腕到左胸前按掌位置

　　5～8 拍提沉收回，右手提腕撩手落回扶膝位

⑥　1～4 拍向左旁移，左手提压腕到右胸前按掌位置

　　5～8 拍提沉收回，左手提腕撩手落回扶膝位

⑦　1～4 拍向前腆

　　5～8 拍向后含

⑧　1～4 拍向前腆，双手大三节向上撩再落回背手位置

　　5～8 拍提沉收回再起直，手经大三节撩出落回扶膝位

第二部分：

①　1～8 拍右手提腕向外抹，身体从左冲—前腆—右冲—右横移(前半个云肩转腰)

②　1～8 拍右手由右向左平穿手，摊手打开收回扶膝，同时身体从右横移位位置—右靠—含—左靠—左横移(后半个云肩转腰)，经提沉收回

③　1～8 拍双手大三节上撩，盖手至胸前交叉，身体向右冲

④　1～6 拍双手大三节撩手，收回扶膝位，身体左靠

　　7～8 拍提沉收回

⑤　1～8 拍左手提腕向外抹，身体从右冲—前腆—左冲—左横移(前半个云肩转腰)

⑥　1～8 拍左手由左向右平穿手，摊手打开收回扶膝，同时身体从左横移位置—左靠—含—右靠—右横移(后半个云肩转腰)，经提沉收回

⑦　1～8 拍双手大三节上撩，盖手至胸前交叉，身体向左冲

⑧　1～6 拍双手大三节撩手，收回扶膝位，身体左靠

　　7～8 拍提沉收回

❖　组合示例二

身韵动作组合：

准备：面对 2 点，左脚在前的丁字步，双背手，目视 1 点

　　5～6 拍沉

　　7～8 拍提

第一部分：

①　1～4 拍右手大三节到旁，单山膀位置，眼睛跟随右手

　　5～8 拍右手大三节经下弧线到胸前提压腕，成按掌位，眼睛跟随右手，看向 8 点

②　1～4 拍右手经过提腕向下从旁撩手至头上，成单托掌，眼睛跟随右手，最后看向 1 点

　　5～8 拍呼气做沉，同时双腿小的半蹲，左脚向后撤成右脚在前的丁字步，右手同时做大三节收回双背手，身体转向 8 点，眼睛跟随右手，再看 1 点

③～④左手重复①～②，在④5～8 拍收手时右脚向后撤至左前丁字步

⑤　1～4 拍双手大三节至双山膀位

　　5～8 拍右脚向后(6 点方向)撤，双腿经半蹲移重心向后，脚成左脚前点地的虚步，

双手大三节至胸前交叉的按掌位置

⑥　1～4拍经半蹲向前移重心至左脚，右脚在后成踏步位，双手撩手至双托掌的位置

5～8拍右脚向旁迈步半蹲，左脚向右脚旁后方擦地成大掖步，同时双手向左晃手经下弧线至右手山膀、左手按掌的山膀按掌位置，眼睛跟随右手方向

⑦　1～4拍双脚碾动，向左转身一周，成左脚前踏步，同时左手向外平抹，右手提腕向里平抹至左手背手、右手按掌的位置

5～6拍双手由下向右上撩手

7～8拍成右手托掌、左手按掌的托按位，身体右侧旁提，向左略下旁腰，眼睛随着右手，后看向左下方

⑧　1～2拍经过沉和提，左手向上穿手再向旁做分手，同时右手盖手，再从下到旁向上撩手

3～4拍重复一遍1～2

5～8拍成右手上左手旁的顺风旗位

第二部分：

①　1～4拍脚向2点斜线方向做圆场步，双手由左向下向右晃手至右斜下方

5～8拍双脚成小八字步，身体先向右再向左横拧，双手从右由前向后再从左由前向后划立圆，形成8字圆的路线

②　1～4拍左脚向2点迈步成踏步位，同时双手向2点斜下方做单指，眼睛随手的方向

5～8拍身体经沉和提向右横移，双手由里向外掏手至身体左斜下方做摊掌

③　1～2拍双脚向后(6点方向)做花梆步，同时右手向后做摇臂，眼睛跟随右手

3～4拍继续做花梆步，左手向后摇臂，眼睛跟随左手

5～6拍左脚向2点上步成踏步位，双手大三节，撩手至头上，头向下低

7～8拍手腕下压，双臂大三节向下，头后仰，向后下胸腰

④　1～4拍身体做含再做提，双手向里盘腕至头上

5～8拍双手从左向下晃手至左手背后、右手在右斜下位置，眼看右手，同时右脚向旁迈出，左脚跟至右脚斜后方成踏步

⑤　1～4拍左脚、右脚先后向8点做慢步，左手保持背手，右手手背向上，向旁下方伸出，身体左侧旁提，眼看右手

5～8拍继续向8点，做圆场步，右手由左向右做小的单晃手

⑥　1～4拍向后做花梆步，双手推掌向前

5～6拍右脚向8点上步，成踏步位半蹲，同时双手盖手经过胸前交叉向下，再从两侧打开

7～8拍成立身射雁的舞姿，双手左手上右手旁的顺风旗位

⑦　1～4拍左脚落后，踏步位，面对8点，左手和右手依次向前做摇臂

5～8拍身体由左向右横拧，双手拉开山膀位

⑧　1～4拍双脚碾动，向左转一周，左手向外平抹，右手手背朝外向里抹

5～8拍左脚前踏步，左手背手，右手胸前按掌位置

第二章 汉族民间舞蹈——东北秧歌

汉族是中国人口最多、分布最广的民族，占我国人口的 90%以上，广阔的居住区域和完全不同的自然环境，形成汉族民间舞蹈种类繁多、风格各异的地区特色。例如，北方的舞蹈古朴、刚劲、壮观，南方的舞蹈以纤巧秀丽见长。北方流传秧歌，有东北秧歌、陕北秧歌、山东的胶州秧歌、海阳秧歌、鼓子秧歌和河北秧歌等；南方则流传花灯，如云南花灯、安徽花鼓灯、福建采茶等。此外，遍及各地的各种形态、各具特色的龙舞、鼓舞、狮子舞、高跷等，也是琳琅满目，各具风采。

由于课时限制和地域特色等原因，本书选取东北秧歌作为主要教学内容进行介绍。

第一节 东北秧歌的风格特点和基本形态

一、东北秧歌的风格特点

东北秧歌是流传于我国东北地区具有代表性的民间舞蹈形式，起源于人民群众的劳动生活，因而具有浓郁的乡土气息和民俗特色，是广大人民喜爱的群众性歌舞形式。东北秧歌形式诙谐，风格独特，融泼辣、幽默、文静、稳重为一体，豪放而纯朴，将东北人民热情质朴、刚柔并济的性格特征表现得淋漓尽致。

东北秧歌在风格上既有火爆、泼辣的特点，又有稳重、幽默的特点，舞蹈始终贯穿着"稳中浪、浪中艮、艮中俏"的主体风格。

二、东北秧歌的表现形式

东北秧歌主要有三种类型的表现形式：高跷秧歌、地秧歌(地蹦子)和二人转。高跷秧歌主要盛行于辽南，特别是营口大石桥、海城、盖县一代，是将双脚踩在木跷上舞蹈的表演形式；地秧歌又称地蹦子，分布较广，也是最常见的一种表演形式，其他地区的秧歌大部分是地秧歌的表现形式；二人转是东北秧歌中特有的形式，也称东北小戏，是以唱、说、做、舞相结合来表现戏剧内容的表现形式。

东北秧歌的常用道具是手绢和扇子，二人转中还有使手玉子、花棍、大板等其他道具。

三、东北秧歌的音乐特点

东北秧歌的音乐很有特点，是典型的民族音乐，伴奏多采用唢呐、鼓、锣、镲、钹等民族乐器；总体风格热烈、粗犷、豪放，旋律素材上选用东北民歌、小调小曲，属于东北鼓吹乐的唢呐乐乐种，充分体现出东北的地域特色。

东北秧歌常用鼓点有：

一鼓：咚　0　古儿｜龙　咚　仓‖

二鼓：咚　0　古儿｜龙　咚　仓｜咚．不　咚｜仓0‖

三鼓：咚　0　古儿｜龙　咚　仓｜0　古儿　龙　咚｜仓　咚．不　咚｜仓‖

四鼓：咚　0　古儿｜龙　咚　仓｜0　古儿　龙　咚｜仓0　古儿｜龙咚　仓｜

　　　仓　咚．不｜咚　仓‖

五鼓：咚　咚｜0　古儿　龙咚｜仓　咚｜0　古儿　龙咚｜仓　古儿　龙咚｜

　　　仓　古儿　龙咚｜仓　咚｜0　古儿　龙咚｜仓　咚．不　咚　仓‖

四、东北秧歌的基本形态

1．基本体态

东北秧歌的基本体态为：正步站，双膝并拢，重心略前倾，收腹提臀、拔腰、垂肩，略含胸，眼睛平视前方(见图2-2-1)。

2．基本脚位

东北秧歌的基本脚位有：正步、小八字步、踏步、丁字步、大八字步。

图2-2-1

3．持巾法

东北秧歌的常见持巾法有：握巾(见图2-2-2)、捏巾(见图2-2-3)、夹巾(见图2-2-4)、抓巾(见图2-2-5)。

　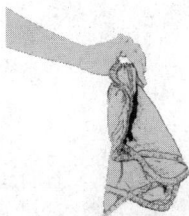　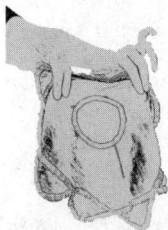　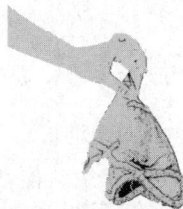

图2-2-2　　　　　　图2-2-3　　　　　　图2-2-4　　　　　　图2-2-5

4．常用基本手位和姿态

(1) 叉腰：手提腕，手背贴于腰间，胳膊肘向前拢，指尖对后斜下方(见图 2-2-6)。

(2) 双推山：双手胸前微曲臂、压腕立掌，双肘略向前夹，一手略高(见图 2-2-7)。

(3) 双护胸：架肘与肩平，双小臂折回，手腕上提，指尖轻点心窝(见图 2-2-8)。

(4) 双搭肩：架肘与肩平，双小臂折回，双手压腕、手心对前，搭于肩前(见图 2-2-9)。

图 2-2-6　　　　　图 2-2-7　　　　　图 2-2-8　　　　　图 2-2-9

(5) 双护头：双手在头部两侧斜上位，曲臂、双肘略向前，手心向上、推压腕(见图 2-2-10)。

(6) 双搭肘：双手立腕交叉，互搭于上臂(见图 2-2-11)。

(7) 扶鬓式：(以右手为例)右手压腕立掌于右鬓，手心向内，左臂胸前曲臂夹肘、压腕立掌，手心向外推，贴与右手小臂处(见图 2-2-12)。

(8) 小燕展翅：双手于体侧斜下 45 度，直臂、压腕、翘指，手心向外(见图 2-2-13)。

图 2-2-10　　　　　图 2-2-11　　　　　图 2-2-12　　　　　图 2-2-13

第二节　　东北秧歌动律、手巾花基本动作

一、动律

1．压脚跟动律

做法及要求：保持基本体态，双手叉腰，脚跟微提，之后迅速下压，重拍在下。动作时强调稳、艮，可在正步位和踏步位上进行练习，也可配合各种手位或手巾花动作练习(见图 2-2-14)。

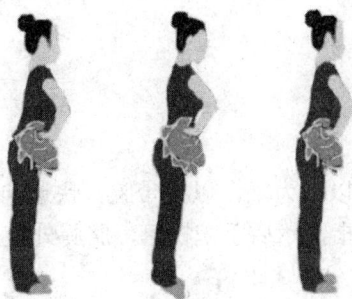

图 2-2-14

2. 上下动律

做法及要求：保持基本体态，双手叉腰，以腰部为轴，腰肌发力交替带动两肋上提和下压，呈下弧线运动，重拍在下(见图 2-2-15)。一般配合压脚跟动律练习，可在正步位和踏步位上进行，也可配合各种手位或手巾花动作练习。

3. 前后动律

做法及要求：基本体态准备，以腰部为轴，腰肌发力带动一侧腰前送，另一侧腰回拉，交替进行，重拍在里(见图 2-2-16)。一般配合压脚跟动律练习，可在正步位和踏步位上进行，也可配合各种手位或手巾花动作练习。

图 2-2-15

图 2-2-16

4. 划圆动律

做法及要求：基本体态，以腰部为轴、腰肌发力带动左右两侧，将上下动律和前后动律连贯起来交替划立圆，形成横"8"形的弧线扭动，重拍在下(见图 2-2-17 和图 2-2-18)。一般配合压脚跟动律练习，可在正步位和踏步位上进行，也可配合各种手位或手巾花动作练习。

图 2-2-17

图 2-2-18

二、手巾花绕法

1. 绕花

1) 里绕花

做法：握巾，垂手准备；以腕为轴，以指带腕，快速向内翻转、带动手巾里绕一圈，da 拍绕腕，1 拍时快压腕、翘指，然后手腕松落，胳膊外旋，准备下次动作(见图 2-2-19)。

图 2-2-19

提示：手腕经过快速的提、扣、转、压四个过程，动作要一气呵成，强调绕巾的速度。

2) 外绕花

做法：握巾，立腕准备，以腕为轴，以指带腕，迅速由内向外翻转，带动手巾外绕一圈。

2. 片花

1) 里片花

做法：握巾，提腕、手心向外准备，以腕为轴，带动五指和手巾由外向内连续盘旋转动，成上、下平面的 8 字圆，并使手巾紧贴小臂。

2) 外片花

做法：握巾，提腕、手心向内准备，以腕为轴，带动五指和手巾由内向外连续盘旋转动，成上、下平面的 8 字圆，并使手巾紧贴小臂。

3. 缠花

做法：夹巾，以腕为轴，以指带腕，带动手巾由外向内或者由内向外连续快速缠绕。

4. 转花

1) 顶转花

做法：以食指顶手巾中央，匀速转动，使手巾呈水平展开旋转(见图 2-2-20)。

图 2-2-20

2) 立转花

做法：三指捏巾，空拳心以肘为轴，小臂带动手巾，由外向内在体前两侧，绢面向外做立圆连续旋转；指尖捏巾要松弛，手巾转动时，手指不脱离手巾(见图2-2-21)。

图 2-2-21

三、手巾花动作

1. 单臂花

做法：(以右侧为例)左手叉腰、右手握巾垂手准备；da 拍时右手由下至胸前，第 1 拍时右手在胸前里绕花 1 次，带动手臂下抹落至体旁垂巾，1da 拍右手经下弧线至体旁，2 拍时右手在体旁里绕花 1 次，下抹落至体旁垂巾(见图2-2-22)。也可 4 拍完成。

2. 双臂花

做法：双手握巾，一手于胸前，另一只手在体旁同时做里绕花，再经由下弧线至相反方向，动作可在 2 拍完成，也可 4 拍完成(见图2-2-23)。双臂花也可以做大幅度的，一手在头上，一手至胸前里绕花(见图2-2-24)。

图 2-2-22

图 2-2-23

图 2-2-24

3. 交替花

做法：一手由下经上弧线至胸前里绕花 1 次，同时另一只手持巾至体旁斜下方(见图2-2-25)，双手交替进行，1 拍 1 次。

4. 大交替花

做法：一手由大臂带动，从旁至头上里绕花 1 次，然后顺另一侧面颊抹下，同时另一只手持巾悠至旁(见图 2-2-26)，双手交替进行。

图 2-2-25　　　　　　　　　　　　图 2-2-26

5. 蝴蝶花

做法：双手经下弧线至腹前交叉里绕花 1 次，再经下弧线至小燕展翅位里绕花一次(见图 2-2-27)。

6. 蚌壳花

做法：双手手心向上由旁快速至头上里绕花 1 次，然后迅速落至胸前曲臂架肘，手心向外指尖相对，之后双手连续两次外绕花至头上，双分手打开至旁斜上方，手心向上，上身微仰(见图 2-2-27 和图 2-2-28)。

图 2-2-27　　　　　　　　　　　　图 2-2-28

7. 小燕展翅(担担花)

做法：双手于小燕展翅位连续做里绕花，双臂随之起伏，重拍在下，1 拍 1 次。

8. 小五花

做法：双手握巾，同时做片花，动作同古典舞训练中的小五花，动作时双手手腕始终不分开，手巾花要圆，肘部随动但不能架起。

9. 肩上里外绕花

做法：双手上举于头上，右手里绕花，同时左手外绕花，顺势双手落下，右手落于肩上，左手落于旁开手位。

10. 双花

做法：右手腹前曲臂，左手斜下手位，双手同时里绕花 2 次，再借第 2 次里绕花压腕之力横摆至反面。两拍完成，上身略前俯，里绕花 2 次要求先弱后强。

图 2-2-29

第三节　东北秧歌基本步伐

1. 前踢步

做法及要求：站正步，双膝微屈，动力腿保持自然脚形经擦地快速向前踢出，同时主力腿膝盖上伸，带动动力腿虚步落回正步，慢移重心，da 拍出脚，重拍收回；动作时强调出脚急、落脚稳，慢移重心，突出稳中浪的感觉(见图 2-2-30)。

图 2-2-30

2. 后踢步

做法及要求：正步基本体态准备，双膝快速屈膝下衬，同时动力腿略勾脚，小腿快速向后踢，落回时双膝快速上伸，带动动力脚虚落，慢移重心，重拍在下，交替进行；动作时要求双膝并拢，以快而短促的去、伸带动小腿踢、落，脚保持自然形态快出快回，慢移重心，突出艮中翘(见图 2-2-31)。

3. 侧踢步

做法及要求：正步，双膝微屈，以脚的内侧发力，脚跟靠拢，动力腿脚尖打开向侧后踢出，收回时先落脚跟，膝盖上伸，脚尖经上弧线落回原位，交替进行。

图 2-2-31

4. 别步

做法及要求：(向右为例)右脚起向右迈一步，第二步左脚继续向右，交叉落至右脚稍前方。

5. 跳踢步

做法及要求：正步站，双膝保持微屈，重心前倾，小腿快速后踢跳，快踢快落，双脚交替进行，重拍在下，落地时以脚掌着地(见图 2-2-32)。

6. 跳前踢步

做法及要求：双脚交替向前踢跳，重心略向后，落地时以脚掌着地，重拍在下(见图 2-2-33)。

7. 射雁跳踢步

做法及要求：(以右腿为例)左脚对 2 点直腿踢跳，半脚掌落地，同时右小腿迅速后踢，成小射雁，再落右脚屈膝半脚掌落地，同时左腿直腿前踢，两拍完成(见图 2-2-34)，动作时双膝靠拢，脚下重心不要移动过大。

图 2-2-32　　　　　　图 2-2-33　　　　　　　　　　图 2-2-34

8. 别步跳踢步

做法及要求：(以右腿为例)左脚向 2 点方向直腿跳，脚掌落地屈膝，同时右脚迅速贴于左脚踝后，上身略靠后，右脚再撤跳落，屈膝踮脚，同时左脚贴右脚踝前。

9. 走场步

做法及要求：双膝保持微屈，一拍一步前行，上步压脚跟先着地，da 拍抬脚、重拍落脚。动作时双膝靠拢，有"小步急走"的流动感，一般以交替花为手臂配合动作。

10. 双颤步

做法及要求：双脚微踮脚正步准备，双膝并拢微屈，1 拍时，一脚向前或旁或十字方向迈步，同时以脚腕提压带动双膝伸轻颤 1 次，第 2 拍再次颤动，同时另一只脚小腿迅速后踢，再落下。动作时两拍一步，每步颤膝 2 次，第 1 次颤动轻而平稳，第 2 次颤动较重并有反弹力。

11. 顿步

做法及要求：有颤顿步、抻顿步和碾顿步三种做法，基本动作都是以双膝快速屈伸带动脚轻微后踢后快速落地并有停顿，重拍落脚直膝，强调快速屈伸双膝和落脚的停顿。

12. 朝阳步

做法及要求：(以右侧为例)双膝微屈准备，左脚向右前上步，双膝上伸同时前移重心，落地时双膝屈同时右脚拖至左踝后，身体略向后；再撤右脚，双膝经上伸顺势后移重心，落脚屈膝，左脚以脚掌拖回于左踝前，重拍在下(见图 2-2-35)。

图 2-2-35

13. 十字步

做法及要求：以"十"字的四个点作为落脚点，四步完成的步伐，第一步左脚先向右前迈步，第二步右脚向左前迈步，第三步左脚向左后撤步，第四步右脚后撤回原位。可以运用走场步、顿步、双颤步等来做十字步动作。

第四节 东北秧歌基本动作组合

❖ 组合示例一

动律、手位动作组合：

前奏：1～4拍体对1点，双手握巾，基本体态准备

   5～6拍双手体前交叉，手心向上，斜下方摊手

   7～8拍双手里绕腕，经体前划半弧线；回双叉腰位

① 1～4拍压脚跟动律4次

  5～8拍压脚跟、左起上下动律4次

② 1～4拍压脚跟动律4次

  5～8拍压脚跟、右起前后动律4次

③ 1～2拍右脚向旁迈步，左脚跟至左后踏步，同时双手体侧里绕花成小燕展翅位

  3～7拍压脚跟、左起上下动律5次

  8拍左脚收至正步，双手经里绕花成双搭肩

④ 1～4拍压脚跟、右起划圆动律2次

  5～8拍压脚跟、右起划圆动律4次

⑤ 1～2拍左脚向旁迈步，右脚跟至右后踏步，同时双手经里绕花至双护头位

  3～7拍压脚跟、右起前后动律5次

  8拍双手下垂，双膝略向下屈

⑥ 1～2拍右脚收回成正步，右手旁抬，手心向里，小臂经体前弧线划向胸前

  3～4拍左手旁抬，手心向里，小臂经体前弧线划向胸前，成双护胸位

  5～8拍压脚跟、右起2次划圆动律

⑦ 1拍左脚向2点方向上步，体对2点，成右后踏步，同时右手里绕花至头侧

  2拍压脚跟1次，左手里绕花至头侧，成双护头位

  3拍双膝下蹲，双手外绕花，分手打开至右手对3点、左手对7点的平开位置，头看向7点

  4拍双膝上伸，双手里绕花成右手扶鬓位

  5～6拍压脚跟、右起2次划圆动律

  7拍双手平摊打开，身体略向后

  8拍左脚收回正步位，双手里绕花成叉腰位

⑧ 1拍右脚向8点上步成左后踏步，同时左手里绕花至头侧

  2拍压脚跟1次，右手里绕花至头侧，成双护头位

  3拍双膝下蹲，双手外绕花，分手打开至右手对3点、左手对7点的平开位置，

头看向3点

  4拍双膝上伸，双手里绕花成左手扶鬓位

  5～6拍压脚跟、左起2次划圆动律

  7拍双手平摊打开，身体略向后

  8拍左脚收回正步位，双手里绕花至双推山位置

⑨ 1～4拍左脚起后踢步加上下动律4次

  5拍继续后踢步动作，双手平摊分开

  6拍双手经里绕花至双搭肘位置，后踢步动作不变

  7～8拍继续2次后踢步

  一鼓：(闪身一鼓)双脚半脚掌上推，身体向左略闪；左脚、右脚依次快速向左别步，成左后踏步，同时右手经下弧线由左向右里绕花至右斜下位，左手叉腰。

  ❖ 组合示例二

  基本动作组合《东北小调》：

  前奏：

① 1～4拍体对1点，双手握巾，基本体态准备

  5～8拍右手、左手依次由旁经体前弧线里绕花至叉腰位

② 1～8拍压脚跟、左起上下动律4次

  第一部分：

① 1～2拍左脚向2点上步，成右后踏步，同时做压脚跟、左上动律，左手叉腰右手单臂花向内

  3～8拍接着做压脚跟、上下动律3次，右手单臂花

② 1～2拍右手里绕花至肩前，压脚跟动律1次

  3～4拍左手里绕花至肩前，成双搭肩位，压脚跟动律1次

  5～7拍右起划圆动律3次，膝盖慢慢下蹲

  8拍双手下垂，膝盖上伸

③ 1～8拍双手里绕花成右手扶鬓位，同时右脚起后踢步、前后动律4次

④ 1～2拍右脚向8点上步，成左后踏步，双手蝴蝶花向里，同时膝盖下蹲，身体略向前，重心在右脚

  3～4拍膝盖上伸，重心后移，至左脚后下蹲，同时双手蝴蝶花打开

  5～6拍快一倍重复1～4

  7拍停顿，保持姿态

  8拍下垂双手，右脚收回正步

⑤ 1～8拍左起前踢步，双臂花4次

  过门：1～8拍双手经里绕腕双搭肩，圆场向左自转一周，同时做划圆动律

⑥ 1～2拍左脚后踢步向8点，右手单臂花向里

  3～4拍右脚后踢步向8点上别步，右手单臂花向外

  5～7拍继续向8点方向做后踢别步，单臂花3次(1拍1次)

  8拍停顿

⑦ 1～8拍反方向重复①1～8

⑧ 1～4拍左起后踢步、单手肩前里绕花2次(2拍一次)，略向后退

5～8拍左起后踢步、单手肩前里绕花4次(1拍1次)，略向后退

⑨ 1拍左脚2点上步，成右后踏步，重心向前，屈膝，右手小交替花，身体略向前倾

2拍重心后移，左手小交替花，身边略向后

3拍右手肩前里绕花，左手叉腰

4拍重心向前成踏步蹲，上身前倾，右手小臂经肩前向3点伸出，成单指状，眼睛看向手指前方

5～7拍身体姿态不变，手依次对3点、2点、1点方向点指，眼睛跟随手指的方向

8拍呼吸垂手，重心收右脚，左脚自然抬起回撤

⑩ 1～2拍左、右半脚掌依次向前上一小步，右手、左手依次做大交替花，头上扬

3～4拍左脚起屈膝后撤两步，右手、左手依次做小交替花

5～8拍重复1～4

间奏：

① 1～8拍右手斜上、左手旁开位片花，圆场向右自转一周

② 1～2拍正步压脚跟，双手里绕花至叉腰位

3～8拍压脚跟、左起上下动律3次

第二部分：

①～⑤反方向重复第一部分中的①～⑤

过门：1～8拍脚正步对1点，身体向左拧双手小燕展翅(担担花)2次，同时压脚跟动律2次，身体再向右拧双手小燕展翅(担担花)2次，同时压脚跟动律2次

⑥ 1～8拍左起前踢步4次，双手蝴蝶花2次，配合右起的左右动律

⑦ 1～4拍十字步前两步(2拍一步)，双手配合大的双臂花，身体略前俯

5～6拍十字步后两步(1拍1步)，双手配合大的双臂花，身体略旁提

7～8拍停顿，第8拍后半拍呼吸垂手，准备下一动作

⑧ 1～8拍左起后踢步4次，双手蚌壳花2次，配合右起的左右动律

⑨ 1～2拍左脚2点上步，成右后踏步蹲，双手额前扯一只手绢遮脸

3～4拍保持踏步蹲，双手用力向左，将手绢拉开至耳侧，下巴向右伸，眼看1点，身体前倾

5～8拍重心慢慢后撤，双手拉扯手绢向右3次，1次1顿

⑩ 1～2拍左、右半脚掌依次向前上一小步，右手、左手依次做大交替花，头上扬

3～4拍左脚起屈膝后撤两步，右手、左手依次做小交替花

5～8拍重复1～4

❖ 组合示例三

东北秧歌综合组合《爷爷奶奶和我们》：

前奏：锣鼓点部分，在场下准备

① 1～4拍左起走场步、小交替花4次

5～8拍对2点，左脚前、右脚后做射雁跳踢步2次，双手头上左右摆动，里外绕花4次

②～③ 1～8拍重复① 1～8

④　1～8拍左脚起走场步、小交替花8次，自转一周或两人互转一周

第一部分：

①　1拍左脚绷脚前伸后落地、屈膝，右脚绷脚、小腿后抬(大射雁)，右手在上顺风旗位里绕花

2拍左脚绷脚原地跳1次，右腿后吸腿姿态不变，同时右手向内盖、晃手1次，左手保持旁开位

3～4拍反面做1～2

5～8拍左起颤顿步4次，双手腹前压腕掌

②　1～4拍左脚向2点方向做朝阳步，双手肩上里外绕花

5～8拍重复1～4

③　1～8拍重复①1～8

④　1～4拍左脚起向左旁做蹉步，双手由左向右双晃手里绕花；落左脚重心成左腿屈膝右腿直腿旁点地，左手头上、右手胸前里绕花，略向右下旁腰

5～6拍重心移至右脚半蹲，左腿直腿旁点地，身体拧向2点，双手蚌壳花由头上向外分手

7～8拍重心移回左脚半蹲，右腿直膝旁点地，身体拧向8点，双手蚌壳花里绕花盖手

⑤　1～4拍右起后踢步2次，双搭肩手位，左起划圆动律2次

5～8拍右起后踢步3次(1拍1次)，双搭肩手位，左起划圆动律3次

⑥　1～4拍左起前踢步2次，双手大幅度的双臂花，身体上下动律2次

5～8拍继续前踢步动作，双手右起大交替花2次

⑦　1拍左脚向左小跳步，右脚跟至后踏步，左手单搭肘，右手胸前巧手立腕

2～4拍保持姿态不变

5拍右脚旁跨步，双脚重心、跨向右顶，身体后倾，双手曲臂并拢、挡在嘴前

6～8拍保持姿态不变

⑧　1～2拍左、右半脚掌依次向前上一小步，右手、左手依次做大交替花，头上扬

3～4拍左脚起屈膝后撤两步，右手、左手依次做小交替花

5～6拍双手头上双托位里绕花，左脚向右前上步立半脚掌

7～8拍双手下压至双搭肩位，落脚跟、膝盖向下屈，成踏步蹲，同时头部碎晃

⑨　1～4拍向3点方向做跳踢步4次，双手担担花

5～8拍面对2点，左脚向前做射雁跳踢步2次，双手头上左右摆动

⑩　1～4拍向7点方向做跳踢步4次，双手担担花

5拍双脚并拢双膝下屈、双手担担花向3、7点方向，下巴上抬、身体略前倾

6拍收双垂手，膝盖伸直，略抬脚跟

7～8拍重复5～6

⑪　1～4拍左脚起向前做碾顿步2次(2拍1次)，双手先由双搭肩位向顺风旗位，手心向外甩小臂和手绢，再甩小臂收回双搭肩位

5～8拍以上1～4拍动作快速做3次(1拍1次)

间奏：

① 1～8 拍双手顺风旗位外片花，脚下圆场步向左自转一周，回对 1 点

② 1～8 拍左起十字步加双臂花

③ 1～4 拍左脚向 2 点上步成右后踏步，双手向里做连续缠花，边做缠花小臂边慢慢打开至旁开位；同时膝盖下蹲、重心前移、身体前倾

5～8 拍双手由旁开位做向外连续缠花、小臂慢慢拉回腰间，同时重心向后移、身体后倾

④ 1～8 拍左脚向左小跳一步、右脚交叉落至左脚旁，同时左手盖至胸前、右手在内向上穿手；然后做翻身，回对 2 点，成右后踏步蹲，双手山膀按掌位里绕花

⑤ 1～4 拍左脚起向 2 点做碎小跑步，双手斜下位翘手立腕，右起做划圆动律

5～8 拍对 2 点方做原地小碎步，双手头上做外片花，头左右抻看

⑥ 1～8 拍对 8 点做⑤ 1～8 拍的动作

⑦ 1～8 拍左脚起向 5 点方向做走场步 8 次，双手配合小交替花，留头和上身，4 次后向左转身、面对 1 点

⑧ 1～8 拍跳踢步向前 8 次，双手于头上撩巾，先向左上方再向右上方

第二部分：

① 1～8 拍十字步双颤，双手双臂花位置做双花 2 次，再顺风旗位置双花 2 次

② 1～2 拍左脚向 2 点上步成右后踏步，屈膝、重心向前、身体向右前倾，右手大交替花

3～4 拍重心经屈伸向后移至右脚，身体向左后倾，左手大交替花

5～6 拍重心再经屈伸向前移至左脚，右手扶鬓位里绕花，身体向右前倾

7～8 拍重心再经屈伸向后移至右脚，身体向左后倾，手位保持不变

③ 1～2 拍保持踏步，左右脆摆胯，双手在体前左右转腕摆巾，头随手的方向脆摆

3～4 拍左右脆摆胯，双手于头上左右转腕摆巾，头随手的方向脆摆

5～8 拍重复 1～4

④ 1～4 拍颤顿步 2 次(2 拍 1 次)，左手搭肩、右手夹肘，小臂先向上甩巾至肩前，再向下甩至体旁略向后处

5～8 拍快一倍做 1～4 拍的动作 4 次

⑤ 1 拍左脚绷脚前伸后落地、屈膝，右脚绷脚、小腿后抬(大射雁)，右手在上顺风旗位里绕花

2 拍左脚绷脚原地跳 1 次，右腿后吸腿姿态不变，同时右手向内盖、晃手 1 次，左手保持旁开位

3～4 拍反面做 1～2 拍的动作

5～8 拍左起颤顿步 4 次，双手腹前压腕掌

⑥ 1～4 拍左脚向 2 点方向做朝阳步，双手肩上里外绕花

5～8 拍重复 1～4

⑦ 1～4 拍左脚起向左旁做蹉步，双手由左向右双晃手里绕花；落左脚重心成左腿屈膝右腿直腿旁点地，左手头上、右手胸前里绕花，略向右下旁腰

5～8 拍反方向重复 1～4

⑧ 1～8 拍左起前踢步、蚌壳花 4 次

结尾:

① 1拍左脚向8点点地出胯，同时左手向上做顺风旗位里绕花

　　2拍右回胯，左脚勾脚抬起收回至右小腿旁，双手收下垂手

　　3～8拍重复3次1～2

② 1～8拍十字步双颤，双手双臂花位置做双花2次，再顺风旗位置双花2次

③ 1～8拍对2点左脚向前射雁跳踢步4次，双手头上左右摆动

④ 1～4拍双手头上做外片花，双脚半脚掌碎步后退

　　5～8拍左脚向前成右后踏步，右手在上做顺风旗手位里绕花

课后拓展

1. 小组创编儿童舞组合:《祖国你好》。

要求:

(1) 能运用所学东北秧歌基本动作，创编儿童舞蹈《祖国你好》。

(2) 动作选择、运用合理，有组合性。

(3) 动作适当进行变化，符合儿童动作特点。

(4) 舞蹈组合符合音乐情绪和主题。

提示: 在创编儿童舞组合时应注意对动作的简单化处理，要使动作简单易学。要抓住民族性的基本风格特征，注重情绪的表达和表演，不强调动作的标准、规范。

2. 观看优秀东北秧歌舞蹈视频。

推荐:《秧歌情》、《喜雪》、《东北那旮旯》、《火红的手绢花》等。

3. 自学东北秧歌组合《开门红》(明丽)。

第三单元

藏族和傣族民间舞蹈

第一章 舞蹈基本素质训练

第一节 芭蕾舞形体训练

本单元的芭蕾形体训练部分，是在前两个单元训练的基础上设置的教学内容，增加了单手扶把动作的训练内容，也增加了中间舞姿动作、中间跳跃动作等训练的难度，该训练部分的主要目的是继续提高学生舞蹈基本能力以及身体各部分动作的协调性。教师可根据学生实际情况和教学计划安排，适当分配课时，有选择地进行教学训练。

一、扶把动作训练

1．蹲(Plie)

❖ 组合示例

前奏：身体侧对把杆，左手扶把，右手一位，双脚一位准备

　　5～6 拍右手抬到二位，眼睛看向右手

　　7～8 拍右手打开七位，眼睛跟随右手打开

第一部分：

① 　1～2 拍一位半蹲

　　3～4 拍起直，双腿内侧夹紧

　　5～8 拍重复 1～4

② 　1～4 拍一位全蹲，右手由七位向下至一位

　　5～8 拍慢慢起直，右手由一位经二位打开到七位

③～④ 　重复①～②，后 2 拍右脚擦地到二位脚

⑤ 　1～8 拍二位上做半蹲、起直 2 次

⑥ 　1～8 拍二位上做全蹲、起直 1 次，右手由七位向下至一位，再由一位经二位打开到七位

⑦～⑧ 　重复⑤～⑥，后 2 拍右脚擦地至前五位

第二部分：

① 　1～8 拍右前五位做半蹲、起直 2 次

② 　1～8 拍五位上做全蹲、起直 1 次，右手由七位向下至一位，再由一位经二位打开到七位

③～④ 　重复①～②拍，后 2 拍右脚擦地到后，成左脚在前的五位

⑤～⑧ 　左脚在前，重复①～④

反面动作同上

2. 一位擦地训练组合(Battement Tendu)

❖ 组合示例

前奏：身体侧对把杆，左手扶把，右手一位，双脚一位准备

　　5～6拍右手抬到二位，眼睛看向右手

　　7～8拍右手打开七位，眼睛跟随右手打开

第一部分：

① 1～4拍右脚向前擦地，头略微向右转，眼睛看向2点上方

　　5～8拍右脚擦地收回一位

② 1～2拍右脚前擦地

　　3～4拍擦地收回一位

　　5～8拍重复1～4

③ 1～4拍右脚向旁擦地，头摆正，眼看正前方

　　5～8拍右脚擦地收回一位

④ 1～2拍右脚旁擦地

　　3～4拍擦地收一位

　　5～8拍重复1～4

⑤ 1～4拍右脚向后擦地，头略向右转，眼睛看右手方向

　　5～8拍擦地收一位

⑥ 1～2拍右脚后擦地

　　3～4拍擦地收回一位

　　5～8拍重复1～4

⑦ 1～4拍右脚向旁擦地，头摆正，眼看正前方

　　5～8拍右脚擦地收回一位

⑧ 1～2拍右脚旁擦地

　　3～4拍擦地收前五位

　　5拍双脚五位立半脚掌(Releve)

　　6拍向左转至反方向，成右手扶把杆，左手打开七位

　　7拍双脚落左脚在前的五位

　　8拍左脚擦地至一位

第二部分：

左脚开始擦地，节奏同上

3. 小踢腿(Battement Tendu Jete)

❖ 组合示例

前奏：身体侧对把杆，左手扶把，右手一位，右脚在前的五位准备

　　5～6拍右手抬到二位，眼睛看向右手

　　7～8拍右手打开七位，眼睛跟随右手打开

第一部分：

① 1拍右脚向前小踢腿(连贯动作)

2 拍空中停 1 拍

3 拍点地

4 拍经擦地收回五位

5～8 拍重复 1～4

② 1～8 拍重复 ① 1～8

③ 1～4 拍右脚向旁做小踢腿，收右前五位

5～8 拍向旁小踢腿，收后五位

④ 1～8 拍重复③ 1～8

⑤～⑥ 右脚向后做小踢腿，动作节奏同上

⑦ 1～4 拍右脚向旁做小踢腿，收右后五位

5～8 拍向旁小踢腿，收前五位

⑧ 1～8 拍动作同上，最后 2 拍收前五位，立半脚掌(Releve)内侧转身至反面，右手扶把杆，左手打开七位，左脚前五位站立

第二部分：

左脚开始擦地，节奏同上

4．地面划圈(Roud De Jambe a Terre)

❖ 组合示例

前奏：准备动作：双手扶把，保持站姿，一位脚准备

第一部分：

① 1～4 拍右脚向前擦地

5～8 拍划圈向旁

② 1～4 拍继续划圈向后

5～8 拍擦地收一位

③ 1～2 拍右脚向前擦地

3～6 拍右脚由前向旁至后划圈，到后点地

7～8 拍擦地经一位继续向前

④ 1～8 拍重复③1～8 拍收一位脚停住

⑤ 1～4 拍右脚向后擦地

5～8 拍划圈向旁

⑥ 1～4 拍继续划圈向前

5～8 拍擦地收一位

⑦ 1～2 拍右脚向后擦地

3～6 拍右脚由后向旁至前划圈，到前点地

7～8 拍擦地经一位继续向后

⑧ 1～8 拍反复⑦1～8 拍收一位脚停住

第二部分：

左脚做划圈动作，节奏同上

5. 单腿蹲(Battement Fondu)

❖ 组合示例

前奏：1～4 拍双手扶把，保持站姿，一位脚准备

　　　5～8 拍右脚向旁擦地

第一部分：

① 1～2 拍右脚绷脚弯腿收包脚位置(sur le cou-de-pied)，左腿半蹲

　 3～4 拍左腿起直，右腿向前 45 度伸直

　 5～6 拍左腿半蹲，右腿收包脚位置(sur le cou-de-pied)

　 7～8 拍右腿向前 45 度伸直，同时左腿起直

② 1～4 拍重复一次抬 45 度的单腿蹲

　 5～6 拍右腿保持高度，向旁打开至旁 45 度位置

　 7～8 拍右脚落旁点地位置

③ 1～8 拍右腿做向旁的、抬 45 度的单腿蹲两次

④ 1～4 拍右腿再做一次单腿蹲

　 5～6 拍右腿保持高度向后划圈，至后抬腿 45 度

　 7～8 拍右脚落后点地位置

⑤～⑥　右腿向后做抬 45 度的单腿蹲，最后右腿在右后方向旁划圈至旁点地

⑦～⑧　重复③～④

第二部分：

左腿做反面相同动作

6. 压腿组合

7. 踢腿组合

　　压腿和踢腿动作可以做与第一单元相同组合，也可以根据具体需要增加力度和幅度，还可以不做具体组合，只进行单一动作的基本功训练。

二、中间动作训练

1. 舞姿与辅助、链接动作

(1) 阿蒂迪德(Attitude)(鹤立式)舞姿：阿蒂迪德(Attitude)原意为姿势、姿态，和阿拉贝斯克(Arabesgue)舞姿一样，是芭蕾舞的主要舞姿之一，阿拉贝斯克(Arabesgue)动作腿需伸直抬起，阿蒂迪德(Attitude)动作腿则是弯曲抬起。

　　做法：动作时支撑腿可直立或微蹲，也可站脚尖和半脚尖，动作腿可由旁吸腿至膝盖下位置或者吸腿位置上弯曲的向前或向后抬起45～90度(见图 3-1-1 和图 3-1-2)。

　　学习时可先从双手扶把的单一动作练习开始，先学从旁吸腿至膝盖下位置向上抬腿，再逐渐学习由吸腿位置向上；阿蒂迪德(Attitude)在中间练习中根据方向、角度的不同，又可分为交叉式的阿蒂迪德-克鲁瓦

图 3-1-1　　　　　图 3-1-2

泽(Attitude Croise)和敞开式的阿蒂迪德-厄法塞(Attitude Efface)。

要求：动作时双腿和脚要始终保持外开，大腿要往里走不能向外分开，前阿蒂迪德时，用小腿、脚跟主动往上抬；后阿蒂迪德时，膝盖、大腿主动抬起来，往后抬腿屁股不要主动带。

(2) 巴朗赛(Balance)(摇摆步)：巴朗赛(Balance)是一种三拍子的舞步，轮流交替变换重心，从一脚到另一脚的左右摇摆动作，很像华尔兹舞步。

做法：右脚在后的五位脚准备，半蹲，右脚向旁擦出，踢至 25 度，同时左脚半脚掌推起；重心落在右腿，右脚落地半蹲，同时左脚成后旁吸腿至膝盖下；然后左脚在后半脚尖落地，右脚稍提起，成前旁吸腿至膝盖下；随即右脚在前落地半蹲，同时左脚成后旁吸腿至膝盖下后直接向旁擦地踢出 25 度，成反面动作(见图 3-1-3 至图 3-1-5)。

图 3-1-3   图 3-1-4   图 3-1-5

开始学时，双手一位或小七位，不带身体，身体保持垂直，等脚下韵律、节奏掌握准确后再加上手，可在六位上换手，(经七位直接到六位，交替进行)；熟练后可进行斜线方向移动做和带 1/4 圈、1/2 圈等训练；还可以变换舞姿做(见图 3-1-6 至图 3-1-8)。

图 3-1-6   图 3-1-7   图 3-1-8

2. 跳跃动作训练

(1) 小跳(Saute)：小跳是跳跃练习中最基本的动作，训练学生腿部肌肉的力量、弹性、爆发力，以及脚背和脚腕的灵活性与控制力，应在每个单元的芭蕾形体训练中循序渐进地不断进行训练。

本单元的小跳可进行连续 8～16 次的训练。

(2) 阿桑布莱(Assemble)(双起双落)：从五位到五位的双起双落的跳，分为小(25 度)、中(45 度)、大(90 度)三种，本单元只进行 25 度阿桑布莱(Assemble)的介绍和训练。

做法：五位脚准备，双手一位，经过五位半蹲，动作腿向旁擦出，同时支撑腿绷脚跳起，空中动作腿找支撑腿，快速收到五位的位置，双脚同时落地(见图 3-1-9 至图 3-1-10)。

先学后脚擦地落前，再学习前脚擦地落后，也可不换脚做。熟练后可加上手臂舞姿，由一位到小七位，再到六位。

图 3-1-9 图 3-1-10

开始训练时可借助把杆练习动作，再到中间进行练习。

(3) 帕-日呆(Pas Jete)：单起单落的跳。

做法：准备时站五位，左脚在前为例。半蹲，右脚擦地向旁打开，膝盖和脚尖绷直，脚尖在二位上点地同时左脚推地跳起，绷脚尖和膝盖，右脚落在左脚的位置上做半蹲，左脚在后成旁吸腿至膝盖下(见图 3-1-11)。可从后往前做，也可从前往后做。

开始训练时可先借助把杆练习动作，再到中间进行练习。

图 3-1-11

(4) 埃沙贝(Echappe)(变位跳)：动作由两个跳来完成，从五位开始，跳起落地落在二位或四位上，再跳起落回五位，可换脚或不换脚。四位动作一般用得较少，因此训练时可只在五位、二位上进行(见图 3-1-12)。

图 3-1-12

埃沙贝(Echappe)分为大、小两种，小的可在小跳的基础上进行，大的需要深一点的蹲(Plie)，跳起的高度也要尽量高一些。一般用中跳进行训练。

做法：五位脚准备，双手一位，可面对 1 点做，也可以带转身和方向做(见图 3-1-13)，经过蹲(Plie)后保持五位向上中跳，在空中保持五位夹紧，手由一位到二位(见图 3-1-14)，落地瞬间脚打开二位，成二位蹲，手同时打开七位(见图 3-1-15)；再起跳时双脚保持二位中跳，落地时收五位脚，一般会换脚做，双手由七位经过呼吸，落地同时收回一位(见图 3-1-16)。带转身和方向的动作一般由 2 点或 8 点方向准备，第一个跳落地后的二位蹲面对 1 点，第二个跳落地后是准备时的相反方向(见图 3-1-17)。

图 3-1-13　　　　图 3-1-14　　　　图 3-1-15　　　　　图 3-1-16　　　　图 3-1-17

第二节　中国古典舞训练

本单元的中国古典舞训练部分，是在前两个单元训练的基础上设置的教学内容。经过前两个学期的基本动作训练，学生在肢体柔韧度和动作能力方面都有所提高，因此本学期开始进行一些有难度的腰部动作和舞姿练习，还增加了旋转等技巧动作的训练。教师可根据学生实际情况和教学计划安排，适当分配课时，有选择地进行教学训练。

一、腰部动作训练

腰部动作的训练在第一单元中的第二章第一节舞蹈素质训练中就已经开始了，经过两个单元的柔韧度和基本能力的训练后，本单元开始增加了一些腰部动作训练的难度。

1．腰的基本动作训练

1) 小八字步上的前腰

做法：单手扶把，小八字步站立，另一只手由托掌位带动头顶，在折胯的基础上直体向前下腰，至上身尽量贴紧双腿，手抱住脚腕或小腿；动作时保持完全的直膝、直腰，双脚下踩，胯向上提，头顶往地面延伸，形成上下两头的支撑感觉(见图 3-1-18)；起来时由手带动，躯干始终保持平直状态，直到完全站直。

图 3-1-18

2) 小八字步上的后腰

做法：单手扶把，小八字步站立，另一只手由托掌位引领头和身体，往远往后一节节向下下腰，可到胸腰处停，也可下大腰；动作时要保持重心，向上顶胯(见图 3-1-19)；起

图 3-1-19

来时，双脚往下推蹬地面，夹臀、顶胯，由托掌手引领着一节节起直还原。不管下还是起，眼睛和头始终跟随手的位置。

扶把前、后腰练习熟练后可进行离把动作训练。

2．涮腰

涮腰是在前腰、后腰、旁腰动作和柔韧度训练的基础上进行的，由手领着腰，沿着水平面做的大的平圆运动。涮腰可在跪立姿态、小八字步、大八字步、弓箭步等位置上做。

扶把小八字步涮腰为例

做法：单手扶把，小八字步站立，先向前——由手领着，头顶和上身随手的路线向前向远延伸；然后向里旁——由手领着，头和身体由前往把杆内侧走，成旁腰状态，双脚踩住地面；再向后——手继续引领头和上身向后，顶胯敞胸，托掌手往远推撑；向外旁——继续由手引领，向外旁伸出成旁腰状态(见图3-1-20)；最后起直或回到前腰状态。

涮腰动作在把下动作时采用跪立姿势、大八字步或者弓箭步进行训练或动作连接。

图 3-1-20

2．腰部姿态训练

1) 单腿点地前腰

做法：主力腿半蹲，动力腿前点地，手成托掌位，由手引领着头与身体，骨盆前倾，折胯根，直体向前做前腰，上身尽量与动力腿相叠；动作时，要求提胯、直背，手尽量往远伸展，同时要沉肩，重心始终保持在主力腿上(见图3-1-21)。

训练时可先在把杆上进行，也可将动作融入扶把训练中进行。

2) 单腿点地后腰

做法：在小八字步的基础上，动力腿直腿向前点地，主力腿保持直立，手成托掌，引领着头顶往远、往后下腰，可到胸腰位置，也可下大腰(见图3-1-22)。动作时胯向上顶，要保持主力腿重心的稳定性。

训练时可先在把杆上进行，也可将动作融入扶把训练中进行。

3) 单腿后点地后腰

做法：在小八字步基础上，动力腿直腿向后点地，主力腿保持直立，手成托掌，后腰右手领着，头顶向上，往远、往后一节节向后；动作时顶胯，主力腿踩扎实，重心始终保持在主力腿上(见图3-1-23)。

图 3-1-21　　图 3-1-22　　图 3-1-23

训练时可先在把杆上进行，也可将动作融入扶把训练中进行。

4) 大拔步腰

做法：单手扶把，在大拔步的基础上，手呈托掌向主力腿方向横拧、敞胸，尽量向旁挑腰，使整个姿态从手到动力腿的脚形成一个大弧线(见图 3-1-24)；动作时注意重心保持在主力腿，拓展更多手要有推撑的感觉，做到大拧要"合胯"。

动作在把下进行时手一般为顺风旗位。

5) 姿态斜腰

做法：单手扶把，动力腿向前擦出，同时主力腿半蹲，后再送胯，骨盆向后倾约 45 度，身体向后倾斜向外横拧，形成一个向后倾的大斜线，另一手在斜上方，手心向上，手指尖与动力腿的脚尖，往斜线的两边延伸，头、眼顺手的方向看出(见图 3-1-25)；动作时要注意重心的稳定和倾斜的角度。

把上动作练习后可进行离把动作训练。

图 3-1-24　　　　　　图 3-1-25

二、旋转的训练

旋转是技术技巧中很重要的一部分，是在各种舞蹈中都不可或缺的组成部分。它既能独立表现，也能在动作间或技巧中起衔接作用。旋转基本分为三大类：原地转、移动转和空中转。本教材主要以开法儿和能做简单的直立旋转动作为目标进行训练，教师可以根据学生实际情况有针对性地选择训练内容。

(1) 留头、甩头的训练：在各种直立转中，头是重要的动力之一，起到至关重要的作用：① 头起到固定和寻找方向的作用；② 头起到掌握平衡的作用；③ 头起着协调、并为连续转的惯性增加其动力的作用；④ 头掌握着旋转的节奏，起着调节旋转的速度和增加转的数量的作用。

做法：

① 留头：面向 1 点方向，小八字步站立，收腹、立腰、沉肩，双手叉腰或双臂自然下垂在身体两侧准备；双脚原地走碎步向顺时针或逆时针方向转 1/4 圈，头保持正中位留住，眼睛始终盯住正前方一个平视的固定目标(见图 3-1-26)。

② 甩头：脚下继续走碎步旋转，头以颈椎为纵轴、头顶为轴心快速甩头还原，眼睛继续盯住原来的固定目标；脚和身体保持垂直转回正面(见图 3-1-27)。

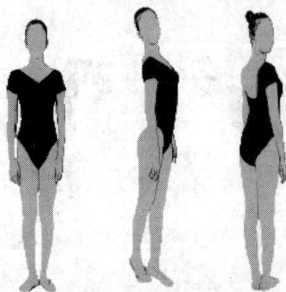

图 3-1-26　　　　　　　　图 3-1-27

要求：动作时人体要保持正确的直立状态，肩、胯在动作中应保持在一个垂直面上，随着脚下连续的原地碎步反复进行留头、甩头的练习；甩头要松弛、迅速，上身与胯保持动作的一致性。

(2) 踏步原地转：在踏步的基础上，先用脚跟和另一脚的脚尖配合碾转半圈，再交换脚跟脚尖碾转后半圈(见图 3-1-28)。

图 3-1-28

(3) 磨转：重心交替在两脚上进行的碎步转。

(4) 点步转：以一脚为轴，另一脚在旁点地，点地的脚以推地的力量推动主力腿半角掌碾转(见图 3-1-29)。

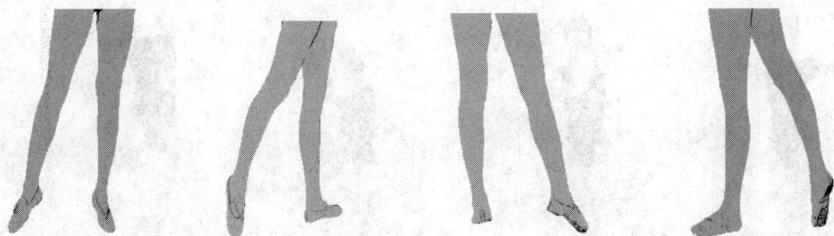

图 3-1-29

三、上肢动作训练

(1) 穿手：穿手的方向较多，都是由指尖带动向不同的方向穿出，动作时眼随手动。可分为上穿手(见图 3-1-30)、下穿手(见图 3-1-31)、斜上穿手(见图 3-1-32 和图 3-1-33)、斜下穿手(见图 3-1-34 和图 3-1-35)、平穿手(见图 3-1-36)。

图 3-1-30   图 3-1-31   图 3-1-32

图 3-1-33   图 3-1-34   图 3-1-35   图 3-1-36

(2) 云手：云手是古典舞中最有代表性的一个手臂动作，在小五花训练之后开法儿，云手分小云手(也叫揉球，小五花的放大)，中云手(以肘为中心的云手)，大云手(放长手臂和加仰胸、含胸的训练)。这里着重介绍的是大云手的做法。

以右手为例，右手山膀，左手端掌至胸前，右手由外向里至左划平圆，左手同时从下相对由里向右往前划平圆，双手小臂经过重叠交叉，含胸，左手从下主动送出，向左拧身，双手保持距离由左经头上向右划平圆，仰胸，经过双晃手收到左山膀位置，右手再拉山膀，眼睛始终随右手方向。动作时注意身体韵律柔和协调，动作圆润流畅(见图 3-1-37 至图 3-1-45)。

图 3-1-37   图 3-1-38   图 3-1-39   图 3-1-40   图 3-1-41

图 3-1-42   图 3-1-43   图 3-1-44   图 3-1-45

四、组合训练

❖ 组合示例

身韵动作组合：

准备：面对 2 点，左脚在前的丁字步，双背手，目视 1 点

    5～6 拍提

7～8拍右脚向旁迈步，左脚快速跟至右脚后成踏步位半蹲，同时呼气含胸，左手手心向里由头上托掌位准备，右手在小腹位置，手心向里，指尖朝上

第一部分：

① 1～4拍右手向上穿手，左手同时向下盖，膝盖伴随穿手动作慢慢起直，眼睛看着右手

5～7拍右手转手心向外大三节向下，左手大三节撩手向上，眼睛跟随右手动作

8拍呼气含胸，膝盖下蹲，左手在头上，右手指尖向上准备

② 1～7拍重复① 1～7

8拍半蹲，向左含胸，同时左手盖到胸前，右手背到身后

③ 1～4拍向左踏步转身一周，同时左手在头上做外盘手

5～8拍左前踏步，旁提，左手由手腕带领从旁打开斜下位，眼睛看左手

④ 1～2拍左脚跟下压，左腿半蹲，右腿同时勾脚向旁踢25度，双手胸前交叉按掌，身体略向右下旁腰，头略左转，眼睛看左斜上方

3～4拍右脚开始做蹉步，手、上身和头保持不动

5～6拍左脚向右前方上步蹲，双手转腕向下，再经旁向上撩手

7～8拍左腿起直，右腿小腿绷脚抬起，做小射雁，右手在上做顺风旗手位

⑤ 1～2拍右脚落地，双脚向右碾转至背对1点，同时双手经左下由右向左晃手

3～4拍双手晃手至左手山膀、右手按掌位置，右腿半蹲，左腿直腿绷脚旁点地，向左下旁腰

5～6拍右腿继续深蹲，左腿抻长，上身向前下腰，双手向前伸长

7～8拍双手带动身体起直，左脚向右前迈步成踏步，同时双手向左晃手成山膀按掌位置

⑥ 1～2拍右脚继续向右上步，同时右手向上撩手

3～4拍右前踏步半蹲，身体侧对正面，右臂向下、左臂向上同时划动，至左手曲臂于头侧，右臂直臂向下，头看向1点

5～6拍左臂不动，右肩带动身体向后划圆，带动小臂做小晃手

7～8拍双腿起直，右手绕腕摊手

⑦ 1～4拍双脚碾动，向左转身一周，成左脚前踏步，同时双手在头上做小的云手揉球，至左臂曲臂上提于左腋下，右手在下做揉球姿态

5～6拍双手由下向右上撩手

7～8拍成双托掌位，身体右侧旁提，向左略下旁腰，眼睛随着右手，后看向左下方

⑧ 1拍含胸半蹲，双手打开再至胸前，手心向里

2～3拍双手并拢向上穿手，身体起直

4拍双手打开再含胸收手

5～7拍右脚向3点上步，身体转至后，成大掖步，双手由腋下同时向上、向旁穿手，成左手在上的斜托掌位置

8拍向左回转身，左脚旁迈，右脚跟至后成踏步位，成右手上左手下的准备姿态

第二部分：

第二遍音乐反方向重复整体动作

第二章 藏族民间舞蹈

第一节 藏族民间舞蹈风格特点和基本形态

一、藏族舞蹈风格特点

藏族历史悠久，文化传统深厚，以神秘的宗教、宏伟的建筑、优美的音乐和舞蹈闻名于世，是一个能歌善舞的民族。藏族人民主要居住在我国西南边陲的西藏、青海、四川、甘肃、云南等地，由于地域分布广阔，自然环境差异很大，各地的生活劳动方式不尽相同，因此歌舞艺术种类丰富，形式多样。不同类型和风格的藏族舞蹈中均有各自独特的审美特色，但又包含着共同的元素和共同的律动特征，都有着稳重、矫健、热烈、松弛、优美的特点。"舞袖"是藏族服饰特点的展现，由于地理和气候环境，人们服饰厚重、身着大袍长靴，为了便于劳作常将双袖扎在腰前或腰后，其服饰色彩也非常丰富。

藏族民间舞蹈是农牧文化和宗教文化融合而成的，加之其在高原的生活环境、长期的奴隶制社会和民族习惯形成了独特的重心偏前、身体微屈前倾或九十度前俯，还有"一边顺"的体态和动作特征。在藏族舞蹈中通常用跳、颤、踩、踏、撩长袖、旋转等一些大幅度的动作来表达激动人心的场面和情感，上身的前倾、后仰、手臂动作的摊开、延伸都具有表现意义。其中"颤、开、左、顺、绕"是各种藏舞的共同特点，也是藏舞的五大元素，形成了区别于其他舞蹈的美学概念。而膝关节的屈伸和颤动是藏族舞蹈最突出的风格性标志。

藏族民间音乐一般具有活跃、热烈、朴实或优美抒情的特点，其大多音调悠长、音域宽广、节奏自由。舞蹈也大多采用载歌载舞的形式，歌舞曲的唱词内容广泛，如歌颂日月星辰、山河大地，赞美妇女的容貌服饰，思念亲人，祝福相会，祝颂吉祥如意以及宗教信仰等内容。器乐往往是随腔伴奏，即兴发挥。乐曲由慢转快，慢速时音符密集，快速时音符简化。

二、藏族舞蹈主要种类

藏族民间舞蹈十分丰富，风格也各有特色，如果谐、堆谐、谐、果卓、热巴、牧区舞等，都是藏族人民喜闻乐见的舞蹈形式。

果谐是流传在西藏民间的一种围着圆圈歌舞的形式，常见于村头、广场、打麦场和旷地上，参加者少则十几人，多则数百人，是最为广大群众喜欢的一种自娱性歌舞。每逢节日或婚嫁吉日，男女老幼都会聚在一起表演果谐。果谐基本表现程式是：拉手围成一圈，男、女各半圈，分班歌唱，随歌起舞，载歌载舞，没有乐队伴奏，一曲接一曲。歌舞节奏由慢转快，慢板歌声缓缓高亢，舞步稳重矫健。快板舞蹈随曲调节奏转为激烈奔放，动作多由踏、悠、跳、转组成，舞姿奔放流畅。

"堆谐"泛指雅鲁藏布江上游的昂仁、定日等县以及阿里一带叫做"堆"地区的农村圈舞。还有一层含义是指这类舞蹈形式传入拉萨后，经过加工和规范形成的藏族踢踏舞。堆谐音乐和舞蹈有完整的程式，有固定的引子和尾声曲，正曲由"降谐"(慢板)和"觉谐"(快板)两部分组成。降谐曲调悠扬，以唱为主舞为辅。觉谐曲调轻快，以舞为主唱为辅，也有直接从快板开始的。舞蹈时膝关节松弛，脚下灵活，以踢、踏、悠、跳等脚部动作踏出有规律、有变化的各种节奏点来表达情感，形成堆谐朴实自如，轻捷灵活的风格特点。

谐，即"弦子舞"，藏语称其为"叶"、"依"或"康谐"，盛行于巴塘、昌都、甘孜、青海一带藏族地区，闻名全国。表演时一般由一名操牛角胡琴的领头人边拉边舞，带领其他舞者随着弦子悠扬绵长的旋律和阵阵颤音，迈着连绵起伏的舞步，边歌边舞。舞蹈延绵流畅，舞步多由靠、撩、拖、点、转等动作组成，与手臂的摆、掏、撩、甩等配合自如。男子重在舞靴、跺脚，女子突出长袖，舞步多样，舞姿优美，韵味十足。

卓，即"锅庄"，藏语称"果卓"。锅庄是一种劳动气息浓厚，粗犷豪放的藏族古老歌舞形式之一。区别于其他藏舞之处是卓曲调辽阔深沉，节奏顿挫有力，舞姿矫健、开朗，动作挺拔豪放，舞姿生动，倾斜热烈，是藏族人民英武、彪悍的民族性格在舞蹈中的体现。

热巴是一种以"铃鼓舞"为主，配以弦子、杂曲等组成的综合表演艺术形式。它是流行于西藏昌都、工布、那曲及云南、四川、青海、甘肃等藏族聚居区的藏族民间舞。开始比较缓慢以歌为主，然后急速歌舞并重，情绪十分火热。舞蹈中男子经常表演各种技巧动作。如：蹲转、单腿跨转、躺身蹦子、滚毛等。

三、藏族舞蹈基本形态

1. 基本体态

(1) 自然体态：自然站立、双膝放松微屈，含胸、垂肩，体前倾或 90 度前俯，重心微移至前脚掌，背部向上延伸至头顶，下颚微含，胯部上提(见图 3-2-1)。

(2) 坐懈胯：主力腿一侧的肋骨松懈，坐在胯上，上身松弛自然，双腿膝盖保持弯曲。

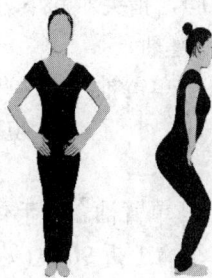

图 3-2-1

2. 常用基本脚位

(1) 自然位(小八字位)：正步的基础上，脚尖微分，双膝放松微屈。

(2) 丁字步：在小八字的基础上，一脚放于另一脚足弓前，双膝放松微屈。

(3) 丁字靠步：在丁字步的基础上，前脚勾脚脚跟点地(见图 3-2-2)。

(4) 交叉靠步：自然位的基础上，动力腿外开、勾脚，在主力腿前方点地(见图 3-2-3)。

(5) 旁点靠步：自然位站立，动力腿脚掌在主力腿旁点地(见图 3-2-4)。

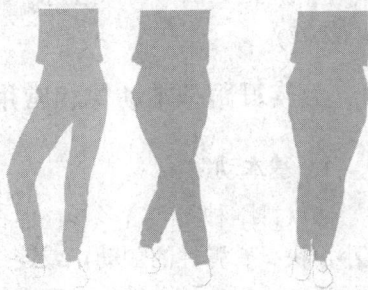

图 3-2-2　　图 3-2-3　　　图 3-2-4

3. 腿的基本形态

(1) 吸抬腿：① 前吸抬腿：站自然位，动力腿微勾脚由膝盖带动向前向上吸抬(见图3-2-5)。② 旁吸抬腿：自然位站立，动力腿膝盖外开，微勾脚吸抬于主力腿后(见图3-2-6)。

(2) 抬腿：① 前抬腿：自然位站立，动力腿前抬25度，自然伸长(见图3-2-7)。② 侧前抬腿：自然位站立，动力腿外开，向侧前方抬腿，膝盖微屈。

（3）端腿（以右为例）（见图 3-2-8）：① 小端腿：自然位站立，右脚端至左小腿前，左腿屈膝。② 大端腿：自然位站立，右脚端至左膝前，左腿屈膝。

图 3-2-5 　　　　　图 3-2-6 　　　　　图 3-2-7 　　　　　图 3-2-8

4．基本手形和手位

（1）基本手形：五指自然延伸，虎口自然张开，掌心放松（见图 3-2-9）。

（2）常用基本手位：

① 双叉腰（扶胯式）。双手手掌腕根部扶于胯上，手指自然贴胯，指尖对斜下方，双肘略向前（见图 3-2-1）。

② 单臂袖。

a. 叉腰单臂袖（扶胯单臂袖）。一手扶胯叉腰，另一手在体旁平开，小臂上折 90 度，指尖朝上（见图 3-2-10）。

图 3-2-9 　　　　　图 3-2-10

b. 平开单臂袖。一手体旁平开，另一手体旁平开，小臂上折 90 度（见图 3-2-11）。

③ 斜上手。双臂斜上方延伸，手心向上（见图 3-2-12）。

④ 斜下手。双臂斜下方打开，手心对前。

⑤ 斜上下手。一手斜上手，一手斜下手（见图 3-2-13）。

图 3-2-11 　　　　图 3-2-12 　　　　图 3-2-13

四、藏族舞蹈基本动律和常用手臂动作

1．基本动律

藏族舞蹈种类丰富多彩，但在动律上都有着共同的特征。膝关节上分别有连续不断的或小而快、有弹性的颤动，或连绵柔韧的屈伸，呈现出速度、力度和幅度的不同。连续不断的颤动或屈伸，在步伐上形成的重心移动，带动了松弛的上肢运动。

（1）双颤（颤膝）：自然位站立准备，动作时双膝松弛、富有弹性地轻微颤动，重拍在下，每拍颤 2 次。

（2）颤：自然位站立准备，动作时双膝均匀、富有弹性地颤动，重拍在下，每拍 1 次颤动，要求连绵不断。

(3) 顿颤：自然位准备，动作时双膝短促、有力、富有弹性地颤动，每拍颤 2 次，重拍向下。

(4) 屈伸：自然位准备，动作时双膝长伸短屈，连绵不断，要求有韧性地向上延伸，自然松落下屈，重拍向上。四拍、两拍或一拍完成。

2．常用手臂动作

(1) 前后摆手：双手自然下垂，在体旁交替前后摆动，手心向内(见图 3-2-14)。

(2) 围腰悠摆手：双臂经体旁曲臂悠至一小臂在腹前，一小臂于腰后位置，双手手心向后，原路线摆回，交替进行(见图 3-2-15)。

(3) 晃手：双臂在体前由左向右或相反，经上弧线晃动；可做大晃手(双臂于额上方晃动)、中晃手(双臂于眉前晃动)、小晃手(双臂于胸前晃动)，双手晃动后一般停在摊、盖手的位置(见图 3-2-16)。

图 3-2-14　　　　　图 3-2-15

(4) 撩手(袖)：提肘的同时，手臂向斜上或斜前撩出，力达指尖。

(5) 甩手(袖)：手经曲臂向远甩出，成手背向上，力达指尖；可向各个方向做。

(6) 里、外划手：双手自然下垂，于体前和体旁，交替由外向内，或由内里向外划平圆。

(7) 里、外绕分手：以肘为轴，指尖带动小臂经上弧线由外向内或由内向外划立圆。

(8) 盖手：手臂于体旁，经上弧线向体前晃手下盖，可大、中、小位置上进行。

(9) 悠手：手臂下垂于体旁，曲臂前悠，再原路线自然下落悠至体后，可单、双进行。

图 3-2-16

(10) 盖分手：双臂由体旁向内于体前交叉，再分手至斜下手。

(11) 双摆手：双臂顺同一方向同时摆动。

(12) 双臂礼：左腿重心、微屈膝，右腿于右前勾脚点地，身体前俯，双手斜上双扬手(见图 3-2-17)。

图 3-2-17

第二节　踢踏舞基本动作和组合

藏族踢踏舞也称"堆谐"，是藏族最有代表性的舞蹈种类之一。藏族踢踏舞动作丰富，腿和脚的运用灵活多变，步法组合多样。本节介绍的是踢踏舞中比较有代表性的基础动作和常见基本动作组合。

一、踢踏舞基本动律

双颤和颤是踢踏舞的基本动律，所有动作都是在这两种动律下完成的，动律做法在第一节中有所介绍。

二、踢踏舞基本动作

1．碎踏(颤踏)

自然体态准备，在双颤动律带动下交替踏地，膝盖松弛，重拍在下。

2．冈达(抬踏)

(1) 双脚冈达(双脚抬踏)。

自然体态准备，双颤动律基础上，双脚脚掌抬起的瞬间快速击打地面，重拍在下，重拍击地。

(2) 单脚冈达(单脚抬踏)。

要求同双脚冈达，1 拍主力腿做冈达，抬脚掌的同时动力腿提膝上抬至主力腿脚踝处，da 拍动力腿自然踏地，同时颤膝。可连续做，也可以加 2 次颤膝再反复。

(3) 交替冈达。

双脚交替做单脚冈达。可连续做，也可以加 2 次颤膝连接正反面动作；连续做时可原地或进退进行，后退时一般踏落成丁字步。

3．第一基本步

双颤动律，1 拍右脚冈达，左脚微向前吸抬腿，右前围腰悠摆手

　　　　　　da 拍左脚踏地

　　　　　　2 拍时接 2 次碎踏，双手打开至斜下位，接反面动作

提示：第一基本步在交替流动完成时，可半脚掌进行。

4．第二基本步

1~2 拍做第一基本步，碎踏可原地也可以向左横移

3 拍左脚重心，右脚踏地 1 次，左前围腰悠摆手(或左手平开单臂袖)

da4 拍右起碎踏 3 次，手顺势收回至体侧斜下手

5．抬踏步(以右为例)

1 拍右脚冈达，左腿同时在左前方吸抬腿

da 拍左脚踏落丁字步位

2 拍右脚于右丁字步前踏落(见图 3-2-18)(动作时可加双晃手)。

图 3-2-18

6. 退踏步

自然体态准备,颤膝动律带动

1 拍右脚后撤步,脚掌着地,重心保持在左脚,右前后摆手,头和身体略向左微摆

Da 拍左脚原地踏落

2 拍右脚向前自然踏落,重心保持在左脚,左前后摆手,头和身体略向右微摆(见图 3-2-19)(动作时,保持颤膝动律,重心忌前后移动)

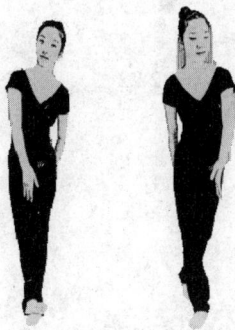

图 3-2-19   图 3-2-20

7. 赶步(踏出)

自然体态准备,右脚踏地 1 次,同时将左脚赶出左侧前抬腿 25 度,身体略转左,向左微摆,右前后摆手(见图 3-2-20)。

8. 嘀嗒步

左丁字步准备,右侧坐懈胯体态,颤动律为基础

1 拍右脚冈达,脚掌击地的同时左脚微抬起,颤膝向下

da 拍左脚踏落,双膝略向上,重心保持在右脚

(可做八拍、四拍、两拍后接反面动作或结束;手臂动作可配合体前交叉手或者里、外绕分手)

9. 摆步

自然位、斜下手准备

1～2拍右脚起连续交替冈达2次，腰随之左右摆动，手保持斜下位

3～4拍右脚冈达1次接向左斜前方下弧线行进三步，上身前俯由右向左摆动

10．七下退踏步

分为踏和踏活两种做法

① 做法一：踏

1～3拍右起冈达3次后退，后退时落后丁字步，手臂配合右、左、右手的外绕分手或者外划手(见图3-2-21)。

4拍左脚重心，右脚于左脚旁或前全脚踏地，体旁左前后手，身体略向后(见图3-2-22至图3-2-23)。

图 3-2-21　　　　　　　　图 3-2-22　　　　　图 3-2-23

② 做法二：踏活(赶步)

1～3拍动作同做法一

4拍做赶步

踏活还有一种做法是

1拍左脚冈达后退，左外绕分手

2～3拍右脚重心嘀嗒步2次，同时右手外绕分手至斜下方

4拍做赶步

三、踢踏舞动作组合

❖ 组合示例一

基本步组合：

准备：自然体态站立，双手体侧下垂

前奏：

① 1～8拍双手由体旁斜下方，经前弧线向里盖手，成双叉腰(扶胯式)，身体前倾

② 1～8拍连续做双颤动律

第一部分：

① 1～8拍在双颤动律基础上做双脚冈达加双颤4次，2拍1次

② 1～8拍双颤动律基础上做右脚单脚冈达加双颤4次，2拍1次

③　1～8 拍保持双颤动律，左脚单脚冈达加双颤 4 次，2 拍 1 次

④　1～8 拍右脚起交替冈达加双颤动律 4 次，2 拍 1 次

⑤　1～8 拍右脚起第一基本步 4 次，双手配合围腰悠摆手

⑥　1～8 拍重复⑤ 1～8

第二部分：

①　1～8 拍向左横移的第二基本步，双手配合围腰悠摆手和平开单臂袖

②　1～8 拍重复① 1～8

③　1～8 拍右脚起连续做交替冈达，双手配合前后摆手

④　1～4 拍右起做摆步

　　5～8 拍左起做摆步

⑤　1～8 拍右脚起交替做双的冈达(一脚连续做 2 次单脚冈达)4 次，右手起做向里划手，双手交替做 4 次

⑥　1～4 拍右起连续交替冈达、斜前踢腿 4 次，双手配合悠手

　　5～8 拍七下退踏步、踏死结束

❖ 组合示例二

踢踏舞动作组合：

准备：3 点方向场下准备

前奏：

①　1～4 拍自然体态准备

　　5～8 拍右脚起向 7 点做移动的第一基本步 2 次，双手配合右前围腰悠摆手，和左斜上、右斜下扬手

②　1～8 拍重复① 5～8

　　9～10 拍左脚、右脚相继左转身颤踏 2 次，双手体前斜下方盖手交叉

　　11～12 拍右脚起，向右碎踏 3 次转回体对 1 点，双手体前分手至斜下手位

第一部分：

①　1～10 拍退踏步 5 次，双手配合前后摆手

②　1～6 拍嘀嗒步 6 次，配合盖分手

　　7～8 拍嘀嗒步接左脚、右脚的碎踏，双手配合盖分手动作

　　9～12 拍右脚起抬踏步配合晃手动作 2 次

③　1～8 拍右起第二基本步，配合里外划手 2 次

④　1～4 拍右脚起做双的冈达 2 次，配合外划手动作

　　5～8 拍七下退踏步踏出 1 次

　　9～12 拍七下退踏步踏 1 次

第二部分：

①　1～10 拍退踏步 5 次，双手配合前后摆手

②　1～6 拍身体对 8 点，嘀嗒步 6 次，双手于体前斜上方，手心向内、右手起交替下弧线向里绕，划立圆 3 次，头略右枕

　　7～8 拍嘀嗒步接左脚、右脚的碎踏，双手落体侧

9～12 拍右脚起抬踏步配合晃手动作 2 次

③ 1～3 拍右脚连续做单脚冈达 3 次，右手由体前向外划手

4 拍做赶步

5～8 拍重复 1～4

④ 1～4 拍右脚起做摆步

5～8 拍左脚起做摆步

9～10 拍左脚、右脚相继左转身颤踏，双手自然摆向左

11～12 拍右脚起碎踏 3 次，右转回 1 点，双手自然摆向右

⑤ 1～8 拍右脚起移动的第一基本步向左转一周，配合单手大盖手动作

9～12 拍 7 次退踏步，踏活结束

第三节　藏族弦子基本动作和组合

弦子即"谐"，也称"叶"，是藏族民间舞中历史最悠久的歌舞形式，其风格特点鲜明，是藏族舞蹈学习中的重点内容。

一、动律

(1) 屈伸：做法见第一节基本动律中的屈伸动律。

(2) 坐懈胯加转移重心屈伸：da 拍，双膝松落下屈同时移重心至主力腿，主力腿方向坐懈胯，动力脚自然抬起，1 拍起，动力脚踏落，双膝慢伸，重心慢移，上身自然直立。可四拍、两拍、一拍完成。

(3) 颤：做法见第一节颤动律，随音乐节奏 1 拍 1 次或半拍 1 次，重心向下颤动。

二、弦子基本动作

(1) 平步：自然体态，左移重心坐懈胯屈膝准备，重拍时右脚全脚经自然位向前或向后、向旁迈步，慢伸膝，身体慢起，划上弧线至右坐懈胯屈膝，再进行下一步。平步是在屈伸动律基础上进行的，动作时保持膝盖的快曲慢伸，重拍向上，脚步要有沉重感。

(2) 靠步(单靠)(以左为例)。

自然体态准备

da 拍重心右移，右坐懈胯，左脚勾脚前吸抬 25 度

1 拍左脚向旁迈步，双膝慢伸

da 拍双膝松落，左坐懈胯，右勾脚右前吸抬 25 度

2 拍左脚重心，保持左坐懈胯，右脚勾脚下踩于丁字靠步或交叉靠步位，双膝慢伸

(靠步动作时要保持屈伸动律，重拍向上。单靠可以向各个方向做，配合手臂动作时常用平开手、单撩手、双摆手、单臂袖、平开单臂袖等。)

(3) 长靠(以左为例)。

自然体态准备

1～2 拍左脚起向 7 点平步两步，身体顺势略转向 7 点

3拍左脚继续向7点平步1次，身体转回1点

4拍右脚落丁字靠步，目视2点(见图3-2-24至图3-2-27)

(长靠配合手臂动作时常用平开手、斜上下手、单撩手等动作)

图 3-2-24　　　　　图 3-2-25　　　　　图 3-2-26　　　　　图 3-2-27

(4) 三步一靠：平步3次、单靠1次，可向旁、向前、向后做，可配合各种手臂动作。

(5) 连靠：在靠步的基础上，连续做屈伸跟点，重拍向上。

(6) 靠点靠(以左为例)。面对1点，自然体态准备

1拍左脚经屈伸向7点做平步，双手平开手

2拍前俯身，右脚经屈伸于左脚前做靠步，身体顺势转向7点，左臂旁抬于后斜上方，或者前搭肩，同时右手悠手于体前，目视1点

3拍保持左脚重心、身体前俯，右脚经屈伸向后，对2点脚掌点地，左手姿态不变，右手向斜后右手

4拍保持左脚重心，右脚经屈伸向前成交叉靠步，身体顺势转回1点，右手下划经体前向上，做单撩手，左手至旁(见图3-2-28至图3-2-31)。

图 3-2-28　　　　　图 3-2-29　　　　　图 3-2-30　　　　　图 3-2-31

(7) 斜靠(以右为例)。

1~2拍以靠步为基础，右脚向2点方向做靠步，双手由左经上弧线向右成右手平开、左手单臂袖姿态，坐懈胯、眼睛看2点下方

3~4拍左脚起向6点方向撤步做靠步，双手经上弧线向左，成左手平开、右手单臂袖姿态，坐懈胯、眼看2点上方(见图3-2-32至图3-2-35)

5~6拍右脚向2点方向上步，左脚脚掌旁点靠步，同时右脚脚掌碾转向右，双手头上经上弧线成左单臂袖

7~8拍在屈伸基础上左脚连续2次旁点靠步，右脚向右碾转，最后回对1点，上身姿

态保持不变

图 3-2-32   图 3-2-33   图 3-2-34   图 3-2-35

(8) 撩步。

自然体态准备

1 拍右脚自然踏地，颤膝，右坐懈胯

da 拍右腿第二次颤膝，保持右坐懈胯，同时左腿吸抬前撩 25 度

2 拍开始反面动作

(动作过程中保持坐懈胯体态，撩腿时膝关节带动小腿发力，脚保持自然状态)

(9) 三步一撩：在颤膝动律基础上做 3 次重拍向下的平步，再做颤膝撩腿 1 次。动作时保持坐懈胯体态，可原地或进退做。

三、弦子舞蹈基本动作组合

❖ **组合示例**

前奏：1～4 拍靠教室后侧，面对 5 点方向，左后踏步，双手斜上手位准备，头略仰

5～10 拍左脚上步，向左转身成面对 1 点，右腿经吸抬后前撩至右前点地，双手斜上双扬手后前俯身，成双臂礼姿态

第一部分：

① 1～2 拍右脚起平步向前 2 步，右手向外左手向里绕分手，成右手叉腰、左手单臂袖

3～8 拍保持手臂姿态，继续平步向前走 6 步

② 1～2 拍右脚起向右做单靠，双手配合平开手和左手单撩手

3～4 拍左起向左单靠，双手配合平开手和右手单撩手

5～8 拍右起单靠步 2 次，双手经前弧线向右、向左划手各 1 次

③ 1～2 拍右脚起平步向右 2 次，双手配合悠手，先向前

3～4 拍右脚起撩步，悠手

5～8 拍反方向重复 1～4

④ 1～10 拍右脚起向 2 点做斜靠加斜靠转身(碾转和旁点靠步做 5 次)

⑤ 1～4 拍左脚起向左做长靠，双手配合平开手和右手单撩手

5 拍右脚向 2 点方向上步，身体前俯，带动双臂经下弧线向 2 点摆动

6 拍左脚在右脚旁做靠步，反坐懈胯(向东力推方向坐懈胯)身体向后仰，带动左手

上扬，右手对 2 点保持平开

  7 拍左脚 6 点后撤步，身体前俯，带动双手向下摆动

  8 拍右脚丁字靠步，身体上扬双手顺势摆向 6 点

⑥ 1～8 拍反方向重复⑤ 1～8

⑦ 1～3 拍左脚起向左后平步转三步，至 3 点方向，身体向左拧，右手斜上左手斜下手位

  4 拍拧向 1 点，右脚脚掌在左脚斜后方点地，成右后踏步蹲，左手平开、右手单臂袖姿态

  5～8 拍反方向重复 1～4

⑧ 1～2 拍左脚向左上步，右脚于左脚前做交叉靠步，左手由前向后、右手由下向前向上同时划立圆，至右手斜上、左手斜下位

  3～4 拍右脚后撤，左脚回左后踏步蹲，同时右手由前向下向后、左手由下向前向上划立圆，成左手单臂袖右手平开位

  5～6 拍左脚起向 8 点方向做三步一撩，双手由下向上经曲臂甩手

  7～8 拍反方向重复 5～6

  9 拍左脚踏地，双手收胸前交叉

  10 拍右脚向后点地成踏步蹲，身体右前俯，头左转平伸，手臂前后甩手

间奏：

① 1～2 拍右脚向 5 点后撤，屈膝顶胯，身体转向后，左腿原地伸直脚尖点地，双手斜上方甩手，头向后甩，略挑胸腰

  3～4 拍身体转回对 2 点前俯，重心至左脚，成右后踏步蹲，双手曲臂、两手拇指冲向靠挡在嘴前，头对 1 点

  5～8 拍颤动律 4 次，姿态不变

② 1～2 拍身体右前俯，低头放平，双手于耳侧向前甩手

  3～4 拍左脚向左旁撤，屈膝顶胯，重心移至左脚，右脚原地直腿脚尖点地，左手同时由下向上向后甩，身体略向右下旁腰，右手保持平开位

  5～8 拍保持姿态做颤动律 4 次

③ 1～8 拍左脚重心不变，右脚依次吸抬收回再旁点地、摆胯，8 次向右碾转一周，同时双手右前方甩手 8 次，头随手臂动作摆动

④ 1～2 拍左脚起向 8 点做三步一撩，左手平开、右手单撩手

  3～4 拍反方向重复 1～2

  5～6 拍左脚起向后翻身做三步一撩，手由身体带动划圆

  7～8 拍右脚起颤步翻身回，成左后踏步蹲，右手平开手、左手曲臂架肘于胸前

⑤ 1～4 拍双膝上伸、立半脚掌，双分手成斜上双扬手向后碎步跑

  5～10 拍重复前奏 5～10

第二部分：

① 1～4 拍右脚起向前做三步一靠，上身前俯，双手由左向右经前弧线划平圆，靠步时上身起直，手划至右斜下方。

  5～8 拍反方向重复 1～4

② 1～2 拍右脚向 2 点上步，左脚于右脚前做交叉靠步，右手由下至前向后、左手由

下向前向上同时划立圆，至左手斜上、右手斜下位

       3 拍左脚脚掌向 8 点点地做连靠动作，左手由 2 点向 8 点上方做盘手动作，右手平开手

       4 拍左脚向后成左后踏步、蹲，左手继续盘手至架肘、前曲臂 90 度、拉肩，右手保持平开手，上身前俯，眼看右下方

       5 拍上身姿态保持不变，做重拍在上的踏踮步(前半拍左脚半脚掌踮步，膝盖略上起右脚稍离地面；后半拍右脚全脚踏地，膝盖下沉，左脚掌稍离地面)

       6～8 拍重复 5 拍的动作 3 次

③ 1～2 拍左脚起向后做靠步，上身前俯，双手由右向左划平圆

       3～4 拍反方向重复 1～2

       5～8 拍做 8 点、4 点方向的单靠，双手经前俯身、下弧线上扬和后摆

④ 1～2 拍左脚向 8 点方向上步立半脚掌，左手 8 点斜上方向后盘手，右手保持平开手，右腿膝盖外开向后端踢

       3～4 拍右脚落至左脚前，成左后踏步，左手成架肘、前曲臂 90 度、拉肩，右手保持平开手，上身前俯，眼看右下方

       5～10 拍上身姿态保持不变，向左原地转一周、做重拍在上的踏踮步 6 次

⑤ 1～4 拍左脚起做加翻身的长靠

       5 拍右摆胯、右脚尖旁点地，双手头上向右双摆手

       6 拍右摆胯、右脚尖旁点地，双手体前下方向右双摆手

       7～8 拍重复 5～6

⑥ 1～8 拍反方向重复⑤ 1～8 拍的动作

⑦ 1 拍左脚向右脚旁上步成右后踏步蹲，双手由 3 点和 7 点方向向上甩手

       2 拍左手由身体内侧向外、右手由外向内做大的盖分手，左脚收回正步位，双脚半脚掌

       3～4 拍反方向重复 1～2

       5～8 拍重复 1～4 拍

⑧ 1～4 拍左起向左做靠点靠动作

       5～8 拍右起向右做靠点靠动作

       9～10 拍右腿重心屈膝，左脚后擦至直腿点地，双手分手打开后至胸前双搭肩

结尾：1～2 拍向左上步转，双手头上三位

       3～8 拍左脚向前上步，右撩腿行礼

第四节   藏族舞蹈综合组合

一、牧区舞动作介绍

    牧区舞是锅庄舞的一部分，锅庄分为农区锅庄和牧区锅庄两种，曲风和动作幅度都有很大差别。牧区锅庄动作幅度大，舞姿热烈奔放，体现了藏族人民热情豪放的性格特征。

(1) 颤点步(点踏步)(以右为例)：自然体态准备，动作在顿颤动律基础上完成，动作时弱拍左脚先上步，保持左脚重心，右脚向旁点地或在左脚内侧点地，或交叉点于左脚前，同时左脚再踏地1次，重拍向下。

(2) 颤端步(以右为例)：第1次颤膝动力腿或主力腿踏地1次，第2次颤膝同时动力腿做端腿动作。

(3) 颤跺步(以右为例)：右脚向右前迈步，左脚于右脚前踏实，同时双臂从左后斜下方甩至右前斜下方，身体顺势成右坐懈胯。

(4) 两步一踏端。

1 拍右脚起(可向各个方向)走重拍在下的平步两步

2 拍右脚原地踏地颤膝1次

Da 拍右腿端腿，主力腿颤膝

(5) 盘袖。

① 单手盘袖，单手在头顶做同古典舞中的外盘手动作。

② 双手盘袖，双手在头顶做同古典舞中的小云手动作。

(6) 撩盖手甩袖：一手由内向外做撩分手，另一手由外向内做盖手，形成立圆，后经体前交叉再向斜上和体侧做甩袖动作。

二、组合

❖ **组合示例**

《梦中的香巴拉》：

前奏：

① 1~2拍造型准备，面对5点，左脚在向6点前大踏步蹲，上身前俯，左手平开、右手小臂前曲90度，双肩后展，眼睛顺左手方向

3~4拍保持造型，原地颤膝4次

5拍右脚旁点地顶胯，双手头上向右摆手1次

6拍收回准备姿态

7~8拍保持姿态原地颤膝4次

② 1~2拍右脚起向7点靠步1次，双手由左向右平划手，身体前俯后成右懈胯

3~4拍左脚起靠步1次，双手由右向左平划手，身体前俯后成左懈胯，身体转回对1点

③ 1~4拍右脚起做踢踏舞第一基本步2次

5~6拍左脚起2次连续吸颤跺步，双手斜下手，手心向前，身体略前倾

7~8拍左脚起向右做连三步，身体转至7点，双手盖手至扶胯位

④ 1~4拍右脚起向3点后退做三步一撩2次，左手在上的斜上下手位

5~8拍左脚起碎步向7点，双手带动做3、7点的翻身

9~10拍面对1点成左脚在前的大踏步蹲，身体前俯，左手平开、右手前曲臂

第一部分：

① 1~4拍右脚起向右做单靠2次，双手配合平开手和单撩手

5~6拍右脚起向2点做斜靠向前

7～8拍左脚起向6点做斜靠向后

② 1～8拍右脚起向后腿走三步一靠2次，配合平划手前俯身

③ 1～4拍右脚起平步向前8步，右手向外左手向里绕分手，成右手叉腰、左手单臂袖

5～8拍右脚起向2点做斜靠碾转一周

④ 1～2拍左脚向8点靠步1次，右脚于左脚前跟点地，同时左手由下至前向后、右手由后向前至头上

3～4拍右脚向4点撤步后左脚落后成左后大踏步蹲，同时右手向下回落至后平开位，左手成单臂袖

5～8拍踏步蹲姿态向左碾转一周，双手头上、背后拉肩

⑤ 1～4拍退踏步2次，双手配合斜下甩袖、斜上撩袖，身体配合前俯、上扬

5～8拍退踏步2次，双手配合前后摆臂

⑥ 1～2拍左腿端腿，做颤端步，接向左的碎踏3步

3～4拍反方向重复1～2

5～8拍左脚起抬踏步2次

⑦ 1～4拍左脚起向左做长靠

5～8拍右脚旁点顶胯4次，双手配合头上、体前向右摆手

⑧ 1～8拍反方向重复⑦

第二部分：

① 1～2拍右脚颤端腿连续2次，双手右上方甩手

3～4拍反方向重复1～2

5～6拍双脚并脚后左脚向右前成踏步蹲，双手做撩盖手甩袖动作

7～8拍反方向重复5～6

② 1～2拍左脚起左后转身三步，双手自然平划

3～4拍左懈胯，右脚做连靠2次，右手头上、左手平开位

5～6拍右脚起向左迈步做颤点步，双手自然下悠交叉后悠手至头上

7～8拍反方向重复5～6

③ 1～2拍左脚起向左做两步一踏端，双手配合平开手和单盘手

3～4拍反方向重复1～2

5～8拍左脚起做颤端步4次加单撩手甩袖

④ 1～4拍左转身，左脚起向后做平步懈胯4步，上身后倾，左手拇指冲遮下半边脸，右手随身体自然悠摆手

5～8拍转身对1点，左脚起做旁点的颤点步，配合旁撩甩袖

⑤～⑧重复做①～④

⑨ 1～2拍左脚向右脚前上步立半脚掌，双手同时向上甩手

3～4拍左脚在前的踏步蹲，左懈胯前俯身，双手小臂靠拢，拇指冲遮脸

5～8拍保持姿态向右慢碾转一周

结尾：

① 1～4拍双手平开、后展肩向后碎步跑

5～8拍转回正面向前碎步跑，同时双手由下至斜上打开

② 1~4 拍原地转两周

5~8 拍左脚向前上步，右撩腿行礼

课后拓展

1. 小组创编儿童舞组合：《我的家乡日喀则》。

要求：(1) 能运用所学藏族舞蹈基本动作，创编儿童舞蹈《我的家乡日喀则》。

(2) 动作选择、运用合理，有组合性。

(3) 动作适当进行变化，符合儿童动作特点。

(4) 舞蹈组合符合音乐情绪和主题。

提示：在创编儿童舞组合时应注意对动作的简单化处理，要使动作简单易学。要抓住民族性的基本风格特征，注重情绪的表达和表演，不强调动作的标准、规范。

2. 观看优秀藏族舞蹈视频。

推荐：《扎西德勒》、《走进西藏》、《溜溜的康定溜溜的情》、《酥油飘香》等。

3. 自学藏族舞蹈组合《卓玛》。

第三章　傣族民间舞蹈

第一节　傣族民间舞蹈风格特点和基本形态

一、傣族舞蹈风格特点

1. 概述

傣族主要聚居于西双版纳傣族自治州、德宏傣族景颇族自治州、耿马傣族佤族自治县、孟连傣族拉祜族佤族自治县，并散居于临沧、澜沧、新平、元江、金平、华坪、大姚、禄劝等30多个县。美丽的云南边陲令人心驰神往，这里山区秀丽、资源丰富，山美、水美、人更美。傣族是世界上最早的稻作民族之一，他们滨水而居，爱水、祈水，对水有着特殊的感情。傣族人民勤劳勇敢，温柔善良，这是大家公认的；"水一样的民族"是对傣族性格的又一描述。傣族民间舞蹈安详、舒缓的动律，来自他们劳动生活的环境，来自他们传统的审美情趣。傣族生活在天气炎热的亚热带地区，人们自然喜欢树荫和水边，喜欢明月和繁星，连劳动生活的节奏也不能过于激烈。劳动后归来清洗洁净，饭后在微风轻拂凉爽的夜晚，大家和着轻缓的鼓声尽情歌舞，那是最惬意的事。素有洁净、爱美和歌舞风习的傣族，就是这样把水的清纯和水波轻柔的流淌，化为他们安详舒缓的舞蹈动律。

傣族民间音乐的旋律比较平稳，优美恬静，富有歌唱性。音乐多为 2/4 节拍，有较强的律动感，三拍子音乐较少，采用中国音乐体现，以五声性的乐曲为主。伴奏乐器主要是象脚鼓、铓锣等打击乐器。

2. 傣族舞蹈的风格特征

1) 傣族舞蹈体态的基本特征

"三道弯"是傣族舞蹈富有雕塑美的典型的基本特征。第一道弯从立起的脚掌至弯曲的膝部，第二道弯从膝部到胯部，第三道弯从胯部到倾斜的上身。手臂的动作也是三道弯，指尖到手腕、手腕至肘、肘至臂。腿部的动作还是呈三道弯：立起的脚掌至脚跟，脚跟至弯屈的膝，膝至胯。这种身、手、腿"三道弯"的体态造型是与他们生活在亚热带地域，与姑娘着紧身上衣、长筒裙，与他们信仰小乘佛教，与他们视孔雀为圣鸟而极为喜爱等，均颇有相关。我们可以看出，服饰的特点、佛教的雕塑、孔雀的姿势神态等都较为直接地反映在傣族舞蹈中。

2）傣族舞蹈律动的基本特征

傣族舞蹈动作比较平稳，仪态安详，跳跃动作较少，节奏大部为 2/4 拍连绵不断的节奏型，舞蹈基本动律多为腿保持半蹲状态，重拍向下，双膝在弯曲中屈伸、动作，以屈伸带动身体颤动和左右轻摆；脚多为快而有力的后踢，落地时轻而稳，这种动律不仅模拟孔雀行走的步态，还颇像大象在森林中的漫步，具有一股内在含蓄稳健的力量美。

二、傣族民间舞的种类和表现形式

傣族舞蹈的动作虽大多婀娜多姿，节奏较为平缓，但外柔内刚、充满着内在的力量，既有潇洒轻盈的"篾帽舞"，也有灵活、矫健、敏捷且充满阳刚之气的象脚鼓舞、刀舞、拳舞等。在孔雀的表演中，时而节奏缓慢单一，动作舒展，感情内在含蓄，时而节奏快速多变，动作灵活跳跃，感情狂放而豪爽。傣族舞蹈以特有的屈伸动律而形成的手、脚、身体"三道弯"的造型特点以及刚柔相济、动静配合等特有的表演风格，深为广大群众所喜爱。傣族舞蹈形式多样、种类繁多，总体可分为三大类。

1．自娱性的街舞

自娱性街舞有"嘎光"、"象脚鼓舞"、"耶拉晖"和"喊半光"等，其中最具代表性的是"嘎光"和"象脚鼓舞"。

"嘎光"系傣语，"嘎"为跳或舞，"光"泛指鼓，也有集拢、堆积的意思。"嘎光"可译为"围着鼓跳舞"，也可译为"跳鼓舞"。西双版纳称之为"凡光"，有很多地方又叫"跳摆"、"宁摆"等。此舞是傣族最古老的舞蹈，流行在 20 多个县市，是在年节喜庆时，不分男女老少，不分场地，都可以跳的自娱性舞蹈。嘎光以象脚鼓、镲等民族打击乐为伴奏，但有的地方，敲鼓、镲的人也参加舞蹈，并且带领众人围圈而舞。过去跳时，众舞者可以随心所欲地各自发挥，只求热烈欢快，现已发展了很多统一动作和套路。

象脚鼓舞是自娱性兼表演性的男性舞蹈。

象脚鼓是根据鼓的形状而取的名称，傣族一般统称"嘎光"，但对长、中、小三种象脚鼓又各有名称。这种舞蹈以击象脚鼓舞蹈为主，用铓、镲伴奏，也可鼓、镲对舞。

2．表演性舞蹈

表演性舞蹈有"孔雀舞"、"大象舞"、"鱼舞"、"蝴蝶舞"、"篾帽舞"等，最具代表性的是"孔雀舞"。

"孔雀舞"在傣族舞蹈中是最具特点的表演性舞蹈，在德宏地区、西双版纳地区及景谷、孟连、耿马等县都有流传。孔雀在傣族人民心中是祥瑞的象征，以此舞表现他们和平、善良、崇尚美的民族性格，表达他们对美好生活的追求。传统的孔雀舞表演者为男子，多是训练有素、技艺高超的民间艺人。舞者头戴塔形头盔和菩萨面具，身系细竹和绸布制成的孔雀形道具，表现孔雀漫步林间，水边嬉戏及追逐、飞跑、开屏等动作。随着时代的发展和艺术家们的继承、改革、创新，孔雀舞的表演也更加丰富多彩了，如老艺人毛相，著名舞蹈家刀美兰、杨丽萍，不仅将孔雀舞由民间带到艺术舞台，更将孔雀舞的内涵和精髓进一步挖掘和创新，并展现得淋漓尽致。

3. 祭祀舞蹈

傣族祭祀性的舞蹈只在民族杂居区流传着为数不多的几种样式。

另外，傣族还有一些武术性的舞蹈。

本书介绍的是傣族舞蹈中部分通用的基本元素和动作组合，不单一介绍某一具体种类舞蹈。

三、傣族舞蹈的基本形态

1. 基本体态

(1) 自然体态：正步位站立，收腹挺胸，气息下沉，垂臂直颈，下颌微收，眼睛平视。

(2) 三道弯体态：躯干的三道弯体态由脚、膝、胯、腰、胸、颈和头的动作共同组成，第一道弯从立起的脚掌至完全弯曲的膝部，第二道弯从膝部到胯部，第三道弯从胯部到倾斜的上身(图 3-3-1 至图 3-3-3 分别为旁点地三道弯、前点地三道弯、后点地三道弯)。

图 3-3-1　　　　　　　　图 3-3-2　　　　　　　　图 3-3-3

2. 基本脚位

(1) 正步位：双脚脚尖对前，双足并拢，全脚踩地。

(2) 小八字位：并腿，双脚脚跟相靠，脚尖自然外开。

(3) 大八字位：在小八字基础上，一脚向旁迈出约一脚距离。

(4) 丁字位：

① 全脚丁字位：在小八字基础上，右脚放于左脚足弓前约一拳位置，全脚踩地。

② 掌点丁字位：在全脚丁字位上，右脚脚跟离地，脚掌点地。

③ 跟点丁字位：在全脚丁字位上，右脚脚跟点地，脚尖向上勾。

(5) 之字位：

① 全脚之字位：左脚自然外开全脚着地，右脚保持外开，迈落左脚正前。双脚前后距离一尺左右。

② 掌点之字位：左腿重心，脚外开全脚着地，右脚保持外开，脚掌于左脚前点地。

③ 跟点之字位：在掌点之字位位置上，右脚成脚跟点地，脚尖外开向上勾起。

(6) 踏步位：同古典舞中的踏步位，在小八字基础上，一脚向另一脚斜后方撤半步，脚掌点地，双膝内侧相靠，重心在前脚。

(7) 点步位。

① 旁点：同掌点和跟点丁字位。

② 前点：同掌点和跟点之字位。

③ 后点：在丁字步基础上，动力腿向斜后方以大脚趾内侧点地，膝盖略向内扣。

3. 傣族舞蹈的基本手形和姿态

1) 基本手形

(1) 掌形：四指并拢，虎口张开，大拇指内扣，手掌用力伸展，指根用力使手指上翘(见图3-3-4)。

(2) 爪形：在掌形基础上，食指自第二关节向前弯曲，像孔雀爪(见图3-3-5)。

(3) 冠形：食指与大拇指指尖相对，捏成环形，其余三指伸直，成扇形张开，整个手的形状好像孔雀的头和头顶的羽冠(见图3-3-6)。

(4) 嘴形：食指伸直与拇指相靠，模仿孔雀的尖嘴，其余三指成扇形用力张开(见图3-3-7)。

(5) 曲掌：大拇指张开，其余四指指根内扣虚握(见图3-3-8)。

(6) 叶形：在嘴形的基础上，食指尖与大拇指微张，形成椰子树叶的形状。

图3-3-4　　　　图3-3-5　　　　图3-3-6　　　　图3-3-7　　　　图3-3-8

2) 手的基本姿态

(1) 按掌：腕部下压。

(2) 立掌：压腕立掌，指尖向上。

(3) 横立掌：手掌横立，手心向前。

(4) 托掌：腕部上托，手心向上。

(5) 领腕：腕部上提。

(6) 侧提腕：虎口上提，指尖向后下卷。

第二节　傣族舞蹈动律、手位和常用手臂动作

一、傣族舞蹈基本动律

(1) 正步跪蹲起伏动律：准备时正步跪蹲脚掌撑地，上身略后靠，肋骨微收，气存丹田，动作时气息带动上提，臀部起直，后气息带动下沉，臀部虚落回，重拍向下。

(2) 屈伸起伏动律：正步自然体态准备，也可在三道弯体态上进行，动作时气息带动膝部上提和下沉，一般重拍向下，也可向上，有平均节奏屈伸起伏和慢伸快屈节奏屈伸起伏动律。

(3) 横摆胯动律：在起伏动律的基础上加胯部左右横摆的动律。正步跪蹲起伏动律在

下沉时做左右横摆胯，头、颈、胯自然形成三道弯；正步屈伸起伏动律加横摆胯动律时，可以在下沉时做左右摆胯，也可在上伸时经下弧线做左右横摆胯。

(4) 颤动律：膝部连续快速地颤动屈伸，重拍向下。

二、傣族舞蹈常见基本手位

(1) 胯前叉手：双手按掌，指尖相对，于胯前平叉。

(2) 倒叉腰：双肘后背，双手以掌按于胯后，大拇指相对(见图 3-3-9)。

(3) 低展翅：分为单低展翅和双低展翅，单低展翅一手胯前叉手，另一手在体旁略靠前斜下 45 度的位置上略屈小臂，翘手立掌(见图 3-3-10)；双低展翅即双手在体旁斜下 45 度位置上略屈小臂，翘手立掌。

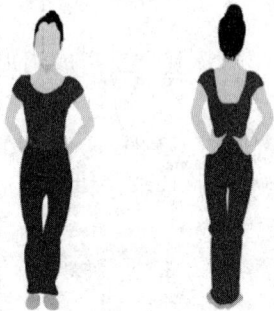

图 3-3-9   图 3-3-10

(4) 平展翅：双手体旁平展，立掌，保持手臂和手的三道弯(见图 3-3-11)；也可做单平展翅。

(5) 高展翅：一手胯前叉手，另一手在头上领腕或托掌，指尖向外(见图 3-3-12 和图 3-3-13)。

(6) 侧展翅：一手胸前按掌，另一手在平展翅位置(见图 3-3-14)。

图 3-3-11   图 3-3-12   图 3-3-13   图 3-3-14

(7) 顺展翅：一手头上托掌位置，指尖向内，另一手平展立掌(见图 3-3-15)。

(8) 双合翅：双手头顶领腕，手背相对，相距一拳距离(见图 3-3-16)。

(9) 合抱翅：可做平合抱翅和高低合抱翅，平合抱翅为双手在体前或旁双手领腕合抱，相聚一拳距离(见图 3-3-17)；高低合抱翅，一手头上领腕，一手体前领腕合抱，保持三道弯(见图 3-3-18)。

(10) 双抱翅：双手于胸前交叉立掌(见图 3-3-19)。

| 图 3-3-15 | 图 3-3-16 | 图 3-3-17 | 图 3-3-18 | 图 3-3-19 |

(11) 点肘侧提腕：一手于体前侧提腕，另一手立掌，手指点于前手肘部。

(12) 望月手：双手虎口相对于体前斜上方托掌圈回。

(13) 开花手：双手内腕相对相靠，爪形，手心向前或手心左右相向。

三、常用手臂动作

(1) 翻腕手：翻腕手也可称为"曲掌翻腕手"，动作时双手先在体侧提腕经腰位，向里翻腕成曲掌领腕向下，再由里向外翻腕提经腰位后成按掌下压，或翻腕后到任意手位；也可不经过腰位，在任意手位上直接做"曲掌翻腕"(见图 3-3-20 至图 3-3-27)。

| 图 3-3-20 | 图 3-3-21 | 图 3-3-22 | 图 3-3-23 |

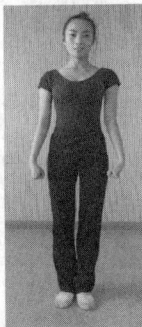

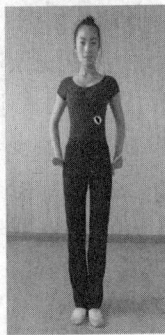

| 图 3-3-24 | 图 3-3-25 | 图 3-3-26 | 图 3-3-27 |

(2) 推拉手：在不同的手位上先经翻腕曲掌推拉出，再经翻腕按掌或立掌落领腕拉回。

(3) 下穿手：一手在头上从手指、腕关节开始内屈，再屈肘，依次从耳旁、腋下向下穿手，同时另一手托掌向斜上至托掌位，再继续反面动作。

(4) 外掏手：动作时手自下曲臂向上提肘、提腕，再经过身体内侧向外掏出。

(5) 翻盖手。

① 体前翻盖手：一手由外向里曲臂盖手，手心向外，另一手由内向外掏手翻开，曲臂托掌向外划圈；再做反面动作。

② 平开翻盖手：双手在平展翅的位置上一手托掌向上、一手按掌向外，同时交替划"8"字圆。

(6) 轮手：手臂由下经前向后绕一周，可单轮手，也可双手交替轮手，还可由右向前做。

(7) 绕腕抹手：手经过绕腕后向旁或后划半圆抹手。

(8) 顶上掸手：双手经体前曲臂由手指带动手心向上由头顶向前掸出。

第三节　　傣族舞蹈基本步伐

1. 起伏步

(1) 正步起伏步：(以右脚为例)在起伏动律的基础上，准备时正步屈膝，重心移至左脚，da 拍时，左膝上伸，同时右脚小腿后撩，勾脚后踢；1 拍时，右脚全脚落地，双腿屈膝，重心向右脚移动，准备下一动作。动作时可配合横摆胯动律，起膝踢腿时胯经下弧线向主力腿方向摆(见图 3-3-28)。

图 3-3-28

提示：后撩腿时膝盖不能向前，要与主力腿膝盖保持在同一平面。

(2) 前点、旁点、后点起伏步：在正步起伏步的基础上，第一步做正步起伏步，第二步经起伏后撩腿做前点、旁点或后点地位置，保持三道弯体态。

(3) 之字起伏步：(以右脚为例)在正步起伏步的基础上右脚向 2 点方向迈出，第二步左脚继续向 2 点上步，落于右脚前，成之字状。

2. 平步

一步一屈伸，左右脚交替向前或向后行进走，动作基本同起伏步，膝部动作较小。

3. 踮步

(1) 交替踮步：(可原地做，也可以各方向行进做)正步准备。

1 拍左脚迈一步，全脚落地屈膝，右脚紧跟到左脚旁悬提

Da 拍右脚半脚掌落地，双膝上伸略直，左脚稍抬

2拍时左脚全脚落地屈膝，右脚紧跟左脚旁悬提

Da拍左腿起直，同时右脚准备迈步

3～4拍反方向重复1～2

(2) 碎踮步：节奏快速，单侧脚连续做"交替踮步"前1～da拍动作，可做原地、进、退、横向、横向、S形、圆圈或原地转圈等。

4．错步

1拍左脚贴地面向前迈步成重心脚后屈膝，右脚在后稍提

Da拍右脚跟至左脚前或旁脚掌着地，膝盖上伸，左脚蹭地向前

2拍左脚全脚着地，成主力腿稍屈膝，右脚跟左脚后准备下一步

3～4拍右脚起做反面动作

5．小跳

(1) 踩旁屈腿小跳：小八字屈腿下踩小跳，然后主力腿原地屈腿蹭跳，动力腿膝盖靠紧主力腿，小腿旁屈，勾脚(见图3-3-29)。

(2) 踩前屈腿小跳：小八字屈腿下踩小跳，然后主力腿原地屈腿蹭跳，动力腿同时勾脚抬起前屈腿45度(见图3-3-30)。

图3-3-29　　图3-3-30

(3) 前点小跳：(以右腿为例)。

Da拍右腿向后屈腿蹭跳，同时左腿小腿向后撩甩

1拍左腿落后，重心后移

Da拍左腿原地屈腿蹭跳，同时右腿小腿后撩

2拍右腿前点地(见图3-3-31)

(4) 旁点小跳。

Da拍主力腿原地屈腿蹭跳，同时动力腿小腿与大腿相合勾脚向后撩甩

1拍动力腿落旁点地

此动作一般会连续进行，动力腿可向旁横移跳后进行换腿小跳动作。

图3-3-31

(5) 顿错步后屈腿小跳。

1拍右脚向2点方向迈跳一步，左脚跟落至右脚前或右脚旁

2拍右脚继续向2点迈跳一步，同时左腿后屈

(6) 顿错步前屈腿小跳。

1拍右脚向5点方向迈跳一步，左脚跟落至右脚前或右脚旁

2拍右脚继续向5点迈跳一步，同时左腿前屈抬

第四节　傣族舞蹈基本动作组合

❖ 组合示例一

《傣族动律、手位组合》：

前奏：

① 1～2拍跪蹲、臀部偏左、胯左摆，头看2点斜下方，双手胯前叉手准备

  3～5拍头部跪抬、跪转，眼睛分别看向2点前方、2点上方、1点正上方

  6～8拍臀部抬起再摆至右，眼睛随头部慢转经8点上方落至8点斜下方

② 1～8拍反方向重复①，最后落回正步跪蹲姿态

第一部分：

① 1～8拍正步跪蹲起伏动律1次，重拍在上

② 1～8拍正步跪蹲起伏动律2次，重拍在上

③ 1～4拍起伏动律，落至左摆胯，头向左摆

  5～8拍起伏动律，落至右摆胯，头向右摆

④ 1拍小的快速正步跪蹲起伏动律1次，重拍在下

  2拍小的快速起伏动律向左摆胯，头向左摆

  3～4拍反方向重复1～2拍

  5～6拍回正步跪蹲姿态

⑤ 1～2拍重拍在下的跪蹲起伏动律，配合曲掌翻腕手向下

  3～4拍起伏动律重拍在下，胯左摆，翻腕手成右手单低展翅，左手胯前叉腰

  5～8拍起伏动律1次，重拍在上

⑥ 1～8拍反方向重复⑤1～8

⑦ 1～2拍重拍在下的跪蹲起伏动律，配合曲掌翻腕手向下

  3～4拍起伏动律重拍在下，胯左摆，翻腕手成右手手心向下的高展翅，左手胯前叉腰

  5～8拍反方向重复1～4

⑧ 1～4拍左脚向右脚前上步立起，成踏步，同时右手外掏手由下至上成手心在上的高展翅，左手盖下至胯前叉腰

  5～8拍原地做屈伸起伏动律2次，重拍向下

  9～10拍屈伸起伏动律1次，同时右脚经后撩收回正步位，右手盖回胯前叉腰

第二部分：

① 1～4拍左脚起旁点起伏步1次，双手经翻腕手成左手在上的顺展翅

  5～8拍保持姿态，屈伸起伏动律1次，重拍向上

② 1～4拍右脚起旁点起伏步1次，双手经翻腕手成左侧展翅

  5～8拍保持姿态，屈伸起伏动律1次，重拍向上

③ 1～4拍左脚起前点起伏步1次，双手经翻腕手成右手在上的高低合抱翅

  5～8拍反方向重复1～4

④ 1～6拍左脚起后点起伏步，至面对2点的右后踏步，双手经翻腕手成双抱翅

⑤ 1～8拍右脚起向右平步8次转一周，配合横摆胯动律，双手经翻腕手成右手单低展翅

⑥ 1～2拍右脚起旁点起伏步1次，双手经翻腕手成平合抱翅在身体右侧

  3～4拍反方向重复1～2

  5～8拍起伏动律1次，重拍向上，同时左手保持不动，右手推腕打开至领腕回合

抱翅位置

⑦ 1～2拍右脚起后点起伏步1次成面向8点踏步蹲，同时双手翻腕手成左手在前的点肘侧提腕手

3～4拍反方向重复1～2小节

5～8拍起伏动律1次，重拍向上

⑧ 1～2拍右脚向2点上步，左脚快速跟至右脚前立半脚掌，双手成双合翅

3～4拍身体拧转向5点，脚自然形成右脚旁点地，右手打开至顺展翅位置，头拧向8点

5～8拍身体拧转回1点，脚自然碾转成左后踏步，同时右手盖手至胯前叉手，左手成平展翅位置

⑨ 1～2拍左起旁点起伏步1次，右腿小腿内关由大脚趾内侧点地，双手翻腕手成望月手

3～4拍反方向重复1～2

5～8拍起伏动律1次，重拍向上

⑩ 1～2拍左脚起后点起伏步，双手经翻腕手至平展翅位置

3～4拍右脚起后点起伏步，双手翻腕手成左手手心向上的高展翅

5～8拍起伏动律1次，重拍向上

⑪ 1～8拍左脚起平步8次，向左转走一周，配合横摆胯动律，手保持高展翅姿态

⑫ 1～10拍重复第一部分⑧ 1～10

❖ 组合示例二

步伐、小跳组合《竹楼情》(组合以掌形为基本手形)：

准备：7点方向场下准备，体对1点，头看右手方向，右手单低展翅、掌形手

前奏：1～8拍圆场步向3点方向上场，头看右手方向

9～12拍左脚向3点方向上步，拧转至背对1点，成右后踏步蹲，同时左手由头上分手打开至旁，右手至头上，成手心向内的顺展翅位，头看左手方向

第一部分：

① 1～4拍起伏动律1次，重拍向上

5 拍后脚后撩落回正步位，同时双手经下穿摆至左手在体后曲臂按掌、右手低展翅位置，摆手同时甩头看右手方向

6～8拍保持姿态不变

② 1～2拍右脚为轴碾转对1点，左脚大脚趾内侧旁点地，双手头上双合翅，向左下大旁腰

3～4拍保持不动

5～6拍左脚撤回，对7点正步蹲(臀部后翘，胸腰后卷)，同时右手经轮手至前侧提腕，左手曲臂回卷掌心向上、指尖托下颌

7～8拍2次重拍向下的起伏动律

③ 1～2拍右脚起前点起伏步1次，点地舞姿略转向2点，双手翻腕手成左手在上的高低合抱翅

3～4拍左脚起后点起伏步1次，双手经翻腕手成左手手背向上的高展翅，右手在体后提腕，头左转由左腋下看出

5~8拍重拍向上的起伏动律 1 次,双手保持高低位置绕腕 1 次,头先转至 1 点再转回左下方

④ 1~4拍右脚起平步 2 次向右,同时右手由胸前曲臂横立掌打开至旁、左手盖至胯前叉腰,头和身体随右手打开,略下右旁腰

5~8拍保持姿态继续做平步 4 次

⑤ 1~2拍右脚向右上步蹲,左脚大脚趾内侧点地,同时双手分开向下舀水状

3~4拍右膝略上伸,双手捧水洗脸

5 拍保持腿部姿态,双手做右手掌心向上的平开翻盖手,眼睛看右手

6 拍反方向翻盖手,眼睛看左手

7 拍身体姿态不变,左腿小腿勾脚旁抬

8 拍左脚落回旁点地

9~12拍保持左旁腰姿态,头左躺向上,向右原地碎步转两周

⑥ 1~2拍对 8 点方向双腿屈膝,双手舀水后捧水,碎步向 8 点移动

3~4拍左脚向 8 点上步,右脚斜后方点地,双手捧至头上斜前方、指尖向下,抖指

5~6拍右脚后撩腿向右迈平步,下右旁腰,同时双手由胸前向两旁曲掌拉开,成左上右下的斜线

7~8拍左脚后撩腿平步向右,收成背对 1 点的正步,同时双手翻腕至左单低展翅,右手体后曲臂按掌,头看左手方向

9~10拍右脚后撩腿平步向右,转至面对 1 点方向,双手曲掌拉开成斜线

11~12拍重复 1~8

⑦ 1 拍对 3 点左腿前吸,右脚立半脚掌,同时右手上掏后顶掸手,左手掌心向前曲臂盖手,头上扬

2 拍左脚起向 3 点快走两步

3 拍背对 1 点,左腿膝盖外开旁点地,右腿重心屈膝,三道弯体态,左手托掌平展翅位,右手胯前叉腰,眼睛看左手

4 拍头转右、上扬,同时左腿膝盖向前,勾脚抬起,保持左旁腰

5~6拍保持姿态,左脚起向 7 点方向快走两步

7~8拍左脚向 7 点上步蹲,身体转回 1 点,右脚大脚趾内侧点地,下大的右旁腰,双手头上双合翅

⑧ 1~2拍右脚向后撩腿平步向 7 点方向后退,同时双手曲掌经胸前向 3 点平拉,同时上身前俯 90 度

3~8拍继续平步后撤 3 步,双手快速拉回胸前并带动上身起直,然后双手成掌形,指尖相对、掌心向外慢慢前推,头随之慢抬再向后

9~12拍右脚起向右再向后呈弧线快步走,同时右手由胸前曲臂横立掌打开至旁、左手盖至胯前叉腰,头和身体随右手打开,略下右旁腰

第二部分(快板):

① da拍双脚向上小跳,同时双手体侧经曲臂做翻腕,头向右

1 拍右脚落实,左脚落旁点地,膝盖向前,向左顶胯,手成左手低展翅、右手体后曲臂按掌

2～4 拍重复一遍 da～1

5 拍左脚向 7 点方向上步屈膝顶胯，同时身体转回 1 点，右脚大脚趾内侧旁点地，左手由上经身体内侧晃手向旁打开至头左上，直臂、侧立掌、手心向前，右手由旁向下盖手至右腮旁，曲臂立掌、手心向内

6 拍保持姿态

7～8 拍向右、左跪摆胯各 1 次，头随胯同时摆动

② 1～2 拍重心移回，左脚快速收回面对 3 点正步屈膝，臀部后翘、胸腰后卷，双手于身体后曲臂夹肘，五指张开，指尖向前

3～4 拍左、右各 1 次轮指、绕胯，头分别看向 1 点和 5 点

5～8 拍双手于体后做鱼摆尾动作，身体随之摆动，脚下做碎步先向 2 点、再向 6 点退走、最后面对 1 点

③ 1～2 拍右腿为主力腿的旁点小跳 2 次双手由体后向低展翅掸出再收回

3～4 拍右腿再做一次小跳，左脚向左移动，落地后重心至左脚，成右脚旁点地三道弯姿态，双手由左向右晃手成右侧展翅

5～6 拍右脚撤至左脚后侧成踏步蹲、左摆胯，同时双手经翻腕至左手低展翅、右手体后曲臂按掌，头转左

7～8 拍起伏动律 1 次，重拍在下，下沉时再次左摆胯、甩头，手经过曲臂绕腕回原姿态

④ 1～4 拍反方向重复③1～4

5～8 拍保持姿态，以右脚脚掌为轴，向右点地碾转一周

⑤ 1～4 拍右、左各 1 次前点小跳，双手胯前提裙

5～8 拍左、右各 1 次顿错步后屈腿小跳，双手胯前提裙

⑥ 1～4 拍左脚向 8 点方向小跳、右脚跟至正步屈膝，左手、右手分别向前轮手，成左手胯前叉腰、右手平展翅姿态，身体侧对 8 点，眼看 1 点

5～8 拍左脚向左撤步，屈膝顶胯，右脚大脚趾内侧旁点地，背对 1 点，同时双手平划手至腋下上掏，在头上交叉立掌，下胸腰仰头看手

⑦ 1～2 拍腰、腿姿态不变，右手、左手分别打开至旁

3～8 拍经过呼吸下沉、转腕掏手后双手头上交叉手心反贴，脚并拢立半脚掌

⑧ 1～4 拍腰部带动双手由头上经左前鱼游状平划至右前，身体向右拧转至 8 点方向，左后踏步蹲

⑨ 1～4 拍左、右各 1 次踩前屈腿小跳，手经曲掌翻腕后至一手胯前叉腰、一手体前斜下方，指尖向下、掌心向前

5～8 拍左、右各 1 次踩旁屈腿小跳，手经曲掌翻腕后至低展翅位

⑩ 1～4 拍右脚为主力腿的碎踮步 4 次，向右转至后，配合右手在上的绕腕抹手

5～8 拍继续做碎踮步，配合左手在上的绕腕抹手，向左转回 1 点

⑪～⑫重复⑨～⑩

⑬ 1～4 拍碎步向 4 点后退，右手、左手先后轮手

5～8 拍左脚向 3 点旁撤步，至对 5 点，屈膝顶胯，左脚大脚趾内侧旁点地，右手头上立掌、手心向里，左手体前下方手心向里、指尖向下，头看左下方

⑭ (转慢板节奏)

1～2拍左、右手同时向旁打开

3～4拍身体向右拧转，成踏步蹲，左手平展翅位置，右手胯前叉腰

5～8拍起伏动律1次，重拍在上，左手横掌领腕曲小臂，再推开

第三部分：

① 1～4拍左脚开始向8点方向做之字起伏步，双手低展翅位推拉手

5～8拍碎步后退，同时右手向后轮手，左手由下至上成手心向上的顺展翅位

② 1～2拍右转对5点成左后踏步蹲，右摆胯，同时右手、左手分别经曲臂绕腕成右手低展翅，左手体后曲臂按掌

3～4拍右手、左手再次分别经曲臂绕腕成右手低展翅，左手体后曲臂按掌，胯和头随之摆动

5～8拍起伏动律1次，姿态不变，重拍在上

③ 1—拍对3点左腿前吸，右脚立半脚掌，同时右手上掏后顶掸手，左手掌心向前曲臂盖手，头上扬

2—拍左脚起向3点快走两步

3—拍背对1点，左腿膝盖外开旁点地，右腿重心屈膝，三道弯体态，左手托掌平展翅位，右手胯前叉腰，眼睛看左手

4—拍头转右、上扬，同时左腿膝盖向前，勾脚抬起，保持左旁腰

5～6拍保持姿态，左脚起向7点方向快走两步

7～8拍左脚向7点上步蹲，身体转回1点，右脚大脚趾内侧点地，下大的右旁腰，双手头上双合翅

④ 1～2拍重心移至右脚屈膝顶胯，左腿后屈抬起，左手向前提腕手心向上，右手点肘

3～4拍左脚落右脚前并立半脚掌，左手至高展翅，右手胯前叉腰

5～6拍碎步向后

7～8拍面对5点，左腿主力腿，屈膝顶胯，右脚旁点地，下右旁腰，右手由下至平展翅位，左手胯前叉腰

❖ 组合示例三

《金色的孔雀》(组合以爪形位基本手形)：

前奏：

① 1～4拍右腿盘坐，左腿侧后拉长，身体向2点平俯至右膝上，左臂前伸手心向下，右臂体上后提(见图3-3-32)

图3-3-32

5～8拍呼吸起伏1次，手臂配合呼吸做大三节动作

② 1～8拍双手由旁开位至腋下翻腕掏手，右手至头上对3点成嘴形，左手至胯后曲臂夹肘成嘴形，同时经呼吸、起伏，右腿收回成正步跪蹲，仰头看手(见图3-3-33)

图3-3-33

③　(节奏转快)

　　1～4拍保持姿态，左手不动，右手在嘴形的基础上模仿孔雀头部跷动4次

　　5～8拍右手模仿孔雀头部跷转4次

④　1～2拍双手胸前交叉抱臂，五指张开于身体两侧，同时头转左斜下方，略下左旁腰(见图3-3-34)

　　3～4拍保持姿态，抖指

　　5～8拍头部跷抬、转，分别为8点前方、8点上方、1点上方和2点上方

第一部分(音乐较慢)：

①　1—拍正步跷蹲起伏动律1次，重拍向下，手配合体侧翻腕曲掌

　　2—拍转1点做起伏动律，下蹲时左脚旁伸，下左旁腰同时手翻腕成左单低展翅，头部右倾(见图3-3-35)

图 3-3-34

图 3-3-35

　　3～4拍反方向重复1～2

　　5—拍曲掌、跷蹲起伏动律

　　6—拍右腿直跪，左腿向旁伸直，大脚趾内侧点地，双手翻腕至头上双合翅(见图3-3-36)

　　7～8拍双手由双合翅向两旁跷压腕，打开至平展翅，分别在斜上、平上、平开位置顿停(见图3-3-37)

图 3-3-36

图 3-3-37

②　1—拍收左腿、正步跷蹲起伏动律1次，曲掌翻腕

　　2—拍起伏动律，下蹲时左腿旁伸，下左后旁腰同时双手右前方曲臂，经翻腕成指尖向里的嘴形，右手高于左手，眼睛看右手(见图3-3-38)

　　3～4拍反方向重复1～2，成嘴形时双手指尖向外(见图3-3-39)

5～8拍保持姿态做起伏动律2次，重拍向上

③　1～4拍右脚向8点上步起直成左后踏步，左手盖下至胯旁，右手上掏至高展翅位，双手经翻腕成嘴形，右手指尖向外，左手指尖向前，头转右，顺右臂看向外侧(见图3-3-40)

5～8拍右脚起原地平步横摆胯4次，双手由下向旁五指张开、掌心向前直臂慢抬，同时抖动手指，身体略后倾(见图3-3-41)

图3-3-38　　　　　图3-3-39　　　　　图3-3-40　　　　　图3-3-41

④　1～2拍立半脚掌、左脚向3点上步，身体转对5点，同时双手由右向左大晃手

3～4拍重心落左脚，屈膝顶胯，右脚旁点地，左手晃至平展翅位，手成嘴形、指尖向内，右手头部后曲臂，嘴形，指尖与左手指尖相对(见图3-3-42)

5～8拍身体向右拧转回1点，脚自然形成左后大踏步蹲，5、6拍右手经上打开，双手成直线划立圆至左上右下，7、8拍左手曲臂下压至左腮旁，同时右手由下向7点方向手心向上、直臂上抬至斜上方，双手为爪形(见图3-3-43)

⑤　1～8拍右脚起向2点做之字起伏步，1拍1步，配合右手低展翅的位置上的推拉手(见图3-3-44)

图3-3-42　　　　　图3-3-43　　　　　　　　图3-3-44

⑥　1—拍半脚掌碎步6点方向后退，双手上双合翅

2—拍右脚后撤步屈膝，左脚前点地，同时左手在原位转腕、手心向里，右手前曲臂下至右腮旁，手心向里(见图3-3-45)

3—拍重复1

4—拍反方向重复2

5～8拍重复1～4

⑦　1～2拍右脚起向2点做踮步1次，右脚第二次落地时左腿屈膝后抬，双手先做向右的顶上撺手，在经过外划手成右手胯前叉腰、左手平展翅，头看右上方(见图3-3-46)

3—拍上身转对左手，左脚落成旁点地位，右顶胯，左手转托掌(见图3-3-47)

4—拍上身转回对右手，左腿屈膝后抬，双手做1次平开翻盖手(见图3-3-48)

5～8拍反方向重复1～4

图3-3-45　　　　　　　图3-3-46　　　　　　　图3-3-47　　　图3-3-48

⑧　1～4拍右脚起平步向4点方向退走4步，手配合体前推拉手，身体略向右后倾斜，头看1点(见图3-3-49)。

5～8拍右脚起平步向右自转一周，双手1次体旁曲掌翻腕，然后平开，左手向右手方向合拢，成合抱翅，身体保持右旁腰，头看向右后方(见图3-3-50)

图3-3-49　　　　　　　　　　　图3-3-50

⑨　1～2拍配合呼吸做起伏动律1次，左手翻盖、右手上撩成托掌高展翅

3～6拍向5点方向碎步走，手位不变

7～8拍面对5点成造型，右后踏步蹲，左手低展翅，右手体后曲臂按掌(见图3-3-51)

间奏：(快板)

①　1～2拍双脚立半脚掌，双手由旁至双合翅位(见图3-3-52)

3～4拍碾转回对1点半蹲，双手压腕打开成平展翅(见图3-3-53)

5～6拍左脚经后撩向右脚前上步屈膝，双手成右手掌心向上的翻盖手，身体前倾于右手方向(见图3-3-54)

7～8拍反方向重复5～6

②　1～6拍右腿为主力腿的原地碎踮步6次，双手平展翅姿态

| 图 3-3-51 | 图 3-3-52 | 图 3-3-53 | 图 3-3-54 |

第二部分(快板)：

① 1～8 拍右腿主力腿做碎踮步向前行进，双手做体前翻盖手 4 次，头随向上的手摆动

② 1—拍左腿为主力腿，向右摆胯同时右脚脚尖旁点地，双手由胸前曲掌向旁拉开，头向右摆

2—拍左摆胯，右脚屈腿收至左脚旁悬提，双手由旁向上成双合翅，头随胯方向

3—拍再次右摆胯，右脚脚尖旁点地，双手压腕成平展翅，头随胯方向

4—拍左摆胯、右腿屈腿收回，双手体旁曲掌，头随胯方向

5～6 拍再次右摆胯，右脚脚跟斜前点地，双手右前方平合抱翅，头随胯方向

7～8 拍保持姿态，向右、左各做 1 次脆摆胯，头随胯方向摆

③ 1～4 拍踩旁屈腿小跳 2 次，先以右腿位主力腿，手配合曲掌翻腕手低展翅，先左、后右(见图 3-3-55)

5～8 拍继续做多旁屈腿小跳 2 次，手配合曲掌翻腕手高展翅和曲掌翻腕手右胯旁开花手(见图 3-3-56)

| 图 3-3-55 | 图 3-3-56 |

④ 1～2 拍右脚起前点起伏步 1 次，双手头上由右向左盘手至横立掌向右前抹(见图 3-3-57)

3～4 拍反方向重复 1～2

5～8 拍保持姿态，以左脚掌为轴，右脚前点地向右点转一周(见图 3-3-58)

图 3-3-57 图 3-3-58

⑤ 1～4 拍右脚起向 2 点做顿错步小跳 1 次，双 8 手配合顶上掸手再翻盖成左侧展翅

5～8 拍左脚起向 8 点做顿错步小跳 1 次，双手配合顶上掸手再翻盖成右侧展翅

⑥ 1～8 拍重复⑤1～8，方向分别为 6 点和 4 点各 1 次

⑦ 1～8 拍面对 2 点方向原地做右腿主力腿的碎踮步 8 次，左手、右手各做 1 次下穿手

⑧ 1～8 拍面对 1 点方向，重复⑦ 1～8

第三部分：

① 1～8 拍重复第二部分中② 1～8

② 1～8 拍重复第二部分中② 1～8

③ 1～8 拍右脚起原地做交替顿错步小跳 4 次，双手胯前提裙

④～⑧ 重复第二部分中④～⑧

⑨ 1～8 拍屈膝碎步向左原地转 3 周，左手胯前叉腰、右手托掌平展翅，身体保持右旁腰，头右仰躺(见图 3-3-59)

9～12(转慢)左脚向 2 点上步成大踏步蹲，上身对 1 点，左手曲臂横立掌于嘴前，掌心向里，右手头上曲臂，掌心向里贴于耳侧(见图 3-3-60)

结尾：1～4 拍保持姿态，起伏动律 1 次，重拍向上

5～10 拍原地右碾转至对 8 点，双手外划手后上掏翻腕至左手在上的顺展翅位置，手成嘴形，尖朝外，上身经过含胸后起直上扬，眼看左手

图 3-3-59 图 3-3-60

1. 小组创编儿童舞组合：《金孔雀 轻轻跳》。

要求：

(1) 能运用所学傣族舞蹈基本动作，创编儿童舞蹈《金孔雀 轻轻跳》。

(2) 动作选择、运用合理，有组合性。

(3) 动作适当进行变化，符合儿童动作特点。

(4) 舞蹈组合符合音乐情绪和主题。

提示：在创编儿童舞组合时应注意对动作的简单化处理，要使动作简单易学。要抓住民族性的基本风格特征，注重情绪的表达和表演，不强调动作的标准、规范。

2. 观看优秀傣族舞蹈视频。

推荐：《碧波孔雀》、《邵多丽》、《孔雀飞来》、《藤缠树》、《傣家小妹》等。

3. 自学傣族舞蹈组合《雨竹林》。

第四单元

蒙古族和维吾尔族民间舞蹈

第一章　舞蹈基本素质训练

第一节　芭蕾舞形体训练

本单元的芭蕾形体训练部分，以单手扶把动作组合为主要训练内容，而且增加了半脚尖动作的练习；离把动作上增加了跳跃动作的难度，强调下肢动作能力的发展和提高以及上下肢动作的配合协调能力。教师可根据学生实际情况和教学计划安排，适当分配课时，有选择地进行教学训练。(半脚尖动作是锻炼脚的力量和稳定性训练，为以后转的训练打下基础。练习有一定的难度，可单独进行训练后再融入组合中，教师需要根据学生实际能力进行训练。)

一、扶把动作训练

1. 蹲(Plie)

❖ 组合示例

前奏：身体侧对把杆，左手扶把，右手一位，双脚一位准备

　　　5～6拍右手抬到二位，眼睛看向右手

　　　7～8拍右手打开七位，眼睛跟随右手打开

第一部分：

① 1～2拍一位半蹲，右手由七位向下至一位，眼睛跟随右手方向

　　3～4拍起直，双腿内侧夹紧，右手由一位经二位打开到七位，眼睛跟随右手方向

　　5～8重复1～4

② 1～4拍一位全蹲，右手由七位向下至一位

　　5～8拍慢慢起直，右手由一位经二位打开到七位

③ 1～4 拍双脚立半脚尖(Releve)，右手由七位经呼吸收一位，再向上至三位手，眼睛跟随右手

　　5～8拍向后下胸腰

④ 1～2拍胸腰起直

　　3～4拍落脚跟回一位脚

　　5～8拍右脚向旁擦地，成二位脚，同时手由三位打开成七位

⑤ 1～8拍二位上做半蹲、起直，右手由七位向下至一位，再由一位经二位打开到七位 2次

⑥ 1～8拍二位上做全蹲、起直，加同上手臂动作 1次

⑦ 1～2拍右手向外延伸，眼睛看右手

　　3～4拍重心推至左脚，右脚绷脚点地

5～8 拍向把杆内侧下旁腰，手至三位，头转向左侧

⑧　1～4 拍旁腰起直，手保持三位

5～8 拍右脚擦地收前五位，手打开七位

第二部分：

①　1～8 拍右前五位做半蹲、起直，右手由七位向下至一位，再由一位经二位打开到七位 2 次

②　1～8 拍五位上做全蹲、起直，加同上手臂动作 1 次

③　1～4 拍右腿脚尖贴左腿内侧向上吸腿(Passe)，同时手经呼吸收一位

5～8 拍右腿保持外开向前抬腿 90 度，成前阿蒂迪德(Attitude)，同时手由一位向上至三位，眼睛看向右前方

④　1～4 拍腿和手同时延伸向上至最远处落下，脚收五位，手成七位

5～8 拍右脚经过旁擦地，收后五位

⑤　1～8 拍右前五位做半蹲、起直，右手由七位向下至一位，再由一位经二位打开到七位 2 次

⑥　1～8 拍五位上做全蹲、起直，加同上手臂动作 1 次

⑦　1～4 拍右腿从后向上吸腿(Passe)，同时手经呼吸收一位

5～8 拍右腿保持外开向后抬腿 90 度，成后阿蒂迪德，同时手由一位向上至三位，眼睛从右臂前向外看

⑧　1～4 拍腿和手同时延伸向上至最远处落下，脚收五位，手成七位

5～8 拍右脚经旁擦地收回前五位

反方向重复①～⑧

2．擦地组合(Battement Tendu)

❖ 组合示例

前奏：身体侧对把杆，左手扶把，右手一位，右脚在前五位准备

5～6 拍右手抬到二位，眼睛看向右手

7～8 拍右手打开七位，眼睛跟随右手打开

第一部分：

①　1～2 拍右脚向前擦地，头略微向右转，眼睛看向 2 点上方

3～4 拍右脚擦地收回五位

5～8 拍重复 1～4

②　1～2 拍右脚前擦地

3～4 拍右脚脚跟向前落成四位脚，重心移至两脚中间

5～6 拍重心推回左脚，右脚成绷脚前点地位置

7～8 拍右脚擦地收回五位脚

③　1～2 拍右脚向旁擦地，头摆正，眼看正前方

3～4 拍右脚擦地收回后五位

5～6 拍右脚旁擦地

7～8 拍右脚擦地收前五位

④　1～2 拍右脚旁擦地

3~4 拍右脚落脚跟成二位，重心移至两脚中间

5~6 拍重心推回左脚，右脚成绷脚旁点地位置

7~8 拍右脚擦地收回后五位脚

⑤ 1~2 拍右脚向后擦地，头略微向右转，眼睛看向右手方向

3~4 拍右脚擦地收回

5~8 拍重复 1~4

⑥ 1~2 拍右脚向后擦地

3~4 拍右脚落脚跟成四位脚，重心移至两脚中间

5~6 拍重心推回左脚，右脚成绷脚后点地位置

7~8 拍右脚擦地收回五位脚

⑦ 1~2 拍右脚向旁擦地，头摆正，眼看正前方

3~4 拍右脚擦地收回前五位

5~6 拍右脚旁擦地

7~8 拍右脚擦地收后五位

⑧ 1~2 拍右脚旁擦地

3~4 拍擦地收前五位

5 拍双脚五位立半脚掌

6 拍向左转至反方向，成右手扶把杆，左手打开七位

7 拍双脚落左脚在前的五位

8 拍左脚擦地至一位

第二部分：

左脚开始擦地，节奏同上

3. 小踢腿(Battement Tendu Jete)

❖ 组合示例

前奏：身体侧对把杆，左手扶把，右手一位，右脚在前的五位准备

　　　5~6 拍右手抬到二位，眼睛看向右手

　　　7~8 拍右手打开七位，眼睛跟随右手打开

第一部分：

① 1 拍右脚向前小踢腿(连贯动作)，眼睛看 2 点上方

2 拍空中停 1 拍

3 拍点地

4 拍经擦地收回五位

5~8 拍重复 1~4

② 1~2 拍右脚向前小踢腿

3~4 拍右脚经过擦地向后小踢腿，身体略向前倾

5~6 拍右脚经过擦地向前小踢腿，身体略向后倾

7~8 拍右脚收回前五位

③ 1~4 拍右脚向旁做小踢腿，收右后五位

5~8 拍向旁小踢腿，收右前五位

④　1拍向旁小踢腿

　　2拍收一位

　　3拍向旁小踢腿

　　4拍收一位

　　5拍向旁小踢腿

　　6～8拍右脚收后五位

⑤　1拍右脚向后小踢腿

　　2拍空中停1拍

　　3拍点地

　　4拍经擦地收回五位

　　5～8拍重复1～4

⑥　1～2拍右脚向后小踢腿

　　3～4拍右脚经过擦地向前小踢腿，身体略向后倾

　　5～6拍右脚经过擦地向后小踢腿，身体略向前倾

　　7～8拍右脚收回后五位

⑦　1～4拍右脚向旁做小踢腿，收右前五位

　　5～8拍向旁小踢腿，收右后五位

⑧　1拍向旁小踢腿

　　2拍收一位

　　3拍向旁小踢腿

　　4拍收一位

　　5拍向旁小踢腿

　　6拍右脚收前五位

　　7～8拍立半脚掌内侧转身至反面，右手扶把杆，左手打开七位，左脚前五位站立

第二部分：

左脚开始擦地，节奏同上

4．地面划圈(Roud de Jambe a Terre)

❖ 组合示例

3/4 节奏 (①代表小节)

前奏：　身体侧对把杆，左手扶把，右手一位，右脚在前的五位准备

⑦　右手抬到二位，眼睛看向右手

⑧　右手打开七位，眼睛跟随右手打开

第一部分：

①　右脚向前擦地

②　划圈向旁

③　继续划圈向后

④　擦地收一位

⑤　右脚向前擦地

⑥　右脚由前向旁至后划圈，到后点地

⑦ 擦地经一位继续向前

⑧ 右脚由前向旁至后划圈，到后点地

第二部分：

① 左腿半蹲，右脚向前擦地，同时手经呼吸收一位再到二位，眼睛看右手

② 左腿保持半蹲，右脚从最远处向后划圈，手同时打开七位，眼睛看右手

③ 左腿保持半蹲，右脚擦地经过一位向前

④ 右脚向后划圈，左腿同时起直

⑤ 左腿半蹲，右脚向前擦地，同时手经呼吸收一位再到二位，上身随着手向前下前腰

⑥ 手由二位到三位将上身带起，同时左腿起直

⑦ 右手保持三位，向后稍下胸腰，眼睛看右手方向

⑧ 起直，手落回七位

第三部分：

① 右脚向后擦地

② 划圈向旁

③ 继续划圈向前

④ 擦地收一位

⑤ 右脚向后擦地

⑥ 右脚由后向旁至前划圈，到前点地

⑦ 擦地经一位继续向后

⑧ 右脚由后向旁至前划圈，到前点地

第四部分：

① 左腿半蹲，右脚向后擦地，同时手经呼吸收一位再到二位，眼睛看右手

② 左腿保持半蹲，右脚从最远处向前划圈，手同时打开七位，眼睛看右手

③ 左腿保持半蹲，右脚擦地经过一位向后

④ 右脚向前划圈，左腿同时起直

⑤ 左腿半蹲，右脚向后擦地，同时手经呼吸收一位再到二位，上身随着手向前延伸

⑥ 手由二位到三位将上身带起，同时左腿起直

⑦ 右手保持三位，向后稍下胸腰，眼睛看右手方向

⑧ 起直，手落回七位

结束音乐：右脚经擦地收回前五位，半蹲，收手一位

反面动作同上

5．单腿蹲(Battement Fondu)

❖ 组合示例

前奏：身体侧对把杆，左手扶把，右手一位，右脚在前五位准备

1～4拍右手抬到二位，眼睛看向右手，同时双脚五位立半脚尖

5～8拍右手打开七位，眼睛跟随右手打开

第一部分：

① 1～2拍左脚跟落地半蹲，同时右脚绷脚吸前旁吸腿至膝盖下，右手由七位经呼吸收一位，眼看右手

3～4拍左腿起直并立半脚掌，右腿向前45度伸直，右手由一位经二位打开七位，眼随右手

5～6拍左脚跟落地半蹲，右腿保持膝盖外开，收旁吸腿至膝盖下，右手呼吸收至一位

7～8拍右腿向前45度伸直，同时左腿起直立半脚掌，右手由一位经二位打开七位

② 1～4拍左腿下蹲，右腿脚背引领直腿向上尽量抬高，上身略后倾

5～6拍左腿起直，右腿直腿绷脚落前点地

7～8拍右脚擦地收回五位后立半脚尖

③ 1～8拍左腿动作同前，右腿做向旁，抬45度的单腿蹲，加手臂动作2次

④ 1～4拍左腿下蹲，右腿脚背引领直腿从旁向上尽量抬高

5～6拍左腿起直，右腿直腿绷脚落前点地

7～8拍右脚擦地收后五位立半脚尖

⑤ 1～8拍左腿同上，右腿向后做抬45度的单腿蹲，加手臂动作2次

⑥ 1～4拍左腿下蹲，右腿直腿从后向上尽量抬高，身体略微前倾

5～6拍左腿起直，右腿直腿绷脚落后点地

7～8拍右脚擦地收后五位立半脚尖

⑦～⑧重复③～④，最后右脚擦地收右前五位，立半脚掌转身至反面

第二部分：

左腿反方向重复①～⑧

6. 压腿组合

7. 踢腿组合

压腿和踢腿动作可以根据具体需要进行训练，随着能力的增强而增加力度和幅度，还可以不做具体组合，只进行单一动作的基本功训练。

二、中间动作训练

(1) 帕-夏塞(Pas Chasse)(追赶步)：Chasse 的本意为"追赶"，指用一脚追赶另一脚，取代其原来的位置。它可以是向任何方向移动的跳。它本身可以作为一个独立的跳，可以和其他小跳连起来做，也可以作为大跳前的辅助动作。

做法：以右脚为例，右前五位准备；左腿半蹲，右腿绷直稍抬起至前大四位点地；重心前移，右腿经半蹲推地跳起，左腿紧跟，与右腿贴紧成后五位；左腿落地半蹲，右腿直接绷脚前擦地，接着跳下一个或者连接其他动作(见图 4-1-1 至图 4-1-4)。

图 4-1-1　　　　图 4-1-2　　　　图 4-1-3　　　　图 4-1-4

(2) 格利莎德(Glissade) (滑步)：格利莎德是一种连接动作，它是一脚从五位出发滑向指定方位，另一脚往同一方位收拢的滑行动作。滑出的脚的脚跟必须比收拢的脚的脚跟先落地。

做法：五位半蹲，动作腿往旁或前、后擦地滑出一步，身体略跃起，移动重心至动作腿，半蹲，另一腿绷直经擦地收回成五位半蹲(见图 4-1-5 至图 4-1-8)。

图 4-1-5　　　　　　图 4-1-6　　　　　　图 4-1-7　　　　　　图 4-1-8

(3) 西松-弗尔梅(Sissone Fermee) (带移位的关闭式分腿跳)：西松-弗尔梅一般作为中跳训练，可以向前或向后做，属双起单落类的跳，但是要求打开的腿几乎同时落地点地收五位，本单元主要训练向前的动作。

做法：五位脚准备，手一般保持在六位的位置，手心向下；先做五位的半蹲，然后双脚同时起跳，前脚绷脚往上往前踢跳，后腿从后向上尽量打开；落地时前脚先落，保持外开和半蹲，后腿几乎同时落后点地，经过擦地收回后五位。动作时要有向前的移动(见图 4-1-9 至 4-1-11)。

训练时可先在把杆上进行练习，掌握基本动作后再进行离把训练。

图 4-1-9　　　　　　　　　　图 4-1-10　　　　　　　　　图 4-1-11

(4) 大跳(Grand Jete)：从舞台来讲大跳是用途最广的一个跳跃动作，是在跳跃中比较重要的动作，它是所有大跳的基础。跳起时前腿要直踢到 90 度以上，后腿快速推起 90 度以上，有在空中停顿的时间，尽量往高、往远跳，落地时要注意稳定性和控制力；大跳时手臂一般都经过七位延伸至一位、二位然后打开六位或四位延伸位置的过程(见图 4-1-12)。学习大跳前要进行充分的跳跃能力的练习，而且要在把杆上练好大踢腿的动作。

图 4-1-12

大跳需要有辅助连接动作，可以用帕·夏塞连接，也可用格利莎德进行辅助连接。

(5) 格朗-日呆-巴代沙大跳(Grand Jete Pas de Chat)：经过吸腿踢出的大跳，起跳时前腿经过不开的吸腿踢出，后腿与大跳一样推起，形成在空中两条腿成 180 度，空中要有弧线，前脚落地后，后脚紧跟经一位落至前四位。

同样可以由帕-夏塞连接也可用格利莎德进行辅助连接。

第二节　中国古典舞训练

本单元的中国古典舞部分，着重加强能力方面的训练，比如地面绞柱动作、平转、踏步翻身等技巧动作的训练以及探海、风火轮等难度大一点的舞姿和动作训练。教师可根据学生实际情况和教学计划安排，适当分配课时，有选择地进行教学训练。

一、舞姿和动作训练

1. 探海

探海是在后腿基础上的舞姿，有探海、深探海、掀身探海、拧身探海等做法，还有在探海基础上的技巧动作，如探海翻身等。这些舞姿都需要在有一定的动作能力和充分的柔韧度的基础上才能进行训练。

1）探海

做法，在小八字基础上，主力腿站直，动力腿直腿从后尽量向上抬，骨盆前倾，腆胸、抬头，头与动力腿脚尖两头向上翘(见图 4-1-13)。训练时可先在把杆上进行练习，有了一定的能力和稳定性后再进行把下训练。

2）拧身探海

拧身探海是在探海舞姿上拧腰，身体向主力腿方向拧，形成头与动力腿往斜下角"圈"的感觉(见图 4-1-14)。

3）掀身探海

掀身探海是一个难度较大的动作，是探海翻身过程中的重要环节。在探海的基础上，整个身体向主力腿方向掀起，上身与动力腿往斜后上角"圈"起来的感觉。训练时可先在地面练习(见图 4-1-15)，再到把杆练习，最后到把下进行训练。

图 4-1-13

图 4-1-14

图 4-1-15

2. 踹燕

踹燕是在前腿基础上的舞姿，有两种做法，一种是踹燕(硬)，另一种是软踹燕。

1) 踹燕

做法：动力腿正前尽量高吸腿后，小腿向上快速弹出踹腿，脚背绷直，同时上身向后躺平，头与上身在一个平面上，主力腿重心保持住，直膝，大腿根向上挺拔。

2) 软踹燕

软踹燕和踹燕动作路线相同，在力量上相对柔和，并且要求躺身时向后下腰——胸腰或者大腰(见图 4-1-16)。

3. 扑步

在弓箭步基础上，继续深蹲，骨盆和上身前倾，与地面贴紧，呈平行状，上身要拧腰、横移、腆胸，同时要提胯，略塌腰，双手打开顺风旗位，手心向下，向后背膀子(见图 4-1-17)。

图 4-1-16   图 4-1-17

4. 风火轮

风火轮是一个风格性、训练性很强的动作，它是身体各部位相配合的一种多元素综合性训练，动作过程中重心的移动很重要。风火轮可以慢做，与不同舞姿动作相连接，也可以快做，与转、翻、跳等技术技巧相连接，它是很重要的训练动作。

做法：右大弓步、身体对 2 点，右山膀按掌准备。

左手向下伸直，右手在上成一直线，经过向左移动重心，上身前倾逐渐拧向 8 点，成左弓步，同时双手直臂随身体划立圆，由左下右上到体侧平伸，再到右下左上至拧身右手 7 点上、左手 3 点下的姿态；双手继续走立圆，右手经头上打开至旁，左手经下回旁，同时身体转回 1 点，重心移回两脚中间，向后敞仰挑胸腰、头向后；随后身体向右拧，重心移至右弓步，双臂继续划圆，右臂由旁向下向后再向上，左臂经头上抡向 3 点再向下，继续重新做第二遍(见图 4-1-18 至图 4-1-24)。反面动作要领同上。

图 4-1-18   图 4-1-19   图 4-1-20   图 4-1-21

图 4-1-22 图 4-1-23 图 4-1-24

要求：动作时要连贯，弓箭步上的重心移动要清晰，整个动作从外观上看应是一个立体的圆，头、胸、腰都要随着手臂及重心的移动走立圆的路线，要有"轮"的感觉。

二、技巧动作训练

1. 绞柱

做法：左腿盘坐，右腿向旁打开准备，动作时向左侧身倒地仰躺，同时右腿蹁腿，左腿伸直后盖腿，上身平躺直，两臂两侧打开；左腿盖腿至右下方再继续盖腿打开时，带动身体坐直，右腿收回盘起(见图 4-1-25 至图 4-1-32)。连续绞柱动作时，要在盖腿的同时，左臂右带，身体右滚，左臂从腋下上伸掏出，身体滚转 360 度躺平，继续起范儿，重复绞柱动作。反面动作要领同上。

图 4-1-25 图 4-1-26 图 4-1-27

图 4-1-28 图 4-1-29 图 4-1-30

图 4-1-31 图　　　　　　　　　　图 4-1-32

2. 平转

做法：收腹、立腰、提胯、沉肩，双腿双脚并拢贴住，小八字步立半脚尖准备，动作时，向行进方向迈第一只脚，后脚脚跟主动推送着第一只脚的脚跟，延直线上步，身体转1/2 圈；第一只脚后撤打开，向行进方向直线上步，身体转 1/2 圈；两脚继续依次进行。

要求：平转时要盯住一个目标，进行留头甩头。训练时可先在把杆上进行分解练习，再做连续完整的一个平转，掌握要领和重心后到把下进行分解训练，再进行连续动作训练。把下训练平转时，双手可叉腰，也可以打开在体侧，七位手或者山膀手位(见图 4-1-33 至图 4-1-36)。

图 4-1-33　　　　　　　　　　图 4-1-34

图 4-1-35　　　　　　　　　　图 4-1-36

3. 踏步翻身

踏步翻身是所有翻身技巧动作的基础动作，通过它让学生了解和掌握翻身的基本规律和方法。

做法：左脚在后踏步半蹲、上身前倾、右手山膀按掌位准备，左手打开山膀位后继续向上，带动身体掀开，成右旁腰，左手在上右手在下呈直线，左手带动身体继续向后翻身，成下后腰状，双手平伸，左手继续走立圆向下，带动身体拧身成左旁腰，左手继续打开向旁，身体拧回前倾姿态，双脚成右后踏步(见图 4-1-37 至图 4-1-42)。

图 4-1-37

图 4-1-38

图 4-1-39

图 4-1-40

图 4-1-41

图 4-1-42

　　要求：动作时始终由一侧肩膀主动带动走一个立圆，翻身时眼睛要看准地面一个点，进行留头甩头，翻身过程中保持身体高度，不能忽高忽低；在做踏步时，踏步的后脚要尽量往前踏，与主力脚基本在一条线上，注意重心要保持在两脚上。

第二章 蒙古族民间舞蹈

第一节 蒙古族民间舞蹈风格特点和基本形态

一、蒙古族舞蹈风格特点

蒙古族是生活在我国北方辽阔草原的游牧民族，有着悠久的历史和辉煌的文化。他们喜欢驰骋在草原上的骏马，喜爱翱翔于蓝天的雄鹰，也很喜欢大雁和天鹅，于是把民族的感情、性格和来自草原的气势都和这些矫健美丽的生灵融汇在了一起，也将它们的动态、神情、灵性和心声融入所创造的舞蹈形象中。

蒙古族号称"天之骄子"，长期的游牧、狩猎生活形成了马背民族豪放不羁的民族性格和健硕强悍的体魄，使舞蹈的风格于粗狂中带着细腻，柔韧中显出力度。

草原上"天似穹庐"的空间感和佛教等宗教的影响，形成了舞蹈挺拔端庄的体态和"圆"形态的动作韵律。蒙古族人因长期骑马限制了腿的活动，但肩部的松弛使之发展出异常丰富的动作。蒙古包内场地狭小，舞步不能充分施展，上肢表现力得到了充分的展现。经过历代艺术家不断继承、收集、整理和发展，蒙古族舞蹈有了长足的发展，也形成了系统的教材，弥补了下肢的不足，丰富了躯干和上肢的姿态，并创造性的编制了"马步"、"马舞"等。

蒙古族民间舞蹈音乐的特点是热情奔放，悍健有力，节奏欢快，富有草原风格和浓郁的生活气息。马头琴是蒙古族最有特色的民间乐器，音色淳朴、浑厚，深受牧民和艺术家的喜爱。

二、蒙古族舞蹈的表现形式和种类

蒙古族民间舞蹈有悠久的传统，距今四五千年历史。它大致可分为三类：一是自娱性舞蹈；二是宗教祭祀性舞蹈；三是表演性舞蹈。下面简要介绍几种有代表性的民间舞蹈形式和特点：

1. 安代舞

安代舞是一种群众性的即兴歌舞。古代草原上的人们根据传说以载歌载舞的方式为青年女子治病，取名"安代"。后来，又在求雨、祭敖包、那达慕大会等群众集合时采用，并广为流传，逐步发展成为自由抒发群众思想感情的集体舞。参加者围成圆圈，右手握一块绸巾或扯起蒙古袍的下摆，随领舞者边歌边舞，曲调悠扬婉转，动作简单奔放，气氛热烈欢腾。

2. 筷子舞

筷子舞是婚礼、喜庆节日欢庆时，在弦乐及人声伴唱下，舞者手持一把筷子，用筷子敲击手、腿、肩、腰、脚等部位，击打时肩部环绕耸动，腕部翻绕灵活，敲打的声音清脆，节奏鲜明，情绪热烈欢快，给人以热情、奔放和勇敢的美感。原本是男子舞蹈，发展到现代也常有女性表演。

3. 盅碗舞

盅碗舞一般在喜庆节日或庆典酒宴上表演。舞者头顶酒碗，双手各持两个酒盅，用食指、无名指夹住上面盅子的边沿，中指扣于盅内，大拇指托住下面的盅子，随音乐节奏和身体动律相击，发出清脆的响声。舞蹈端庄稳健，双臂和后背动作细腻，给人一种优美、精湛、典雅的美感。

还有狩猎舞、图腾舞、风俗舞、祭祀舞等，蒙古族民间舞蹈不仅内容丰富，形式多样，而且风格十分鲜明突出，男性勇猛剽悍，女性端庄典雅，也有健康、明朗的美感。

三、蒙古族舞蹈基本形态

1. 基本体态

(1) 自然体态：双脚小八字站立，挺胸立腰、拔背，上身略后倾，头略后靠，颈部有后枕的感觉，目视远方。

(2) 基本体态：女子基本体态：(以右为例)身体对 2 点方向，右踏步，双手叉腰(或在胯旁按手)，提胯、立腰拔背；上身略左拧，重心偏后，略仰靠，目视 8 点方向远方(见图4-2-1)。

图 4-2-1

男子基本体态：男子基本体态为屈膝前点地位置，姿态与女子姿态相同。

2. 脚位

蒙古族舞蹈的脚位为：正步位、小八字位、大八字位、踏步位、弓步位。

3. 手形

(1) 平掌：五指自然平伸，虎口自然打开，其余四指并拢，掌心放松。

(2) 自然掌：五指自然平伸。

(3) 空心拳：手呈空心握拳，拇指按于食指第一骨节处。

(4) 拇指冲：在空心拳基础上拇指伸直(见图4-2-2)。

(5) 持鞭手：空心拳基础上食指伸直(见图 4-2-3)。

(6) 按手：平掌形，手心向下。

(7) 端手：平掌形，手心向上。

图 4-2-2

图 4-2-3

4．基本手位

(1) 胯前手：双手平掌，于胯前约一拳左右打开，可做按手或端手，胳膊呈圆弧形(见图 4-2-4 至图 4-2-5)。

(2) 体前手：双手平掌，在体前斜下方平伸，手背向前，胳膊呈圆弧形(见图 4-2-6)。

(3) 斜下手：双手于体侧斜下方约 45 度平伸(见图 4-2-7)。

图 4-2-4

图 4-2-5

图 4-2-6

图 4-2-7

(4) 平开手：双手向体旁平伸(见图 4-2-8)。

(5) 斜上手：双手向体侧斜上约 45 度平伸(见图 4-2-9)。

(6) 胸前按手：双手在胸前按手，指尖相对，呈圆弧形。

(7) 胸前折臂：双手折臂于胸前，可做按手或端手，架肘起，双肘与肩平(见图 4-2-10)。

图 4-2-8

图 4-2-9

图 4-2-10

图 4-2-11

(8) 体后端手：双手平掌，端手于体后，臂成弧形，夹肩(见图 4-2-11)。

(9) 点肩：架肘折臂于肩上，手指点肩(见图 4-2-12)。

(10) 交叉折臂手：双小臂在胸前交叉，立掌(见图 4-2-13)。

(11) 双搭手：平掌，双手手心相对，手指相搭(见图 4-2-14)。

(12) 叉腰：双手拇指冲叉于腰间，胳膊肘略向前夹(见图 4-2-15)。

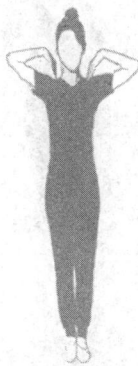   

图 4-2-12　　　　　图 4-2-13　　　　　图 4-2-14　　　　　图 4-2-15

5. 基本舞姿

(1) 勒马舞姿。

① 单手勒马式：(以右为例)左手拇指冲叉腰，右手空心拳伸于体前，沉肘、压腕(见图 4-2-16)。

② 双手勒马式：双手体前架肘曲臂，双手空心拳，左手在右手前，拳眼相对(见图 4-2-17)。

③ 扬鞭勒马式：(以右为例)左手单手勒马式，右手持鞭手上举，身体为后仰(见图 4-2-18)。

④ 甩鞭勒马式：(以右为例)左手呈单手勒马式，右手持鞭手至后斜上方，身体前俯(见图 4-2-19)。

图 4-2-16　　　　　图 4-2-17　　　　　图 4-2-18　　　　　图 4-2-19

(2) 跪坐式。

① 双腿盘坐：双腿盘腿坐地(见图 4-2-20)。

② 单跪坐：(以右为例)站小八字步，右脚向后撤步跪地，臀坐右脚跟(见图 4-2-21)。

③ 双跪坐：站小八字步，双膝跪地，臀坐双脚跟。

④ 单跪立：(以右为例)站小八字步，右脚向后撤步跪地，臀部立直(见图 4-2-22)。

⑤ 双跪立：大八字步站立，双腿跪地(见图 4-2-23)。

　　　图 4-2-20　　　　　　图 4-2-21　　　　　　图 4-2-22　　　　　　图 4-2-23

第二节　蒙古族舞蹈基本动作

一、动律

1. 划圆动律：身体呈圆形路线运行的规律，可上下、前后、左右划圆。

(1) 立圆动律：以身体为中心，经过提肋和顺势拧腰，由下至前向后划立圆，或由下至后向前划立圆。

(2) 平圆动律：以腰为轴，身体划平行的横圆，随身体划圆而移动重心。

(3) 八字圆动律：以腰为轴，腰部带动经过提肋先向前划立圆，再向后划立圆，前后两个圆形成"8"字动律。

2. 拧转动律：基本体态准备，以肩带动身体，经过提腕向左或右拧转，再转回，压腕。

3. 横摆动律：以腰为轴，身体左右平行摆动。

4. 上下动律：经过提肋和压肋，身体做上下运动。

二、肩部动作

1. 硬肩：双手拇指冲叉腰，一肩向前、一肩向后，快速有力的交错运动。(见图 4-2-24 至图 4-2-25)

2. 双硬肩：双手拇指冲叉腰，动作同硬肩，但动作时先小后大，小的轻而脆，大的有力带停顿，整个动作要有弹性。

3. 柔肩：双手拇指冲叉腰，双肩前后交错运动，动作柔韧、连绵不断，有抻劲。

4. 耸肩：双手拇指冲叉腰：肩头上下耸动，重拍在上，可分单耸肩和双耸肩。(见图 4-2-26)

5. 绕肩：手叉腰，肩膀由前经上向后划立圆，或由后经上向前划立圆再回原位；可做单肩绕肩、双绕肩和交替绕肩。

6. 笑肩：双手叉腰，双肩微上提，快速落下，重拍在下；动作时由内心节奏带动，有弹性，气下沉。

图 4-2-24　　　　　　　图 4-2-25　　　　　　　图 4-2-26

7. 碎抖肩：双手叉腰，肩部下沉放松，以肩胛主动，快速抖肩，强调抖动频率快，动作小而碎。

8. 甩肩：在硬肩的基础上，一肩快速发力，另一肩随之抖动，气息慢吸快吐。

三、上肢动作

1. 硬腕：硬腕也可称为"提压腕"，以腕部带动双手有弹性地上下提压，动作强调腕部的顿挫感，干脆利落；可做单、双、交替硬腕，可在各种手位上进行。

2. 软手：以肘带腕延伸到指尖，呈连绵不断的小波浪运动(见图 4-2-27)。

图 4-2-27

(1) 正软手：胸前按手微沉肘、提腕，由架肘带动手腕下压后提腕，一直延伸到指尖伸直再逐步弯曲触摸手心，反复动作、连绵不断；双手可慢慢向两旁打开。

(2) 反软手：双手平开，手心向上，屈肘，手腕带动拉回小臂至指尖触肩后，再由手腕带动打开小臂，到指尖触碰掌心后慢慢拉至平开位。

3. 转指：转指分为外转指和里转指。外转指由小指开始，依次向掌心转动；里转指是由大拇指开始，依次向掌心转动。

4. 弹拨手：胯前按手，自然掌形准备，手掌外沿发力下弧线，力达指尖，弹出、拨回，弹拨动作短促弹顿，身体可随之略有起伏、左右晃动。

5. 甩手：胯前按手准备，以甩肩带动手臂与手掌经下弧线甩出，力达指尖，形成各种手位。

6. 屈臂：以肘带动臂弯曲，手腕有弹性的提起；分为单屈臂和双屈臂，双屈臂在单屈

· 165 ·

臂的基础上快速还原，后转成手心向上再次屈臂提腕。

7. 柔臂：以肩带大臂、大臂带小臂，延伸至手腕、指尖，呈连绵不断的大波浪运动。在某一手位上进行的柔臂动作一般称为小柔臂，在斜下手、平开手和斜上手之间进行的柔臂动作称为大柔臂。该动作可以配合身体各种动律进行。

四、胸背动作

提示：胸背动作从胸、背部发力，由胸、背、颈、头部依次收缩或依次展开的状态；胸背动作幅度可大可小，幅度大时需加上腰部、膝部的屈伸；可慢做、快做。慢做时强调延伸感，快做时强调顿挫感。

1. 前后胸背：小八字步，双手于胯旁压腕，夹肘、夹背、挺胸、仰头准备，动作时从胸、背部发力，由胸、背、颈、头部依次收缩，双肘外旋，双腕前提带动手臂于耳平行；再夹肘压腕，腰椎一节节展开，至夹肘于体后，顶胸、仰头。

2. 环动胸背：手由平开位置向内拎双肘提腕，手背相对，配合依次含胸低头，展开时，夹肘、压腕，展胸、仰头。

3. 大环动胸背：含胸低头，双手平开位，由手腕带动下抹至体前，手心相对；双手交叉，指尖带动向里翻腕成掌心相对，指尖向上，顺势抬至头上方，低头；一腿微屈，另一脚后撤，双分手、压腕、敞胸；最后收右脚成正步，踮脚，双手下抹至体后端手，仰头。

五、步　伐

1. **基本步伐**

(1) 平步：自然体态，小八字步站立，微踮脚准备，动作时双膝微屈，双脚交替脚掌蹭地前进。

(2) 蹉步：(以右为例)右脚旁迈后推地跳起，左脚空中迅速并回，左右脚先后落地，两拍完成。

(3) 垫步：(以右为例)右脚向前或旁迈步，双腿屈膝；左脚跟至后成踏步，半脚掌着地，双膝伸直；右脚再继续迈落、屈膝，进行下一步动作。

(4) 跟步：(以右为例)小八字步，双手拇指冲叉叉腰，右脚向左前迈一步，左脚迅速跟上成左后踏步，一拍完成。也可向后退走跟步。

(5) 起伏步：(以右为例)准备拍左半脚掌上提，第1拍右脚旁迈，经半脚掌以膝压掌下落屈膝，下1拍左脚跟至左踏步半蹲，以掌推地，慢直膝。动作要求有韧性的下压、上推。

2. **马步**

(1) 立掌步：(以右为例)左手单手勒马式，在正步位基础上，右腿屈膝，顶脚背，脚尖着地快速到位，一拍完成，双脚交替进行。可以移动进行立掌步，移动时一脚向前上步，另一脚快速跟上，或原地立掌步(见图4-2-28)。

(2) 刨地步：刨地步分为前刨地步和旁刨地步。动作时，主力腿保持重心，动力腿经前吸腿或旁吸腿向外撩小腿，后脚尖向里刨回，再撩出，反复做此动作。

(3) 吸跳马步：双脚交替吸跳(见图4-2-29)。

图 4-2-28　　　　　　　　图 4-2-29

(4) 倒换步：单手勒马式准备

1 拍双脚在小八字基础上，右脚先向左脚前迈步，半脚掌着地，同时左脚快速抬起

Da 拍左脚原地半脚掌落地，同时右脚原地抬起

2 拍右脚向左脚后撤步，半脚掌着地，身体略后倾，同时左脚绷脚略前吸腿

提示：倒换步可以做单进单退、双进双退、单进双退和双进单退几种。

(5) 前踢跑马步：(以左为例)双腿屈膝，甩鞭勒马式准备

1 拍左腿绷脚直腿前踢 25 度，同时带动右脚轻轻离地

da 拍左脚收回落地

2 拍右脚落地

提示：前踢跑马步可以交替做，也可以连续做一条腿的前踢

(6) 旁伸步：双手勒马式，小八字步准备，动作时动力腿直腿向旁伸出，大脚趾内侧点地，主力腿弯曲，身体向主力腿倾斜，与动力腿成一条斜线(见图 4-2-30)。

提示：旁伸步可以加小的垫步跳成离地的旁伸步动作。

(7) 跺掌步：(以右为例)小八字步，双手勒马式准备，前半拍右脚掌向右前方点地，脚腕立起，屈膝、微外开，脸对右前；后半拍右脚跟用力下压。

(8) 摇篮步：双脚交叉站立，右脚在前，双手勒马式准备

1 拍重心移至右脚顺势出左胯，同时左脚尖外侧松弛点地，左肋提起，身体呈月牙状，头保持正位(见图 4-2-31 至图 4-2-32)。

图 4-2-30　　　　　　　图 4-2-31　　　　　　　图 4-2-32

2 拍左脚掌全脚落地，顺势做第一拍反面动作

提示：摇篮步分为大摇篮步和小摇篮步，大摇篮步动作时脚交叉迈步，幅度要大。

第三节 蒙古族舞蹈基本动作组合

❖ 组合示例一

硬肩、硬腕、步伐组合：

前奏：5～6拍自然体态准备

    7～8拍左脚向2点上步，成右踏步，双手由体前交叉至小七位做摊盖手，收拇指冲叉腰，身体稍后倾，眼看1点，成基本体态(见图4-2-33)。

第一部分：

① 1～4拍右肩开始，2次硬肩，2拍1次

    5～8拍4次节奏快一倍的硬肩

② 1～8拍反方向重复①1～8

③ 1～2拍右脚推动左脚向7点方向迈弓步，身体向左侧倾斜，右腿原地伸直、脚尖点地，头向右上方上扬，使头与上身、右腿成一斜线(见图4-2-34)；同时做耸肩1次(见图4-2-35)。

    3～4拍姿态不变，笑肩动作

    5～8拍重心移至右脚弓步，姿态要求与1～2拍的动作相同，肩部动作与1～4拍的动作相同

       图4-2-33   图4-2-34   图4-2-35

④ 1～4拍左脚向1点上步屈膝，右腿直腿后点地，身体前倾、与右腿成斜线，做硬肩动作4次

    5～8拍重心后移至左脚，成屈膝前点地位，身体后倾，做4次硬肩动作

⑤ 1～4拍左脚起向7点方向做起伏步2次，上身略向右压肋，留头看2点方向(见图4-2-36至图4-2-38)，脚落右踏步屈膝，重心向上时耸肩，下落时沉肩

       图4-2-36   图4-2-37   图4-2-38

5～8拍反方向重复⑤1～8

⑥ 1～8拍与⑤1～8动作方向相反

⑦ 1～2拍左脚向8点方向走跟步，同时右肩做双硬肩，身体略后倾，眼睛看8点上方

3～4拍右脚向8点方向走跟步，左肩双硬肩

5～8拍左脚起向后屈膝平步4次，同时上身经立直后前倾

⑧ 1～8拍反方向重复⑦1～8

第二部分：

① 1～4拍左脚向2点上步，成踏步，身体自然立直，眼看1点，双手在体前位手位做硬腕动作2次

5～8拍经屈膝起法儿，双手至斜下位做硬腕动作2次

② 1～4拍右脚经屈膝向8点方向上1步，左脚踏步，双手经旁至头上压腕曲臂，成胸前按手位，做硬腕动作2次

5～8拍双手下压后经旁打开向上，成斜上手位，硬腕动作2次

③ 1拍左脚向8点方向上步蹲，右脚同时抬起，上身含胸前俯，双手外划至下经下弧线由手腕带动双臂向上与耳平行(见图4-2-39)

2拍右脚原地落，重心倒换至右脚，双手压腕，下落

3～4拍左脚撤踏步，重心后移、身体后倾，左手胸前按手、右手斜上位，眼睛看8点上方(见图4-2-40)

5～8拍保持姿态和手位，做交替硬腕4次

④ 1～8拍右脚在前做垫步8次，原地左转一周，双手头上顺腕4次(双手手背相对，同时向一个方向做交替提压腕，再收回)

⑤ 1～4拍左脚起向左做旁蹉步，第3拍落地，成左腿旁弓、右腿直腿旁点地；双手在第1拍快速由旁打开到体前并拢、直臂提腕至头上，然后向两旁分手压腕，第3拍时右手斜上、左手平开位同时提腕，上身向左倾斜，眼睛看向右手

5～6拍右脚向旁迈1步，屈膝半脚掌落地，身体重心向右移动，身体右倒，右手斜下、左手斜上手位做硬腕1次(见图4-2-41)

图4-2-39　　　　　　　图4-2-40　　　　　　　图4-2-41

7～8拍右脚撤回踏步，重心移回左脚，右手斜上、左手平开硬腕(见图4-2-42)

⑥ 1～8反方向重复⑤1～8(见图4-2-43)

⑦　1～4拍左脚7点方向旁迈，右脚旁点地，身体略向左前靠，双手平开交替硬腕

　　5～8拍重心经屈膝移至右脚，身体里略向右前靠，平开手交替硬腕

⑧　1拍左脚向1点方向上步，移重心，身体左侧对1点提肋，右脚原地稍抬，同时右手头上盖至胸前按手压腕，左手对1点由下提腕至斜上位

　　2拍右脚原地落，重心移回右脚，同时身体转后至5点，双手顺势平开

　　3～4拍左脚至右脚前，成右踏步，平开手交替硬腕2次

　　5～6拍双脚并立半脚掌，双手斜上方提腕

　　7～8拍右转对7点，成正步，左脚重心微蹲，右脚脚掌点地，右手叉腰，左手空心拳，体侧前曲臂压腕，右拧腰(见图4-2-44)

图 4-2-42　　　　　　　图 4-2-43　　　　　　　图 4-2-44

第三部分：

①　1～8拍左脚起做原地立掌马步4次

②　1～2拍左脚重心，右前吸腿，左手勒马，右手经下弧线至斜上扬鞭，上身后仰(见图4-2-45)

　　3～4拍右脚落左脚旁，成立掌马步位，半蹲，左手保持勒马姿态，右手向下至后斜上甩鞭(见图4-2-46)

　　5～8拍颤膝4次，左手提压腕勒马

③　1～2拍左脚起前踢跑马步接2步原地小跑，同时右手由前向后甩鞭

　　3～8拍继续做左脚的前踢跑马步加原地小跑3次，分别向6点、5点、4点方向做

④　1～8拍双手勒马，左手略靠前，上身前倾，左腿起吸跳马步8次，转对1点

⑤　1～2拍左脚向8点方向做跺掌马步，右手扬鞭勒马式(见图4-2-47)

　　3～4拍右脚经过左脚前向4点方向转身上步，成左踏步蹲，右手甩鞭勒马式(见图4-2-48)

　　5～8拍对4点方向和1点方向重复1～4

⑥　1～2拍双手勒马式，左脚起3次原地小跑，右脚旁伸步，稍离地面，身体左侧倾倒

　　3～8拍交换脚重复1～2拍的动作3次

图 4-2-45　　　　　图 4-2-46　　　　　图 4-2-47　　　　　图 4-2-48

⑦　1 拍左手勒马式，左脚向右脚前跺步屈膝

　　2 拍左手勒马式，膝盖伸直，同时右脚向旁伸出、脚尖点地

　　3～4 拍右脚前跺步、左腿旁点地

　　5～8 拍左脚起后退跺步旁点地 2 次

⑧　1～4 拍左脚向右脚旁交叉上步，做大的摇篮步 1 次，双手勒马式

　　5～6 拍右手头上绕鞭，小的、快速摇篮步 2 次

　　7 拍双脚对 8 点正步屈膝，左手勒马右手甩鞭

　　8 拍右脚重心，左高吸腿，左手勒马，右手经下弧线至斜上扬鞭，上身后仰

❖ 组合示例二

柔臂动作组合《鸿雁》：

前奏：

①　1～8 拍对 5 点右踏步蹲，重心靠后，身体左拧腰向 4 点，上身略后仰靠，双手胯前略向旁分开按手，目视 4 点远方(见图 4-2-49)

②　1～6 拍肩背推动向右做拧转动律，转至 6 点，重心移至左脚，动作时手经过提腕至胯前端手，目光随身体拧转眺望环视，至 6 点远方(见图 4-2-50)

　　7～8 拍身体经呼吸向下含胸，双手自然摆至左侧压腕

③　1～2 拍双脚左前交叉立半脚掌碎步右转至 1 点，双手体前位，手心相对做同时向右的柔臂横摆，同时上身配合右肋上提的上下动律，目视右上方(见图 4-2-51)

　　3～6 拍脚下继续碎步右转，由 1 点转至 5 点，双手体前向左、右做柔臂横摆，身体配合上下动律，眼随手臂摆动方向

　　7～8 拍左脚向 5 点上步成右踏步，双手由旁打开到头上压腕盖手成胸前折臂，眼随手动

图 4-2-49　　　　　　　图 4-2-50　　　　　　　图 4-2-51

第一部分：

① 1拍左前交叉半脚掌碎步向7点横走，双手胸前折臂位做软手，头略含

2～3拍脚下步伐不变，双手软手动作2次，由胸前打开至平开位，头慢慢抬起

4拍脚下动作不变，双手由平开位提腕至头上压腕盖回胸前折臂位

5～8拍重复1～4

② 1～4拍转回面对1点，碎步向3点横走，手臂动作重复①1～4

5～6拍继续碎步向旁，双手胸前折臂软手、平开位软手各1次

7拍左脚向2点上步，成右踏步蹲，双手平开手压腕，头略含

8拍左膝伸直，手提腕至右手斜上、左手平开位，头上扬看2点远方

③ 1～4拍平开手位，配合肩部做交替硬腕4次，同时上身慢慢下俯，左腿慢慢下蹲，右脚大踏步向后拉伸(见图4-2-52)

5～7拍手臂动作不变，上身经起直后慢慢后仰，左腿推动重心向后移至右脚，成屈膝前点步位

8拍腿部姿态不变，上身含胸前俯，同时双手外划后，经下弧线由手腕带动双臂向上与耳平行

④ 1～3拍1拍前半拍左脚快速向7点迈步，右脚快收回成踏步，然后双手指尖向3点，左手端手、右手按手，由前贴身体向左做柔臂横摆，同时上身起直后向左做横摆动律(见图4-2-53)

4拍身体左拧转对8点含胸前俯，同时双手后划手，经下弧线提腕至与耳平行

5～7拍反方向重复1～3

8拍重心移至右脚，左脚略上提，身体对2点，双手与头左上方成手背向对，提压腕姿态

⑤ 1～6拍左脚起向2点方向做起伏步3次，双手做向右横摆顺腕3次，头看向2点上方(见图4-2-54)

7拍左脚继续向2点迈步屈膝，双手头上做1次快速的顺腕

8拍膝盖伸直，左脚立半脚掌，右脚略上提，双手至体前略靠右，手背相对

⑥ 1～7拍右脚起向8点方向做起伏步4次，双手体前向左横摆顺腕4次，同时上身略前俯，眼看8点斜下方(见图4-2-55)

8拍重心保持右脚，左脚略向8点前伸，身体对8点，双手自然上提，低头

图4-2-52　　　　　图4-2-53　　　　　图4-2-54　　　　　图4-2-55

⑦ 1～2拍左脚向8点前迈步，右脚快速跟至踏步，双手手背引领由前向后向上甩臂轮手至头后斜上方，同时带动胸背快速展开，头随手向后仰(见图4-2-56)

3～4拍胸背依次收缩，带动双手由头上转腕成手心向里，架肘曲臂下沉，膝盖下屈

5～7拍右脚向8点左跟步，身体动作重复1～4

8拍右脚半脚掌推立，左腿正吸腿，左手压腕至胯后，右手提腕至斜上手，右提肋，眼看左手(见图4-2-57)

⑧ 1～2拍左脚起向8点做垫步1次(起伏较小)，左起上下动律大柔臂1次，眼随左手方向(见图4-2-58)

da拍右腿吸腿小跳，右手压腕于胯后，左手斜上手提腕，头转右看向右手

3～4拍右起向2点做垫步1次(起伏较小)，右起上下动律大柔臂1次，眼随右手

da拍左吸腿小跳同时后转对4点，左手胯后压腕、右手斜上提腕

5～8拍分别向6点和4点重复1～4

图4-2-56　　　　　图4-2-57　　　　　　　　图4-2-58

⑨ 1～4拍右脚向7点上步成左 踏步，右起拧转动律、斜下手交替柔臂动作2次(左侧拧转柔臂时重心移向左脚)，头上扬随拧转方向环视

5～8拍右脚转对1点上步屈膝，大环动胸背动作1次

⑩ 1～8拍右起向前吸跳垫步4次，双手右起体前上下动律小柔臂动作4次

间奏：

① 1～8拍右起圆场向右自转1周，右起上下动律大柔臂4次，眼随右手方向

② 1～4拍左脚2点上步成右大踏步，双手由胸前折臂开始做软手动作4次，慢慢打开至右手斜上、左手平开位，眼随右手方向

5～8拍反方向重复1～4

③ 1～2拍左后转身，左脚向5点跟步，双手由指尖发力甩手至体后指端手，身体略后倾仰

3～8拍碎步向5点方向行进，双手右起体后横摆小柔臂动

④ 1～2拍对7点右脚上步立半脚掌，左腿上吸，双手手腕带领由下向前至上提臂于耳侧，低头

3～4拍对1点落左脚，右腿单腿跪坐，双手按手于左膝上，慢慢抬头

5拍左拧身含胸，左手压腕至体后，右手体前压腕

6拍起直成右踏步，肩带动身体右拧转，双手打开平开位，端手

7～8 拍右起向前平步 4 步，同时做碎抖肩动作

第二部分：

① da 拍左脚向 3 点上步屈膝成右大踏步，右腿蹬直，身体对 3 点前倾，左手体前压腕、左手体后端手

1 拍身体右前倾向左拧转，左手柔臂向左斜上打开，头转看左手上方(见图 4-2-59)

2～4 拍保持姿态，左手斜上方软手动作 3 次

da 拍右脚向 7 点上步屈膝，成左大踏步，身体转 7 点前倾，双手胸前交叉准备

5 拍身体左前倾向右拧转，双手柔臂向两旁打开，头转看右手上方(见图 4-2-60)

6～8 拍保持姿态，双手平开位软手 3 次

② 1～2 拍右脚半脚掌向旁弓步位迈步，同时重心右移再快速移回，左脚位置不动，旁弓步时身体右倾倒，双手平开手提压腕，眼看右下方

3 拍右脚收右踏步，双手右斜上、左平开提压腕

4 拍右脚起快速向右两步成左踏步，身体略后倾，同时右手、左手先后盖晃手至右手斜上、左手胸前按手位置

5～7 拍姿态不变，做交替提压腕 3 次

8～拍身体左拧转含胸，双手身体左下方压腕，右腿屈膝，左腿向 7 点前伸(见图 4-2-61)

图 4-2-59　　　　　　　　　图 4-2-60　　　　　　　　　图 4-2-61

③ 1 拍左腿直腿半脚掌迈立，右腿迅速上吸，同时身体向右尽量拧转，带动双手体前提腕向右平划(见图 4-2-62)

2 拍右脚起快速向 7 点平步 2 步，身体继续向右拧转

3 拍身体转对 3 点，右脚后撤成右踏步蹲，收胸背、低头，双手体前端手向后盘手转腕(见图 4-2-63)

图 4-2-62　　　　　　　　　图 4-2-63

4 拍胸背动作展开向后，双手体后夹肘按手，头上仰(见图 4-2-64)

5～8 拍右脚起向 3 点做跟步 2 次，做前后胸背动作 1 次(见图 4-2-65 至图 4-2-66)

图 4-2-64 　　　　　　　图 4-2-65 　　　　　　　图 4-2-66

④ 1～8 拍反方向重复③1～8

⑤ 1～8 拍反方向重复①1～8

⑥ 1～4 拍转向后，对 5 点半脚掌碎步行进，双手由胸前折臂依次至耳侧、头上做软手动作，最后至手心相对由最上方打开

5～8 拍重复 1～4

⑦ da 拍右转身对 1 点，右脚稍抬准备，右手胯前压腕、左手斜上提腕(见图 4-2-67)

1 拍右脚左前上步蹲，右起上下动律大柔臂，身体左旁腰向下，头看左手(见图 4-2-68)

4 拍膝盖上伸，右脚旁伸准备(见图 4-2-69)

5～8 拍反方向重复 1～4

图 4-2-67 　　　　　　　图 4-2-68 　　　　　　　图 4-2-69

⑧ 1～4 拍节奏快 1 倍做⑦1～8

5～8 拍重复⑦1～4

9 拍双脚并蹲，双手体前交叉压腕

10 拍双手斜上提腕，右脚起跳，左腿后屈抬腿

⑨ 1～8 拍左脚起吸跳垫步 4 次，分别向 8 点、2 点、4 点和 6 点，上肢左起上下动律大柔臂 4 次

⑩ 1～4 拍面对 5 点大八字步，左起平开手横摆交替柔臂 3 次，收右踏步，左手平开按手、右手体后按手，眼看左手

5～6 拍碎步右转至对 1 点，手臂姿态不变

7～8 拍右起对 3 点起伏步、右起上下大柔臂动作 1 次

结尾：右手、左手分别盖晃手成右斜上提腕、左胸前按手位，圆场左转 1 周，对 2 点成基本体态造型

课后拓展

1. 小组创编儿童舞组合：《我是草原小骑手》。

要求：(1) 能运用所学蒙古舞蹈基本动作，创编儿童舞蹈《小马蹄》。

(2) 动作选择、运用合理，有组合性。

(3) 动作适当进行变化，符合儿童动作特点。

(4) 舞蹈组合符合音乐情绪和主题。

提示：在创编儿童舞组合时应注意对动作的简单化处理，要使动作简单易学。要抓住民族性的基本风格特征，注重情绪的表达和表演，不强调动作的标准、规范。

2. 观看优秀蒙古族舞蹈视频。

推荐：《奔腾》、《天边》、《在那遥远的地方》、《草原姑娘》、《我心飞翔》等。

3. 自学蒙古族舞蹈组合《天边》。

第三章　维吾尔族民间舞蹈

第一节　维吾尔族民间舞蹈风格特点和基本形态

一、维吾尔族舞蹈风格特点

维吾尔族是有历史悠久的文化艺术传统的古老民族，他们先生活在中国北方草原，后迁徙到西域，并逐渐由草原游牧生活发展为定居的农业生活，主要聚居在新疆维吾尔自治区天山南北各地。维吾尔族舞蹈继承古代鄂尔浑河流域和天山回鹘族的乐舞传统，又吸收古西域乐舞的精华，经长期发展和演变，形成具有多种形式和特殊风格的舞蹈艺术，广泛流传在新疆维吾尔自治区各地。

维吾尔族民间舞蹈开朗、奔放，有时也很幽默。舞姿造型以昂首、挺胸、立腰为基本特征。舞蹈中擅长运用头和手腕的动作，通过移颈、头部的摇动和丰富多变的手腕动作，结合眼神的巧妙运用，表现出不同人物的内心情感和人物性格，使舞蹈风格浓郁且别具一格。舞蹈再通过不同幅度的对比变化以及特有的"移颈"、"打响指"、"翻绕腕"等装饰性动作的点缀，形成热情、豪放但不轻浮，稳重、细腻却不琐碎的风格韵味。

微颤是维吾尔族民间舞蹈中富有特色的动作，膝部规律性的连续微颤或变换动作时一瞬间的微颤，使舞蹈动作柔和优美，衔接自然。旋转是维吾尔族民间舞蹈中广为运用的技巧动作。它讲究快速、多姿、戛然而止，犹如鹰隼迎风回旋。

维吾尔族舞蹈和民间音乐结合的十分紧密，伴奏音乐非常丰富，曲调通常具有活泼、愉快、开朗、幽默的特点。伴奏音乐中多用切分、附点的节奏，在弱拍处加以强势的艺术处理，以突出舞蹈风韵和民族特点。乐器种类多种多样，大部分是弹拨乐，如热瓦普、都塔尔、弹布尔、达卜(手鼓)等，还有哈萨克族的冬不拉，都是新疆特有的乐器。在音乐中手鼓(达卜)是必不可少的，它能稳定速度，发挥其烘托舞蹈气氛和表达情感的作用。

二、维吾尔族舞蹈的表现形式和种类

就维吾尔族民间舞蹈的功能看，大体可分为自娱性舞蹈、礼俗性舞蹈和表演性舞蹈三种类型。自娱性舞蹈中最常见的是"赛乃姆"和"围囊"；礼俗性民间舞蹈有"多郎舞"、"夏地亚纳"、"萨玛"和"皮尔"；表演性民间舞蹈有"纳孜尔库姆"、"手鼓舞"、"描眉化妆舞"、"盘子舞"、"萨把依舞"等。这里介绍比较有代表性的两种舞蹈：

① 赛乃姆　赛乃姆是一种在喜庆节日、麦西热甫及一般欢聚时表演的自娱性舞蹈形式。人数不限，男女老少均可参加，表演时可自由进场，在鼓乐声、伴唱声中翩翩起舞，即兴发挥，这种没有固定程式限制，活泼自由的邀请舞在全疆普遍流行。赛乃姆舞姿优美，动作丰富，大小动作配合巧妙，常在小的停顿或一组动作的末尾，以扬眉、动目、移颈、耸肩作为装饰性动作，使人感到亲切而风趣。通常的舞步有："三步一抬"、"横垫步"、

"点步"、"进退步"等。

② 多郎舞 "多郎"是古代居住在塔里木盆地，叶尔羌河畔人民的自称。多郎舞是该地区特有的、结构严谨的舞蹈形式。其风格具有草原游牧生活和农耕生活相融合的绿洲文化特征。舞蹈以双人对舞为主，可几组同时进行，男女均可参加。表演时以"多朗木卡姆"音乐作为伴奏进行舞蹈。该乐曲由四种节奏组成，很有变化。多郎舞的动律特点是"滑冲"和"微颤"，缓慢动作沉稳充实，技巧动作豪放有力，舞蹈始终在富有特色的高亢的男声伴唱中进行。多郎舞是一种极有特色的维吾尔族民间舞蹈。

三、维吾尔族舞蹈基本形态

1. 基本体态

(1) 基本体态：小八字步站立，重心略偏前，提胯、立腰、拔背、挺胸、垂肩、昂首，目平视，双手自然下垂。

(2) 挑身：上身由肋骨带动向上挑起，有正挑身(见图 4-3-1)；侧挑身(见图 4-3-2)；横挑身(见图 4-3-3)。

图 4-3-1　　　　　　　　图 4-3-2　　　　　　　　图 4-3-3

2. 脚位

(1) 小八字步。

(2) 前点位：一脚小八字步站立，另一脚向前外开点地(见图 4-3-4)。

(3) 旁点位：一脚小八字步站立，另一脚向旁略靠后(主力腿脚后跟正旁方向)外开点地(见图 4-3-5)。

(4) 后点位：一脚小八字步站立，另一脚向后外开，脚掌点地(见图 4-3-6)。

(5) 踏步位(见图 4-3-7)。

图 4-3-4　　　　　图 4-3-5　　　　　　图 4-3-6　　　　　图 4-3-7

3．手形

(1) 掌形：自然手形，四指并拢，拇指自然张开。

(2) 花形手：立腕，手指松弛，拇指和中指指尖相对(呈捏葡萄状)，另外三指自然翘起。

(3) 空心拳：握空心拳，拇指自然贴于食指第一关节处。

(4) 拇指冲：握空心拳，拇指自然张开。

4．常用基本手位

(1) 叉腰手：双手虎口叉腰，手指放松，指尖相对，略压腕，胳膊肘微向前(见图4-3-8)。

(2) 提裙位：双手在体侧斜下方，略靠前，立腕翘指(见图4-3-9)。

(3) 山膀立腕位：双手在平开手位置上翘指立腕(见图4-3-10)。

(4) 双托位：双手托于头上(见图4-3-11)。

图 4-3-8　　　　　　图 4-3-9　　　　　　图 4-3-10　　　　　　图 4-3-11

(5) 托按位：一手头上托掌位，另一手胸前按掌立腕(见图4-3-12)。

(6) 山按位：一手在山膀立腕位，一手胸前按掌立腕(见图4-3-13)。

(7) 顺风旗位：一手托掌位，一手山膀立腕位(见图4-3-14)。

(8) 托帽位：架肘曲臂，手心向上，指尖向里托于耳后；可做单手托帽位(一手托帽、一手斜前、上方伸出，翘指立腕)；双手托帽位(双手于头部两侧托帽)(见图4-3-15)。

图 4-3-12　　　　　　图 4-3-13　　　　　　图 4-3-14　　　　　　图 4-3-15

(9) 胸前交叉手：双手胸前交叉立腕(见图 4-3-16)。

(10) 围腰手：一手围于胯前，一手围于腰后(见图 4-3-17)。

(11) 前推手：双手胸前斜上方或斜下方推掌立腕，一手略在上(见图 4-3-18)。

(12) 遮阳托腮手：一手于头斜上方曲臂，手心向下，一手于颏下，架肘，手心向下(见图 4-3-19)。

  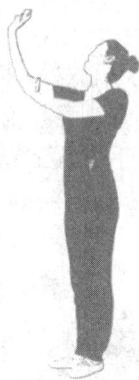 

图 4-3-16   图 4-3-17   图 4-3-18   图 4-3-19

(13) 扶胸手(行礼)：可做双手扶胸，也可做单手扶胸；上身微前俯，头微前点，目视斜下方，双手交叉扶于胸前，或右手扶于左胸前，手心向内(见图 4-3-20)。

(14) 点肩手：架肘曲臂，中指点于肩头(见图 4-3-21)。

(15) 夏克：一手托掌，另一手曲臂立腕于托掌手一侧的肩前，身体呈侧挑身状态(见图 4-3-22)。

(16) 顿肘手：拇指冲手形，小臂上折 90 度，肘比肩稍高，可对正前或斜前(见图 4-3-23)。

图 4-3-20   图 4-3-21   图 4-3-22   图 4-3-23

(17) 邀请手：一手平开，手心向上，另一手自然下垂或在前围腰手处，手心向上，目视平开手前方(见图 4-3-24)。

(18) 肩前手：一手曲臂架肘，指尖触另一侧肩部(见图 4-3-25)。

(19) 腰捧手：按手平架于腰旁，肘向后略夹(见图 4-3-26)。

(20) 扣手：双手手心相对，指尖相扣。

图 4-3-24　　　　　　　图 4-3-25　　　　　　　图 4-3-26

第二节　维吾尔族舞蹈动律和常用手臂动作

一、基本动律

微颤是维吾尔族舞蹈动律的基础，它是指膝盖在微屈状态下有弹性的颤动。

(1) 点颤动律：主力腿微屈，有弹性的轻颤，动力腿在前点、旁点或后点地的位置上以脚掌点地；动力腿脚掌点地时以脚腕带动。前半拍动力腿脚掌点地，主力腿轻颤；后半拍动力腿脚掌自然离地，主力腿再次轻颤。

提示：做点颤动律要颤而不窜，挺而不僵；动力腿保持位置，脚掌自然抬落，膝盖、大腿不能用力。

(2) 摇身动律：上身保持基本姿态，以鼻尖带动头部和上身整体左右横向摇动。

(3) 摇身点颤动律：在点颤动律基础上配合摇身动律，摇动重拍一般向主力腿方向。

提示：在手位或舞姿动作上的摇身点颤动律，需要保持舞姿和手位造型的整体性，不能变形。

(4) 压颤动律：站正步，提胯，双膝有控制的放松，重拍向下一大一小的颤膝，颤膝要有韧性，颤而不窜，连绵不断。

二、手腕和手臂动作

(1) 里绕腕：手心向上，由指尖带腕向里快速绕一周，成花形手立腕，一拍完成，重拍立腕。

(2) 外翻腕：立腕基础上，由腕带指向外翻绕成手心向上摊掌，一拍完成，重拍摊掌。

(3) 打响指：拇指和中指打响。

(4) 弹指手：掌形手，指尖向上弹动，一拍弹一下。动作时手指不能弯曲和下折(见图 4-3-27)。

(5) 双推腕：双手至于头顶，手背相对与肩同宽，向左或右推腕，同时带动双臂轻摆，动作时由后手推动前手(见图 4-3-28)。

图 4-3-27　　　　　　　　　　　　　　　　　　图 4-3-28

(6) 掏手：手由下至上，经腋下上掏，指尖带动手腕外绕。

(7) 下穿手：指尖带动由上向下经腋下至身体斜后方。

(8) 盖手：掌形，手心向下，由旁经上向内下盖。

(9) 猫洗脸：手在头侧、耳旁，顺耳向上提腕，经过额头压腕顺另一耳侧向下绕脸一周；可单手做，也可双手指尖相搭做(见图 4-3-29 至图 4-3-32，图例为双手猫洗脸)。

(10) 波浪手：由肘带动腕、带指，一节节展开，再一节节收回，呈波浪形运动。

图 4-3-29　　　　　图 4-3-30　　　　　图 4-3-31　　　　　图 4-3-32

(11) 摊盖手：双手由体前手心向上交叉摊手，向外经前弧线打开至旁，再翻手至手心向下，曲臂回盖手至叉腰位。

(12) 外分手：双手从下至头上，再向外分手打开。

第三节　　维吾尔族舞蹈基本步伐

(1) 抬颤步：站小八字步，主力腿颤膝 1 次，同时动力腿快速后抬，然后外开向前、后或交叉落地。连续的抬颤步也可称为单抬步，可以向前或向后行进走。

(2) 自由步：双脚脚掌交替直线迈步，可向前或者向后，动作较快，一般走三步一停顿。

(3) 横垫步：(以右为例)身体对 1 点，小八字步准备。

Da 拍右脚抬颤

1 拍右脚跟落至左脚尖前，脚尖对 2 点，左脚踮脚，重心在两脚之间，双膝靠拢，胯上提

Da 拍右脚尖平划至 8 点落地

2 拍左脚掌向左横移一步，半脚掌着地

Da 拍右脚稍抬，为下一步做准备

提示：动作时身体保持平稳，重心始终在两脚之间，双膝内侧相靠，脚不离散。

(4) 切分横垫步：(以右为例)身体对 1 点，小八字步准备。

Da 拍右脚抬颤

1 拍脚略勾，向右横移一小步，脚跟着地，左踮脚，重心在两脚之间

2 拍在第 2 拍前右脚掌落地，左脚掌快速向右横移至右脚跟后，双膝随之颤顿 1 次

提示：要求勾脚时值长，脚掌落地时值短，注重切分节奏的掌握。

(5) 三步一抬。

① 前后三步一抬(以右为例)小八字步准备

Da 拍右脚抬颤

1 拍右脚向前上步

Da 拍左踮脚向前上一大步

2 拍右脚向前上步成左后踏步

Da 拍右脚抬颤，为下一步准备

提示：三步一抬向后做，动作与向前相同

② 横移三步一抬(以右为例)Da 拍右脚抬颤

1 拍右脚迈向左，落至左脚前

Da 拍左脚踮脚向左横移一大步

2 拍右脚继续向左横移成左后踏步

Da 拍右脚抬颤，准备下一步动作

③ 转体三步一抬(以右为例)身体对 1 点，小八字步准备。

Da 拍右脚抬颤

1~da 做横移三步一抬的 1~da 拍动作

2 拍转体对 2 点，右脚上步至左后踏步或弓步(见图 4-3-33 至图 4-3-36)

图 4-3-33   图 4-3-34   图 4-3-35   图 4-3-36

④ 转身三步一抬(以右为例)身体对1点，小八字步准备

Da 拍右脚抬颤

1 拍右转身，右脚向4点上步，脚跟着地，头对1点

Da 拍左脚踏脚向5点上步，头对1点

2 拍转身对8点，右脚上步成左后踏步，头快速甩转回1点

提示：转身时要留上身和头(见图4-3-37至图4-3-40)。

图 4-3-37   图 4-3-38   图 4-3-39   图 4-3-40

(6) 自由步：全脚或脚掌交替外开向前成直线迈步，也可向后退走。

(7) 进退步。

① 前后进退步：(以右为例)身体对1点，双踏脚正步准备

Da 拍右膝微存，借脚掌推地向前直立，左踏脚向前迈出，重心快落左脚

1 拍右踏脚向左脚前上步

Da 拍左踏脚向前移半步

2 拍右踏脚向左脚后撤步，重心保持在前

Da 拍重复前面准备 da 拍动作，准备下一步动作

提示：身体保持直立，步伐要平稳，忌前俯后仰，重心保持靠前。

② 横移进退步：(以向左为例)身体对1点，双踏脚正步准备。

Da 拍左踏脚向左横移一步

1 拍右踏脚向左脚前上步

Da 拍左踏脚向左移半步

2 拍右踏脚向左脚后撤步

Da 拍重复准备 da 拍动作

③ 交叉进退步(以右为例)身体对1点，双踏脚正步准备。

Da 拍左踏脚向前上一步

1 拍右脚至交叉点步位

Da 拍左踏脚向前移半步

2 拍右踏脚向左脚后撤步

Da 拍重复准备 da 拍动作

(8) 蹲移步：(以右为例)小八字步准备。

1 拍右脚向左前上步成左后踏步蹲，或右脚向左脚后迈步，成右后踏步蹲

2 拍右膝上伸，左脚于旁点步位点地，重心移至左脚

Da 拍重心快速移回右脚

提示：蹲移步可向前或向后退走(见图 4-3-41 至图 4-3-44)。

图 4-3-41　　　　　图 4-3-42　　　　　图 4-3-43　　　　　图 4-3-44

(9) 跺移步：(以左为例)正步准备。

Da 拍左脚抬颤

1 左脚全脚在正步位上跺步，双膝略屈

Da 拍保持屈膝，右踮脚向左横移一步

2 拍右脚左向右脚前横移，成右后踏步(见图 4-3-45 至图 4-3-48)

图 4-3-45　　　　　图 4-3-46　　　　　图 4-3-47　　　　　图 4-3-48

(10) 蹉步：(以右为例)小八字步准备。

1 拍右脚向前迈出，脚掌点地

Da 拍左脚快跟至右脚后

2 拍右脚落地，同时左脚向前迈出，准备下一步动作

(11) 跳蹉步：正步双腿微屈准备。

Da 拍左脚前上步蹉蹉，同时右腿前吸

1 拍右脚前落，保持双膝微屈

Da 拍左脚向前迈步

2 拍右脚向前上一步，保持双膝微屈

Da 拍右脚向前蹉蹉一步，同时左腿前吸

(12) 压颤步：配合压颤动律，双脚交替 1 拍 1 次向前或向后迈步。

第四节　维吾尔族舞蹈基本动作组合

❖ 组合示例

手位、脚位、动律训练组合：

第一部分：

① 1～4 拍基本体态准备

　　5～8 拍双手体前做摊盖手成叉腰位

② 1～8 拍双膝自然微颤

③ 1～2 拍左脚抬颤步向后撤步，双手体前斜下方摊开

　　3～4 拍右脚成前点地，双手至提裙位绕腕成花形手

　　5～8 拍保持姿态做点颤动律 2 次

④ 1～8 拍点颤动律 4 次，双手在提裙位做外翻腕、绕腕动作 2 次

⑤ 1～2 拍右脚前上步屈膝，双手由体前平摊手打开

　　3～4 拍左脚成后点地，双手至山膀位绕腕

　　5～8 拍保持姿态做点颤动律 2 次

⑥ 1～8 拍点颤动律 4 次，双手在山膀位做外翻腕、绕腕动作 2 次

⑦ 1～4 拍左脚向右前抬颤上步，右脚至旁点地，双手由旁盖手至叉腰

　　5～8 拍点颤动律 2 次

⑧ 1～8 拍保持姿态做摇身点颤动律 4 次

第二部分：

① 1～2 拍右脚左前抬颤上步，身体略转右，双手由下前抬，头略低

　　3～4 拍左脚旁点地，双手绕腕，右手经头上至顺风旗位置，身体稍转向 2 点，头看右手方向

　　5～8 拍反方向重复 1～4

② 1～8 拍保持姿态做摇身点颤动律 4 次

③ 1～2 拍右脚后撤步屈膝，双手山膀位摊手，身体略含，眼看左手

　　3～4 拍左脚前点地，双手旁抬至双托位绕腕

　　5～8 拍保持姿态做摇身点颤动律 2 次

④ 1～8 拍继续做摇身点颤动律 4 次，同时双手做连续的外翻腕 4 次，由托掌位逐渐打开至山膀位

⑤ 1～2 拍左脚向右前抬颤上步，双手由左向右平摊

　　3～4 拍右脚旁点地，双手至右旁、左前的山按位绕腕

　　5～8 拍摇身点颤动律 2 次

⑥ 1～8 拍反方向重复⑤1～8

⑦ 1～2 拍左脚右后撤步蹲，右手由下至左前上抬手，左手曲臂向下至旁上抬

　　3～4 拍右脚旁点地，双手至右托帽位绕腕

5~8 拍摇身点颤动律 2 次

⑧　1~8 拍反方向重复⑦1~8

第三部分：

①　1~8 拍左脚旁点位做点颤 4 次，右脚向右碾转至对 5 点，双手头上扣手翻腕 4 次，眼睛顺左臂斜下方看出

②　1~4 拍左脚起向后做蹲移步 1 次，双手由头上交叉压腕至胸前交叉手，头略转右

5~8 拍右脚起向后做蹲移步 1 次，双手胸前推手，经前弧线至山膀位，头略左转

③　1~8 拍重复①1~8

④　1~8 拍重复②1~8

⑤　1~2 拍左脚抬颤向 2 点上步，左手翻腕摊手，右手向左平摊

3~4 拍右脚旁点地，手至右前山按位绕腕，侧挑身，眼看右肩下

5~8 拍保持姿态做点颤动律 2 次，手在山按位做翻腕、绕腕动作

⑥　1~8 拍保持姿态做摇身点颤动律 4 次

⑦~⑧反方向重复⑤~⑥

第四部分：

①　1~2 拍左脚前点地摇身点颤，右手在上、左手山膀顺风旗手位外翻腕

3~4 拍左脚后点地摇身点颤，顺风旗手位里绕腕

5~8 拍重复 1~4

②　1~6 拍脚位不变摇身点颤 3 次，双手顺风旗手位做软手动作

7~8 拍左脚抬颤向前上步，手部动作不变

③~④反方向重复①~②，② 7~8 拍继续后点摇身点颤，不向前上步

⑤　1~4 拍右脚开始向前做蹲移步 1 次，双手下悠至左前、右后围腰手，再经下弧线至山膀位绕腕，头看左手方向

5~8 拍反方向重复 1~4

⑥　1~2 拍右脚撤后点地，双手平开响指，左移颈

3~4 拍响指、右移颈

5~8 拍点颤动律，响指 2 次，左起移颈 3 次

⑦　1~4 拍右起向前自由步 3 步，双手体侧翻腕、掌心向上前抬

5~8 拍左踏步、慢屈膝，双手曲臂在头前上下位(左手头前上方、右手略靠下)绕腕，身体略含

⑧　1~4 拍左起向后自由步 3 步，双手经头上分手向旁打开

5~8 拍右脚撤踏步屈膝，右手单扶胸行礼

❖ 组合示例二

步伐动作组合《阿拉木汗》：

引子：鼓：右腿对 1 点跪直，左腿直腿旁点地，右手在上的顺风旗位，身体对 2 点侧挑身，眼睛看右手上方

笛声：由呼吸带动，双手和身体向左，慢做大晃手一周，至双托位绕腕，然后向左下旁腰，再起直。

前奏：

① 1～4拍双手做4次连续外翻腕动作，同时向旁打开至山膀位

5～8拍右腿保持跪立，左脚收至右膝前，移颈，同时左手大臂不动、小臂由手腕带动上曲臂收回，手心向里至左脸旁，右手托掌带动小臂经前弧线收至左胸前成单扶胸位

② 1～4拍右手做邀请手打开，同时起直成右踏步，眼随左手方向

5～8拍左手做邀请手打开，同时右脚收小八字眼随左手方向

③ 1～4拍双手扶胸位行礼，上肢略前屈行礼姿势

5～8拍右脚向前成左后踏步，双手成右手单托帽位、左手斜上绕腕立掌

④ 1～4拍向7点方向走圆场步，上肢姿态不变

5～6拍左脚向2点方向上步成右后踏步，身体呼吸前屈，双手下交叉

7～8拍双手双托位绕腕

- 上部

① 1～8拍左脚起向3点方向做横垫步4次，双手头上双推手2次，先向右再向左

② 1～8重复①1～8，第8拍做右脚的抬颤步

③～④反方向重复①～②

⑤～⑥继续做横垫步向3点，左手单托帽位、右手斜上立腕

⑦～⑧做反方向横垫步，左手遮阳托腮手位做弹指

- 中部

①～②左脚起向3点做切分横垫步8次，双手头上做响指动作，最后一拍做右脚抬颤步

③～④反方向重复①～②

⑤ 1～8拍左脚起向后做三步一抬，左手叉腰，右手由下向后向上再盖手回叉腰位

⑥ 1～8拍继续做三步一抬向后，同时右手保持叉腰位，左手向后向上再盖手回叉腰位

⑦ 1～4拍左脚起做转体三步一抬，双手手心向上，由体前向上再打开成左顺风旗位绕腕立掌

5～8拍反方向重复1～4

⑧ 1～8拍重复⑦1～8

9～12拍左脚经抬颤向右脚前上步成右后踏步，左手同时至前成顿肘手，头略向左，眼看1点

- 下部

①～②左脚起垫步向左转一周，上肢姿态不变

③～④右脚起做三步一抬向前4次，双手绕腕按手于右胯前，同时左肩略靠前

⑤ 1拍左脚向右脚前做交叉点进退步，双手体前斜下方做摊手，右手略靠前

2拍右手起做掏手，左脚向左后撤成后点地

3～4拍左手单托帽、右手斜上方绕腕立掌

5～6拍双手上分手打开，左脚向右交叉进退步

7～8拍双手成右上顺风旗位绕腕立掌，左脚后撤点地

⑥ 1～4拍左脚起向右前上步做蹲移步，左手平开立腕、右手做单手猫洗脸后旁推

5～8拍反方向重复1～4

1～4拍左脚撤至右脚后成左后踏步蹲，同时右手背手，左手掌心向上曲臂收至右肩前成肩前手，头看向左肩后

　　　　　5～8 拍原地碾转一周，上肢姿态不变

⑧　1～4 拍左手向右前上步、右腿直跪，双手头上双托位绕腕，头略含

　　　　　5～8 拍保持体态，跪抬头，下巴略上扬

⑨　1～8 拍保持手位，做移颈动作，慢慢起直

⑩　1～4 拍双手头上搭手互拍，同时右脚于小八字步位跺步 1 次

　　　　　5～8 拍双手下穿手，同时右脚后点、碾转一周

⑪　1～8 拍左脚起做转体的三步一抬 2 次，双手做顺风旗绕腕

⑫　1～4 拍左脚做转体三步一抬 1 次

　　　　　5～8 拍右脚向左前做交叉进退步，右脚后撤成弓步姿态，同时双手于头上斜前方手心向内，右手背前推、左手回拉，右脚撤弓步时双手至右单托帽位绕腕立掌

❖ **组合示例三**

维吾尔族综合组合《掀起你的盖头来》：

前奏：

①～②由 7 点位置，右上顺风旗位置小跑步上场

③　1～8 拍向右点转两周，手位保持不变

④　1～4 拍左脚向左旁迈一步，右脚脚尖点地，双手由前交叉向旁摊手平开

　　　　　5～8 拍右脚落左脚斜后方成踏步半蹲，单手扶胸礼

⑤　1～8 拍移颈 8 次，同时双手由前交叉向旁摊手平开

· 上部

第一部分：

①　1～2 拍右腿屈膝，左脚向 2 点方向点地，双手 2 点斜前摊手

　　　　　3～4 拍左脚旁点地，双手顺风位绕腕

　　　　　5～8 拍摇身点颤动律 2 次

②　1～8 拍重复①1～8

③　1～8 拍左脚起向前做蹲移步 2 次，右手起做单手猫洗脸再旁推 2 次

④～⑤右脚做横垫步向左转一周，双手做猫洗脸 4 次

⑥～⑦左脚起做转体三步一抬 4 次

第二部分：

①　1～8 拍左脚起向 6 点方向做向后的三步一抬 2 次，双手双推手位置坐波浪手

②　1～8 拍重复①1～8

③　1～8 拍左脚起做跺移步，双手由右手点肩、左手围腰至左手托帽、右手 2 点方向斜下手绕腕

④　1～8 拍摇身点颤动律 4 次，右手做弹指 4 次，慢慢向上抬起

⑤　1～4 拍右脚向右横迈跺移步 1 次，手在平开位摊手再绕腕，成右手曲臂至下颚、左手山膀立腕位

　　　　　5～8 拍反方向重复 1～4

⑥　1～8 拍左脚起做横垫步向左转一周，手位保持不变

⑦　1～8 拍左手托腮，右手做猫洗脸至托腮，同时做移颈

第三部分：

① 1～8拍向2点方向小跑步，双手摊手由下向上抬至斜上

② 1～8拍碎步跑后退，双手绕腕推手，头向左转

③ 1～4拍转身对8点，同时左脚正步位跺脚1次，双手头上击掌

5～8拍右脚向后踏步碾转一周，双手下穿手至提裙位

④ 1～4拍左脚向2点做抬颤上步，双手对2点向上抬臂

5～8拍右脚经抬颤成旁点地，双手顺风位绕腕

间奏：

① 1～8拍保持姿势点转一周

② 1～8拍保持姿态做摇身点颤动律

③ 1～4拍双手山膀立腕位打开，右脚起向右三步转一周

5～8拍对2点方向左腿单腿跪直，双手胸前击掌后成左手叉腰、右手至山膀立腕位

④ 1～8拍保持跪直姿态，做移颈4次，同时右手响指4次

⑤ 1～8拍双腿起直后左脚向右脚旁上步碾转一周，双手经头上双搭指后下穿手至提裙位

· 中部

第一部分：

① 1～4拍右脚做交叉进退步1次，双手向前外翻腕平摊手后绕腕成双推手

5～8拍重复1～4

② 1～4拍左脚起向左迈步，做三步转一周，双手山膀位

5～8拍右脚旁点地位，双手绕腕至左侧斜上双推手位

③ 1～8拍做旁点地摇身点颤4次，双手在双推手位置上做外翻腕再里绕腕2次

④ 1～4拍右脚起向后做转身三步一抬1次，双手由左斜前平摊至右侧山按位绕腕

5～8拍保持姿态做移颈4次

⑤ 1～8拍反方向重复④1～8

⑥～⑦重复④～⑤

第二部分：

① 1～4拍右脚起向8点做向前的三步一抬，右手在头上由右向左后绕至托帽位，左手由右侧腋下向左平穿至左侧斜上立腕

5～8拍持姿态做左脚的三步一抬

② 1～8拍向2点做向前的三步一抬2次，手部反方向重复①1～4拍的动作

③ 1～8拍右脚起后做三步一抬，左手叉腰，右手由下向后向上再盖手回叉腰位

④ 1～4拍右脚起做转体三步一抬，双手手心向上，由体前向上再打开成右顺风旗位绕腕立掌

5～8拍反方向重复1~4

⑤ 1～8拍重复④1～8

⑥ 1～2拍左脚向旁点地，重心略移，双手上分手打开至旁，摊手

3～4拍左脚收回至右脚后成踏步半蹲，双手至左上的托按位绕腕

5～8拍保持姿态做移颈

⑦　反方向重复⑥1～8

第三部分：

①～②　1～8拍右脚起做三步一跳蹭4次，向左绕一周，手成左上托帽位

③～④　1～8拍继续做三步一跳蹭4次，向右反绕一周，左手由手腕带动向下再向上成托帽位，右手叉腰

间奏：

1～4拍右脚起向右三步转一周，双手山膀位

5～8拍左腿跪立地面，双手胸前击掌后成山按位绕腕

②　1～8拍保持姿态做移颈动作，身体慢慢后倾

③　1～4拍左脚起向左三步转一周，双手山膀位

5～8拍右腿跪立地面，双手胸前击掌后成左手叉腰、右手山膀位绕腕

④　1～8拍保持姿态做移颈动作，同时右手做响指

⑤　1～8拍向右后跪碾转至5点，下胸腰，双手由下向上至头上绕腕推手

⑥　1～8拍双手向上做波浪手，继续向下下腰

⑦　1～4拍双手向上分手打开，挑腰起上身

5～8拍向左拧转，左腿同时支起，右手立腕托腮、左手托肘

⑧　1～8拍移颈，同时慢慢站起成踏步位

⑨　1～4拍双手头上扣手击掌，右脚至左脚旁踏步

5～8拍右脚向后撤步碾转，双手下穿手至提裙位

• 下部

第一部分：

①　1～2拍左腿屈膝，右脚向8点方向点地，双手8点斜前摊手

3～4拍右脚旁点地，双手顺风位绕腕

5～8拍摇身点颤动律2次

②　1～8拍重复①1～8

③　1～8拍右脚起向前做蹲移步2次，左手起做单手猫洗脸再旁推2次

④　1～8拍左脚起向2点做碾步4次，双手分别在提裙、山膀、斜上位做弹指，2拍1次，最后两拍落在胸前交叉位

⑤　1～8拍继续向2点做碾步4次，双手在双托位指尖向前，分别对8点和2点做弹指动作，两拍一次

⑥～⑦反方向重复④～⑤

第二部分：

①　1～4拍左脚起向2点做向前的三步一抬，左手在头上由右向右后绕至托帽位，右手由左侧腋下向右平穿至右侧斜上立腕

5～8拍持姿态做右脚的三步一抬

②　1～8拍向2点做向前的三步一抬2次，手部反方向重复①1—4

③　1～8拍左脚起向后做三步一抬，左手叉腰，右手由下向后向上再盖手回叉腰位

④　1～8拍左脚起做跺移步，右手由点肩手向上向斜前弹开至体下

⑤　1～8拍右脚在后的后点摇身点颤4次，右手做弹指，由下至斜上

⑥～⑦反方向重复④～⑤

第三部分：

①　1～8拍向8点方向小跑步，双手摊手由下向上抬至斜上

②　1～8拍碎步跑后退，双手绕腕推手，头向右转

③　1～8拍原地向右做小跑转一圈，双手右上顺风位绕腕

④　1～8拍反方向重复③1～8

⑤　1～4拍左脚向2点做抬颤上步，上身前倾，双手对2点向上抬臂

　　5～8拍右脚经抬颤成旁点地，双手胸前交叉位绕腕立掌

⑥　1～8拍保持姿态做摇身点颤4次

⑦　1～4拍右脚向左后成踏步，同时双手分手至右手斜上左手平开，手心向上

　　5～8拍踏步砖一周，同时右手收回抚胸礼位置

⭐⭐⭐ 课后拓展

1. 小组创编儿童舞组合：《维吾尔族小姑娘》。

要求：

(1) 能运用所学维吾尔族舞蹈基本动作，创编儿童舞蹈《维吾尔族小姑娘》。

(2) 动作选择、运用合理，有组合性。

(3) 动作适当进行变化，符合儿童动作特点。

(4) 舞蹈组合符合音乐情绪和主题。

提示：在创编儿童舞组合时应注意对动作的简单化处理，要使动作简单易学。要抓住民族性的基本风格特征，注重情绪的表达和表演，不强调动作的标准、规范。

2. 观看优秀维吾尔族舞蹈视频。

推荐：《花儿为什么这样红》、《铃铛舞》、《可爱的一朵玫瑰花》、《美丽的姑娘》、《丰收时节》等。

3. 自学维吾尔族舞蹈组合《维族姑娘》。

第五单元

幼儿舞蹈

第一章　舞蹈基本素质训练——芭蕾舞形体训练

在前四个单元中，芭蕾形体的训练内容已基本达到学前教育专业学生对舞蹈基本知识的掌握和舞蹈能力训练的要求。本单元的芭蕾形体训练部分，不再具体安排把上与把下训练内容和组合，教师可根据学生实际情况和教学计划安排，适当分配课时，将前四个单元的训练内容加以综合，并有选择的进行教学训练。对于舞蹈素质较好的学生，也可适当增加训练难度。本单元在前四个单元基础上增加旋转的内容介绍，以供教师对于不同素质和能力的学生进行选择性训练。

旋转(Tour)是舞蹈基本训练中难度最大的一项技术。

旋转技术需要具备开度、立度、软度、控制力、协调性等的身体综合素质。在基础训练里，从把杆部分到中间部分的所有练习内容都是围绕这些综合能力进行的。增强主力腿的能力和重心的稳定性；骨骼肌肉的外开、柔韧性；身体各部位的力量和控制力；肢体的协调配合等。这一切都为学习旋转提供了充分的前期准备。

练习旋转能力的形式比较多，有单腿起的、双腿起的、单起单落的、双起双落的、单起双落的、双起单落的；有原地的、移动重心的、舞姿的转等。所有这些不外是通过不同形式的训练，提高转的能力，推动旋转技术的掌握。

1．五位转(Soutenu En Toutnant)

五位转有原地的和移动的两种，五位转在之前的把上训练和把下训练组合中已经应用到了。

原地转的做法是在半蹲的基础上(两腿弯曲或一腿弯曲)再起直，(两腿弯曲时同时起直，单腿弯曲时打开的腿从任何方向收回)同时立起半脚尖转 1/4、1/2、3/4 或一圈，可做向外划圈或向内划圈。

移动的做法同上，只是一腿打开后不收回，另一腿从半蹲上推起移重心与打开的腿并拢成五位半脚尖转。

2．链子转(Tour Chaine)

Chaine 是链子的意思，链子转是指一连串在两脚半脚或脚尖上不间断的均衡的进行旋转，每次转半个圈，做法基本同古典舞训练中的平转(初学要做的慢些，可采用两脚踩动两次再转的方法)。

准备：前点地，手六位

第一拍时前点地的脚向一位立半脚掌转半圈，Da 拍时另一脚落一位半脚掌位置再转半圈，注意留头甩头的配合。

3．旋转(Pirouette)

旋转(Pirouette)是旋转类的重要部分，它属于原地旋转类，有三大类形式，本单元只介绍基本练习，即小的旋转中五位和四位两种。

(1) 五位旋转

① 五位向外旋转

准备：右脚前五位，手一位

1 拍半蹲，手经二位打开六位

2 拍主力腿(右)立半脚掌的同时动力腿(左)起高的旁吸腿至膝盖下同时向动力腿方向旋转 1/2、1 周或更多

3 停

4 拍五位半蹲，手一位或七位

② 五位向内旋转

准备和做法同上，只是半脚掌起后旁吸腿至膝盖下向主力腿方向旋转，落前五位

(2) 四位旋转

① 四位向外旋转

准备：右脚前五位，手一位

8 拍半蹲，手一位

1 拍右腿起旁吸腿至膝盖下或吸腿，立半脚掌，手二位

2 拍停

3～4 拍右腿落后小四位半蹲(前腿半蹲后腿直、重心在前脚上)手六位

Da 拍后腿半蹲

5 拍推起半脚掌，同时右腿旁吸腿至膝盖下向右旋转

6～7 拍停

8 拍落后五位半蹲

② 四位向内旋转

准备：右脚前五位，手一位

1～2 拍立半脚掌右腿旁吸腿及膝盖下手二位

3～4 拍右脚落前四位(后腿直，比小四位稍大)手六位

Da 拍主力腿(右)加深蹲后脚经擦地直接打开至旁

5～7 拍动力腿(左)收前旁吸腿至膝盖下，同时向主力腿方向旋转，手二位

8 拍落前五位，手落小七位

第二章 幼 儿 舞 蹈

幼儿舞蹈是由儿童表演或体现幼儿生活的舞蹈，也是本教材的重点章节。幼儿舞蹈因其简单、短小、形式多样，已愈加受到幼儿教育的重视，目前在世界各地的幼儿教育领域内，幼儿舞蹈教育已经成为促进幼儿成长、发育的重要手段和幼儿园教学的重要组成部分。

第一节 幼儿舞蹈的特点和种类

一、幼儿舞蹈的特点

幼儿舞蹈形式多样、色彩斑斓，它除了具备舞蹈艺术的特性外，又有自身的个性与特点，而这些特点都是由幼儿的心理和生理发展特征所决定的。幼儿时期的心理特征主要表现在好奇、好动、好模仿、易幻想、注意力不易集中、思维形象具体等方面，肢体动作的协调发展也在逐步增强，因此此阶段的幼儿舞蹈具有活泼、夸张、天真、有趣、短小、形象、故事性强、情节简单等特点，其突出表现在以下几方面：

1. 形象性

形象是直观的艺术形象，它是通过人们的眼睛来进行审美感觉的。这就决定了舞蹈作品中的情感和人物都必须通过舞蹈形象直接表现出来。幼儿舞蹈同样是这样，而且较为明显。因为幼儿生长的特点决定了它的直观性，比如睡觉、吃饭、玩游戏等，这些都会用较为简练的动作加以说明，并付诸以形象。

2. 童真性

纯真、稚嫩是幼儿情感和思想的特点，他们天真活泼，感情真挚，看待事物简单直接。而幼儿舞蹈是展示幼儿心灵的宣传品，也是表现幼儿情感世界最直接的方式，幼儿舞蹈的关键就在于以幼儿的眼睛来看世界，以幼儿的思想感情来对待客观事物，因此，"童真"是幼儿舞蹈的一个重要特点。

3. 童趣性

童趣，即儿童的情趣、兴趣。所谓兴趣，就是指探究或从事某种事物和活动时的意识倾向，这种倾向又是和一定的情感联系着的，儿童就是在这种心理倾向的驱使下产生了各种各样的行为，从小时候的玩积木、玩手绢，到年龄大一点儿时的踢球、骑马打仗，他们在玩这些游戏时，所表现出专注的神情和高度集中的注意力，都是兴趣在发挥着作用。幼儿舞蹈教育者就是要抓住儿童这一特征，进行舞蹈创作及编排。

4. 模仿性

模仿是幼儿日常生活中增长知识能力的主要手段，幼儿舞蹈动作更是以模仿为主要内容和形式，比如模仿日常生活中的劳动与行为(洗手、洗脸，打扫、看书等)，还有模仿自然界中的动物与植物(小鸟飞、小鱼游、小鸭走、青蛙跳、小花朵、小太阳、小雨滴等)，模仿有特点的人物与动作等(解放军叔叔、骑马、开车等)，这些都是通过模仿来获得动作来源，达到训练效果。

5．童幻性

幻想(又称想象、憧憬)往往是儿童心理活动中最活跃的因素。在幼儿的幻想世界里，他们可以像小鸟一样在天空中飞翔，可以像美人鱼一样在大海畅游，可以是穿行于太空的外星小超人，也可以和孙悟空一起在云彩上玩耍。他们虽然弱小，但在想象中他们却是无敌的巨人，怀中抱着洋娃娃她就是妈妈，玩具锅中的碎橡皮就是丰盛的午餐。幼儿幻想过程中真实而强烈的情感体验和对于想象情景直接表露的特点，正是幼儿舞蹈艺术形象的依托，是构成幼儿舞蹈艺术特色的基础。

6．综合性

幼儿的生活是丰富多彩的，幼儿的情感、思想也是繁复多样的。因为不同年龄段的儿童，有不同的生活内容，有不同的生理和心理特征，有不同的喜爱和所关心的事物。这就给我们选择幼儿舞蹈的题材，有了极为宽广的余地。幼儿现实的生活，幼儿所感兴趣的神话传说、童话寓言，自然景物中的花鸟鱼虫、山水风雨以及童幻世界中的一切，都可以塑造出生动鲜明的舞蹈形象。随着幼儿舞蹈题材的扩展，舞蹈体裁和形式也就相应地要求多样化。因此，幼儿舞蹈除了我们常见的抒情性舞蹈和叙事性舞蹈外，还应当多提倡采用歌舞、歌舞剧、小舞剧等体裁，这样就能使我们的幼儿舞蹈教育能够更加丰富多彩，更加绚丽多姿。

二、幼儿舞蹈的种类

幼儿舞蹈是一个非常广阔的领域，它包括各个不同种类、不同样式、不同风格的幼儿舞蹈。从各个角度，按不同的标准来区分有以下几种：

1．按幼儿舞蹈的目的和作用分类

根据幼儿舞蹈的目的和作用，可分为自娱性游戏舞蹈和表演性舞蹈两大类。

(1) 自娱性游戏舞蹈：自娱性游戏舞蹈主要是以自娱为主要目的的舞蹈活动，它不以剧场舞台为表现场所，不求供人欣赏，而是以跳舞作为自我娱乐的幼儿舞蹈。可分为律动、集体舞、伴歌表演、音乐游戏等形式。其动作比较简单，有一定的规律性，队形变化简单，人数可随时增减，随音乐或者乐器、鼓、歌声等的节奏起舞，在一定的节奏和规律的限度内幼儿可以即兴发挥。

(2) 表演性舞蹈：表演性舞蹈是反映幼儿生活情趣的由部分幼儿表演以供广大幼儿或家长等观众欣赏的提高性幼儿舞蹈。它的主要特征是有表演区域(剧场、舞台或者广场、会场等)，有特定的演员和观众。

2．按幼儿舞蹈的性质分类

按幼儿舞蹈性质分类可分为情节舞和情绪舞两大类。

(1) 情节舞：一般是指叙事性的舞蹈体裁，其主要特征是通过舞蹈中不同人物的行为构成的情节事件来塑造人物，表现作品的主题内容。它包括人物、矛盾冲突、特定的时间和环境，通过人物与人物，人物与环境的具体矛盾冲突，构成完整的故事内容，以塑造舞蹈形象和表现舞蹈主题。这里所说的人物也指拟人化了的动物、植物、自然现象等。

(2) 情绪舞：情绪舞是以抒发情感为主要任务，它没有复杂的具体情节，也没有特定的人物关系，只是单纯的以典型的舞蹈语汇、丰富的画面、流畅的舞台调度来抒发孩子们的思想感情，如快乐、向上、苦恼、生气等。

3. 按幼儿舞蹈表现形式分类

按幼儿舞蹈表现形式来分类可以分为独舞(个人舞蹈)、双人舞、集体舞、歌舞、歌舞剧、小舞剧等。

第二节　幼儿舞蹈教育目标、组织形式及教学方法

一、幼儿舞蹈教育目标

幼儿舞蹈教育是幼儿艺术教育的一部分，幼儿园艺术教育的核心是审美教育、情感教育、想象力创造的教育。在教育部颁布的《3～6岁儿童学习与发展指南》中对艺术领域发展目标确定了以下两大方面：

(1) 感受和欣赏。

① 喜欢自然界与生活中美的事物；

② 喜欢欣赏多种多样的艺术形式和作品。

(2) 表现和创造。

① 喜欢进行艺术活动并大胆表现；

② 具有初步的艺术表现和创造能力。

根据艺术领域教育发展目标我们将幼儿园舞蹈教育目标初步设定为

① 萌发幼儿参与舞蹈活动的兴趣；

② 增强幼儿体质，促进其健康快乐地成长；

③ 丰富幼儿的情感体验，发展幼儿活泼开朗的性格；

④ 培养幼儿的音乐感受力和表现力；

⑤ 初步培养幼儿大胆运用形体动作感受美和表现美的能力；

⑥ 培养幼儿的想象力和创造力。

二、幼儿舞蹈教育的组织形式

幼儿舞蹈教学活动一般有两类组织形式：

(1) 有计划、有目的、教师起主导作用组织的舞蹈活动形式。如集体教学形式，游戏中的集体舞蹈活动，节假日舞蹈活动形式(观摩、欣赏、排练、表演)等。

教师的主导作用主要体现在活动的教学目的、内容、方法、活动时间、活动地点等的预先设计和实施。这类活动为每个幼儿在艺术领域活动中的发展起到保证作用。

(2) 幼儿自己发起、自己参与和组织的舞蹈活动形式，简称为"自发性舞蹈活动形式"。如幼儿自发的舞蹈表演；幼儿舞蹈观摩后的自由交流评价、模仿；幼儿即兴舞蹈表演和创编等。

这种活动形式，为幼儿的个性发展、情感的自由抒发、动作的表现提供了良好的机会。教师应充分与幼儿合作，给他们提供场地、环境、时间，不要干扰和限制幼儿健康良好的自发舞蹈活动。

三、幼儿舞蹈教学的基本方法

(1) 示范法：舞蹈教学的示范是指教师能准确、形象、富有感染力地表演舞蹈动作或舞蹈作品。通过示范，用舞蹈的动作及表演的情感去感染幼儿，激发他们的学习兴趣，为幼儿树立良好的学习榜样。在舞蹈示范中，教师应做到动作熟练准确，情感表达真切自然。示范中应伴随简明形象的语言提示和讲解，使幼儿学会看老师的示范，为进一步模仿学习打下基础。

(2) 练习法：舞蹈练习是指幼儿亲身参加到舞蹈艺术活动中的一种基本方法，是掌握相应的舞蹈基本知识技能的根本途径。练习法的种类多种多样，如集体练习、小组练习、单独练习、对练；基本动作练习、难点动作练习、分段练习和完整练习等。舞蹈练习前教师应提出明确、具体、恰当的要求，练习中应有针对性、时效性的指导与评价，教师应为幼儿创设充分的练习时间和机会。

(3) 分解组合法：舞蹈教学中的分解组合法是指在舞蹈教学过程中，把舞蹈作品或基本动作、难点动作进行科学的分解，变成若干局部或单一动作进行教学，待幼儿基本掌握后再进行组合的方法。分解组合的方式有很多，如上下肢动作分解与组合，左右动作的分解组合，舞蹈的段落、舞句、角色分解组合等。

(4) 观察模仿法：舞蹈观察模仿法是指幼儿在学习舞蹈过程中，通过观察别人的表演，自己进行模仿、再现舞蹈的方法。这种教学方法的使用，有利于集中幼儿学习的注意力，提高幼儿观察、记忆、模仿的能力。

(5) 语言提示、讲解、口令法：在舞蹈教学过程中，用语言提示，讲解舞蹈的内容、情节、动作要点、思想感情等，运用口令掌握基本动作的节奏和规律，这是幼儿舞蹈教学中的一种辅助方法。这种方法的运用，可以加快幼儿对舞蹈内容情感的理解和对动作的掌握，从而提高学习兴趣。运用这种方法时要注意语言口令要简明、形象、具体，运用合理适时。口令提示不宜过多、过长，应突出音乐对舞蹈的启发指导作用。

(6) 游戏法：舞蹈教学中的游戏法是指在舞蹈教学活动中，运用游戏的形式、角色、情节、口吻进行舞蹈教学的组织、情趣的启发，教材的学习只是技能的传授。使幼儿在游戏生动活泼的感觉中主动地学习，实现幼儿发展目标。舞蹈游戏法运用时，应有明确的目的性。

(7) 个别教学法：舞蹈的个别教学法是指教师对幼儿进行有目的、有计划的单独教练方法。这种方法的运用可以缩小幼儿学习舞蹈水平的差距，增强幼儿学习舞蹈的信心，培养幼儿学习舞蹈的兴趣和自信。舞蹈个别教学法运用时应加强计划性和针对性，保证个别教学的质量和水平。

教学是师生双方的互动活动，教学方法的选择运用，应从教学目标、教材、教学对象、教学进度、教学环境条件等实际情况出发。任何教学方法的选择与运用，都不是固定、一成不变的，而是在变化、联系、发展和创造之中。

第三节　幼儿舞蹈教育的基本内容

幼儿舞蹈教育的基本内容可分为"舞蹈欣赏"和"舞蹈表现"两个方面的内容。舞蹈教育教学实践中，两方面的内容不可偏颇或截然分开，要在不同内容的教学过程中突出舞蹈作品本身的艺术感染力，舞蹈动作的形象、生动有趣的特点。

(1) 舞蹈欣赏：幼儿舞蹈教育中的舞蹈欣赏内容可以是多种多样的，不同舞种、不同民族、不同地域、不同年龄表演者的各种作品都可以作为舞蹈欣赏的内容。它可以提高幼儿舞蹈兴趣，开阔舞蹈眼界，丰富舞蹈知识，为舞蹈的审美、感受积累宝贵经验，同时让幼儿逐步养成欣赏舞蹈的良好习惯。

(2) 舞蹈表现：幼儿舞蹈教育中的舞蹈表现内容，一般是指幼儿在参与舞蹈活动过程中，整理生活经验、感受各种舞蹈表现手法而获得直接的舞蹈动作表现的经验和相关知识技能，从而促进幼儿舞蹈欣赏和舞蹈表现能力的共同提高。

本节着重介绍幼儿舞蹈表现的基本内容。

一、幼儿律动

幼儿律动是幼儿身心特点和感知音乐、舞蹈的特点而形成的一种幼儿舞蹈形式，也称"听音乐动作"。它是以幼儿身体动作为基础，以节奏感训练为中心的音乐舞蹈综合性艺术活动。

幼儿律动一般是指根据音乐或节奏乐器伴奏的性质、节拍、速度、力度，让幼儿运用形体的动作感受再现音乐的高低、强弱、长短、快慢、音色、性质的变化，或形象生动地运用形体动作模仿某种形象、事物，抒发表达某种情趣。律动的内容可以是单一的动作模仿，也可以是几个动作的组合，还可以让幼儿在音乐的伴奏下，全身心地投入，按自己的想象编出各种动作。幼儿律动是孩子喜爱的带有游戏性质的舞蹈形式，可以坐着、站着或在行进中训练。

它可以分为形象模仿律动和身体活动律动。

1. 形象模仿律动

① 动物形象律动：模仿各种小动物的特点动作，如小鸭走、小鸡点头、小鸟飞、小兔跳、大象鼻子、小猫洗脸等。

② 人物形象律动：模仿有特点的人物动作，如老爷爷、老奶奶、解放军叔叔、抱宝宝的妈妈等。

③ 自然现象律动：模仿自然现象中提炼出的形象动作，如小雨、风、花朵、小草、闪亮的星星等。

④ 劳动形象律动：模仿劳动的动作，如摘果子、扫地、开汽车、洗衣服等。

2. 身体活动律动

① 肢体活动律动：头部活动、手臂活动、拍手活动、抬腿活动、走步、跺脚等。

② 躯干活动律动：拧身、弯腰、摆胯、屈膝、压脚跟、蹲起等。

③ 幼儿日常生活律动：洗脸、刷牙、梳头、各种游戏动作等。

幼儿律动的训练是以训练培养幼儿节奏感，提高音乐舞蹈学习兴趣，发展协调幼儿的形体动作为主要目的的训练方式。教师需要选择适合幼儿的不同的音乐或者器乐伴奏，组织丰富多彩、生动有趣的律动活动，组织引导孩子们进行练习，发掘孩子们的节奏感，使他们掌握动作的流畅性，获得相应的动作能力。

推荐训练音乐：《小鸭嘎嘎》、《小兔乖乖》、《哈巴狗》、《好妈妈》、《小鼓响咚咚》、《我有一双小小手》、《拉个圆圈走走》、《快乐的小司机》、《两只小象》等。

训练提示：由于幼儿处在发育阶段，他们的身体能力随年龄增长呈现出不同程度，因此开展幼儿律动训练活动必须注意其内容要适合不同年龄阶段的幼儿，按照各年龄阶段幼儿生理发展水平，设计不同难度、形式的训练内容，开发他们的肢体能力，促进幼儿身体的健康发展。

二、幼儿舞蹈常用基本舞步

幼儿基本舞步是根据幼儿动作发展水平和一般规律及幼儿舞蹈中经常运用的舞步，经过归纳、整理、提炼、选编的舞步，在儿童舞蹈中占有很重要的位置。它对幼儿走、跑、跳等动作的协调和动作美感起到良好的促进作用，也将有助于幼儿音乐、动作、节奏感等多方面的发展。

幼儿舞蹈基本舞步也是幼儿舞蹈创编训练中的内容，通过对基本舞步的运用、变化和发展，创编者可以创编出多种多样的动作，创造新的舞步、组合，为所要表达的内容或思想情感服务。

(1) 走步(自由步)：左右脚交替迈步，全脚落地走，可前进、后退、横移等多方向行进。

训练时应先让幼儿学会自然摆臂、配合音乐节奏走。随着幼儿感受音乐及动作水平的提高和空间方位知觉的发展，可逐步根据音乐性质、节拍、节奏、高低、速度的变化，做出多种形象、变化的走步；也可以做模仿性走步，例如模仿不同人物、不同动物、不同情绪等；还可以增加身体律动、变换舞姿走，例如摆胯走、屈膝走、直腿走等。

走步一般在 2/4 拍或 4/4 拍音乐伴奏下进行。本步伐可以从幼儿园托班、小班开始训练，随着年龄增长慢慢增加训练难度。

(2) 小碎步：双脚踮脚，脚掌交替快速、均匀地小步行进或原地走动，膝关节放松。

小碎步动作特点是细碎但平稳，轻快活泼，训练时可模仿小鸟飞、蝴蝶飞、飞机飞、鱼儿游、风儿吹等动作。可用各种节拍的轻快、优美的音乐伴奏，一般从小班后期可以开始训练。

(3) 小跑步：两腿交替屈膝小跑，步子小而轻快，身体平稳，速度均匀，可行进或原地进行小跑步，速度可加快，给人以紧张急促感。

可模仿开火车、老鼠跑、开汽车等动作。一般在小班末期或中班可以开始训练。

(4) 后踢步：正步准备，双腿交替绷脚后踢跳。动作时，小腿有力后踢，身体略前倾，半脚掌落地。

后踢步比较有弹性，有活泼欢快、积极向上的感觉，一般用 2/4 拍节奏鲜明的音乐，可在小班末期或中班开始进行训练。

(5) 踮趾步：踮趾步为脚跟、脚尖点地的步法，做法多样。可分为① 跟点步：动力腿脚跟点地的动作，双脚交替或单脚连续点地；② 点步：动力腿脚尖点地的动作，可双脚交替或单脚连续点地；③ 脚跟脚尖先后点地的动作：动力腿先用脚尖(脚跟)点地再用脚跟(脚尖)点地，可交换脚也可单脚连续做。无论哪种做法，都可以在不同的位置和方向进行。

踮趾步在儿童舞中运用广泛，实用性较强，节奏可快可慢，可以与多种舞步相结合，一般可从中班开始训练。

(6) 蹦跳步：双腿经屈膝后蹬地跳起，双脚掌落地，同时双腿屈膝。可双脚起跳双脚落地，也可单脚起跳双脚落地，或者单脚连续蹦跳。

训练时一般先原地双起双落练习，再慢慢增加方向、行进、单脚起跳等练习，可模仿小兔跳、青蛙跳、袋鼠跳等。一般可以从小班后期开始训练。

(7) 踏跳步：正步准备，第一拍左脚(右脚)踏地，第二拍左脚(右脚)原地跳 1 次，同时右腿(左腿)正吸，双脚交替。动作时，踏跳的腿在空中要直，半脚掌落地。也可先跳后踏地，或者做连续的动力腿踏地再吸腿、主力腿跳。

踏跳步训练时应先做 2 拍 1 次，熟练后可加快成一拍踏跳，此舞步可从小班末期或中班开始训练。

(8) 踏踢步：正步准备，第一拍左脚(右脚)踏地，第二拍左脚(右脚)原地跳 1 次，同时右腿(左腿)勾脚或绷脚踢出，踢腿方向可根据需要变化。也可先跳踢腿，后踏地，或者做连续的动力腿踏地再踢腿、主力腿跳的动作。

踏踢步可与踏跳步结合训练，也可与走步结合训练，比如三步一踏踢等，可从中班开始进行训练。

(9) 踏踮步：前半拍右脚全脚踏地并屈膝，左脚自然离地，身体重心下沉，后半拍左脚于右脚旁半脚掌落地，双腿直膝，右脚自然离地，第二拍右脚全脚落地屈膝，可交替做反面动作，也可单脚连续进行。

踏踮步是比较有弹性的步伐，也可做重拍在上，此舞步可从中班开始训练。

(10) 跑跳步：正步准备，前半拍左脚向前迈步，后半拍左脚原地绷脚跳 1 次，同时右脚绷脚正吸，右脚接做反面。

跑跳步训练时可先做行进中的练习，让幼儿体会迈步同时吸跳的动作，然后再原地变换方向，强调吸腿高度和绷脚等动作。跑跳步动作给人活泼轻盈，热情向上的感觉，动作时后背要直立，防止上身前后摆动。可在中班后期到大班开始进行训练。

(11) 娃娃步：动作时第一拍前半拍双腿屈膝，膝盖向里，右小腿旁踢起，头向右摆，双手五指分开，左手曲臂于左耳侧掌心朝前，右手旁推拉开；后半拍右脚落地，双臂收至体前，第二拍动作相同方向相反。

一般采用2/4拍音乐进行训练，训练时可先分解练习，可在中班后期到大班开始训练。

(12) 十字步：正步准备，由四步组成，以左脚为例。第一步左脚向 2 点上一步，身体重心随之移至左脚；第二步右脚向 1 点上步，重心移至右脚；第三步左脚向 7 点撤步，重心左移；第四步右脚撤回原位(5 点方向撤步)。十字步也可从右脚开始起步。

此舞步一般采用 2/4 拍或 4/4 拍音乐训练，可在中班后期开始训练。

(13) 错步：小八字准备，以左脚为例。第一拍的前 3/4 拍左脚绷脚向前上一大步，落地后屈膝，重心移至前，右脚迅速跟至左脚旁并跳起，双脚空中靠拢；后 1/4 拍右脚落地，第二拍左脚掌上前一步。可做向前、向后、向旁还有交叉错步。

错步的脚步是附点节奏，训练时要强调双脚落地的时间，此舞步适合在大班开始训练。

(14) 前踢步：小八字准备，动作时两脚交替向前绷脚直腿踢起，身体稍向后仰，可原地或前进、后退做。

前踢时脚背要绷直用力，此舞步应在大班开始进行训练。

(15) 云步：云步也可称碾步。正步准备，双膝微屈，双脚先以脚跟为轴向左或右碾，再以脚掌为轴向同一方向碾动，连续反复做。

此步法可在大班开始进行训练。

(16) 交替步：交替步是个三步组成的步法，一般用 3/4 拍或 6/8 拍的音乐。

小八字步准备，动作时第一拍右腿屈膝，左脚绷脚向前上一大步，重心移至左脚；第二拍右脚掌在左脚内侧或脚跟处落地，身体重心移至右脚，同时左脚离地；第三拍左脚再向前上一步，身体重心移至左脚，后半拍左腿屈膝，右腿绷脚向前准备下一步。可做向前、向后、向旁还有交叉交替步。

进退步三步节奏要求平均，如需在 2/4 或 4/4 拍中运用，要将拍节平均分成 4 份，每步一份，屈膝动作占一份。此舞步需在大班后期开始训练。

(17) 进退步：以右脚为例，双脚正步或小八字准备。动作时，第一拍前半拍右脚向前上一步，身体重心移至右脚，左脚离地，后半拍左脚掌原地落下，身体重心移回左脚，同时右脚离地；第二拍前半拍右脚后撤一步，身体重心后移至右脚，左脚离地，后半拍左脚原地落下，右脚离地，重心移回左脚，准备进行下一步。

进退步也可以做第二条腿跟进的形式，也可交换脚做前进后退。动作的重点是重心的前后移动。可在小班开始训练。

(18) 滑步：以左脚为例，双腿屈膝，左脚向前或旁、后方向迈一大步，重心移至左脚，然后右脚掌经过擦地滑至左脚旁。

滑步动作移动位置较大，摩擦地面要清晰。也可在第一条腿迈出时就与地面摩擦滑动。舞步应在大班开始进行训练。

(19) 铃铛步：正步准备，第一拍前半拍双腿经屈膝后跳起，后半拍右脚落地屈膝，身体向右倾斜 45 度，同时左脚绷脚直腿向旁伸出，同身体形成斜线；第二拍前半拍右脚原地跳起，身体起直，左腿同时直腿回收，后半拍左脚落地屈膝，身体向左倾斜 45 度，同时右脚旁伸与身体成斜线。

铃铛步有左右摇摆的感觉，动作轻盈灵活，适合在大班开始进行训练。

(20) 跳颠步：正步准备，以右脚为例。预备拍右小腿后吸，左腿膝关节自然弯曲，左脚全脚着地。前半拍，左脚原地小跳，同时右腿绷脚前抬悠踢小腿；后半拍右脚落地颠一下也就是颤膝 1 次，同时左小腿后吸，准备下一步开始。

跳颠步要求膝关节放松，动作活泼轻快，应在大班开始训练。

(注：幼儿常用基本舞步的教学中，不光要求学生学会步法，还要让学生能根据步法自己配合设计不同的上肢动作予以配合，为之后的步法组合创编打下基础。)

由于幼儿在不同的年龄阶段的生理、心理发展状况有着明显不同，其接受能力的差异性对舞蹈的教育教学产生不同的要求。我们以年龄为标志，把幼儿期分为三个阶段：3～4岁，4～5岁，5～6岁。作为幼儿教师，应了解和掌握幼儿在不同年龄阶段可学习的舞蹈内容。

① 3～4岁：以律动为主，辅以单一的基本舞步，如小碎步、各种自由步、小跑步、进退步等，也可结合幼儿所熟悉的事物或对动物的动作进行模仿，如吹号、打鼓、开汽车、小鸟飞、小猫走、小鸭走等。使其能自由的运用手、臂和躯干来做各种单纯的动作，从而认识人体的相关部位，力求节奏和动作的协调、平稳等。

② 4～5岁：在律动练习中可以做一些简单的舞姿变化练习，可以根据需要变化上肢和躯干的动作速度和幅度，也可以与单一舞步通过节奏变化做一些稍微复杂的连续动作。如后踢步、娃娃步、跑跳步、十字步、踏跳、踏踢步、踵趾步等。可以学跳一些简单的小舞蹈组合。

③ 5～6岁：可做舞蹈综合性训练，各种动律与舞姿、舞步相结合；在舞步训练中增加控制力和节奏感要求较强的舞步，如前踢步、错步、交替步、云步、铃铛步、滑步等，并增加舞步组合的训练；在步伐组合和表演性的小舞蹈中，提高他们的记忆力与反应能力。

在舞蹈教育内容中还可以增加些即兴表演的训练。即让孩子们听着音乐自由发挥，自编自跳，从小培养他们的创造能力。

第三章 幼儿舞蹈创编

第一节 幼儿舞蹈创编的目的和原则

一、幼儿舞蹈创编的目的

舞蹈是一种形体艺术，是声音、色彩、形态和动作的综合活动。通过创编舞蹈可以培养幼儿感受美和表现美的能力，能使幼儿的创造力在美的环境下得到开发和培养，为幼儿全面发展奠定良好的素质基础。幼儿舞蹈创编的目的是从幼儿园教育教学的深入改革和幼儿身心和谐发展出发，根据艺术领域教育的需要，运用幼儿喜闻乐见、丰富多样的舞蹈形式、内容，提高幼儿参与艺术活动的情趣和初步动作的想象、表现、创作力的提升，大胆用自己的形体动作表现自己的情感和体验。

二、幼儿舞蹈创编的原则

1. 贴近幼儿实际，符合幼儿身心发展特点

创编幼儿舞蹈既要遵循舞蹈创作的共性规律，也要遵守幼儿舞蹈创作的个性特点。幼儿舞蹈创作者首先要了解幼儿的生理、心理特点，了解幼儿实际动作发展水平和接受水平，才能创作出表现幼儿生活、符合幼儿身心发展规律的作品。

1) 幼儿生理发展特点

幼儿期(3～6 岁)正是生理发展重要时期，骨骼较软，易变形；肌肉纤细，弹力小；收缩力差，易疲劳；其神经系统、大脑发育迅速，兴奋过程强于抑制过程。因此，幼儿动作的平衡能力、控制能力、节奏感都比较差，但弹跳发展较好。从幼儿身体发育的比例来看，头部与全身的比例比成人大，相对四肢比较短。在设计舞蹈动作时要充分考虑其特点，使动作舒展、开放、简练、活泼，节奏鲜明。

2) 幼儿心理发展特点

这个时期(3～6 岁)的孩子心理发展特点是思维形象具体、注意力不集中、好奇心强、易幻想、好动、好模仿，因此根据幼儿的心理特点，在幼儿舞蹈的创编中要善于从幼儿的生活环境、生活经验中，采用具有童话情景和游戏特点的舞蹈形式，利用短小、形象、鲜明、故事性强、情节简单、动作性强等特点的舞蹈构思来创编丰富多彩的幼儿舞蹈。

幼儿舞蹈创编者在创编实践中，要从幼儿的生理、心理特点出发，深入到幼儿的生活中，了解幼儿的喜、怒、哀、乐，抓住幼儿的情感特点，创作出来的舞蹈才能更好地为孩子们所接受。

2．对幼儿的成长具有一定的教育意义

幼儿园的舞蹈教育目的就是要激发幼儿参与舞蹈活动的兴趣，丰富幼儿的情感体验，发展幼儿活泼开朗的性格，初步培养幼儿大胆运用形体动作感受美和表现美的能力，促进幼儿身心和谐发展。因此，幼儿舞蹈作品要紧紧服务于幼儿的成长，结合幼儿在不同阶段的成长需求，在情感上、思想认识上起到教育和引导的作用。例如幼儿舞蹈《小鸟飞了》，就在短小的音乐中，利用简单、形象、重复性的动作，将"放飞小鸟"的主题和过程表现得非常清晰，而小朋友们也在学习舞蹈的同时体会到了应该爱护小鸟、保护小动物的道理，起到了很好的教育意义。

3．有丰富的想象力和幻想性

幼儿有着丰富的想象力和幻想性，他们可以将有限的活动场所在丰富的想象和幻想之中变成无限的游乐世界，他们可以和蓝天、白云说话，和花儿小草一起歌唱；他们幻想自己长大后的世界，也想象着太空的模样。孩子们的这种丰富的想象力需要我们加以爱护和开发。所以，作为幼儿舞蹈创编者也要具备这种能力，要深入到幼儿的想象空间寻去找主题和题材，寻找创作灵感，使作品立意新颖、形式丰富多样，得到幼儿的喜爱。例如少儿舞蹈《小蜜蜂的秘密》，编导者就充分发挥了想象力，利用拟人化的手段表现了小蜜蜂和大葵花之间发生的互相帮助的小故事，既起到了寓教于乐的作用，又使作品新颖好看，得到了一致的好评。

4．充分表现孩子们纯真的情感

幼儿有着天真无邪、纯真质朴的天性，他们表达情感直接、思维简单，不会隐藏情绪，我们在幼儿舞蹈的创编上一定要充分体现这一特点。要从幼儿的生活中去寻求这些真情实感，利用舞蹈来表达孩子的喜、怒、哀、乐。作为幼儿舞蹈的创作者，如果不和孩子们交朋友，不深入到孩子们的生活中去，只坐在书桌前冥思苦想，是创作不出来好作品的。获得过 CCTV 舞蹈大赛金奖的幼儿舞蹈作品《我可喜欢你》，就是对孩子们真挚情感充分表达的一个范例。利用简单的歌词"我可喜欢你了，你喜不喜欢我？""我的东西给你吃，你喜不喜欢我？"等，配上从生活中提炼出来再进行艺术加工过的动作(比如双手拎着裙角摇摇摆摆地跑等)，使舞蹈形象、生动，贴近生活，令所有观看的观众都被吸引，随着舞蹈的情绪而激动和变化。

5．寓教于乐，游戏性强

游戏是有利于开发智力的一种手段，它能调动孩子积极思维，启迪孩子的灵感。游戏舞蹈在幼儿舞蹈中占有重要的位置。幼儿的生活离不开游戏，创编一些游戏舞蹈能够对幼儿产生强大的吸引力，使幼儿对舞蹈产生兴趣，主动学习舞蹈，通过舞蹈接受各种知识。

第二节　幼儿舞蹈创编的过程及要素

幼儿舞蹈创编和排演是一种艺术创造活动，是文学、音乐、舞蹈三位一体的综合艺术创作。它的创作过程一般为：构思选材(确定舞蹈题材、主题)—选择舞蹈体裁—选择音乐—设计结构—构图—编排动作。

在幼儿舞蹈创编实践过程中，有的时候可能是先有音乐，激发了创编的冲动；有的时候是先有动作形象激发了创作灵感，总之以上的顺序过程并非一成不变，会因时因地因人而变化。

一、构思的基本概念

舞蹈构思是指编导在体验、感受生活的基础上，运用舞蹈的形象思维，对所创作的舞蹈作品，从萌芽、酝酿到成熟的构思孕育过程。这个过程主要是解决两方面的问题：一是表现什么；二是如何表现。其中包括选择题材、主题，塑造什么样的形象，运用什么体裁和结构等表现形式，选择什么样的音乐以及舞蹈中的画面设计、服装、道具等。总之，舞蹈构思就是对一个舞蹈全部设想的总和。

二、构思——选材

选材和立意是舞蹈创作中的重要环节，它关系到作品是否成功，是否有生命力的大环节，是确定一个作品思想立意的过程，包括选择题材和主题两个方面。

1. 主题和题材

1）主题

主题又叫主题思想，是舞蹈作品通过对现实生活的描绘和对艺术形象的塑造所表现出来的情感意蕴和重心思想。舞蹈作品的主题就是创作者通过一个舞蹈作品来表达一定的中心思想。

2）题材

舞蹈题材是指舞蹈作品中所反映和表现的生活内容材料，是舞蹈作者对其所掌握的大量生活素材进行选择、概括、提炼、加工后作为作品内容的材料。舞蹈题材有广义和狭义两种解释。广义的题材指作品所反映和描写的生活范围或生活类型，如历史题材、现代题材、军事题材、儿童题材等。狭义的题材指作品中所反映和描写的具体的生活现象、生活事件、历史背景等。

3）题材与主题

题材与主题既有联系又有区别：舞蹈的题材是舞蹈作者从大量生活素材中筛选提炼出来的，在舞蹈作品中用以表现主题的可以被观众形象感知的人物的行动和生活场景；而主题则是通过这些人物的行动和生活现象所表现出的肯定或否定的情感和思想倾向。

简而言之，舞蹈主题是舞蹈创作者通过舞蹈作品来表达一定的中心思想，而题材就是用具体事物、生活情景等材料来表现这个主题思想的。也就是说主题是作品的核心、主体，而题材就是具体描写主题的材料。

2. 幼儿舞蹈的选材方法

选材是创作舞蹈的前提，题材的选择要和主题协调统一，可以先确定主题再选择题材，也有很多创作主题是在题材的起法和感染下产生的。对于幼儿舞蹈的选材来说既要抓住幼儿舞蹈的特点，又要符合幼儿舞蹈创编的几大原则，防止在选材时脱离幼儿的实际情况。

幼儿舞蹈的选材可以从以下几个方面进行选择和确立。

1) 直接从幼儿的生活中选材

幼儿的生活丰富多彩，妙趣横生，处处体现出幼儿特有的情趣，这些生活的本身，就是幼儿舞蹈最好的创作素材。一些简单的生活动作、生活场景、生活事件、生活游戏等经过提炼、加工，就可以形成反映幼儿生活又富有教育意义的舞蹈作品。例如幼儿舞蹈《宝宝会走了》、《我可喜欢你》、《我有一双小小手》、《手牵手》、《拍拍手》等，就是生活的真实写照，也很受幼儿的喜爱。

2) 从丰富的大自然中选材

丰富的大自然里气象万千，蕴含着太多的素材。编导者要利用敏锐的眼光和丰富的想象力去选取富于幼儿情趣的、引发幼儿想象的动物、植物、自然现象等进行创作。例如《蚂蚁搬家》、《花儿朵朵向太阳》、《小蜜蜂的秘密》、《小鸡小鸡》、《快乐的小鸭子》等舞蹈，利用拟人的手法将动物、植物和自然现象融入舞蹈，充分调动了孩子们的想象力，也使幼儿开阔了视野、增长了知识。

3) 从幼儿喜爱的故事、童话、寓言及其他文学作品中选材

童话、故事、寓言等都是幼儿的教育手段，也是孩子们最喜欢的教育形式之一，无论是童话、故事还是寓言及其他文学作品，都有很好的教育意义。幼儿舞蹈创编者可利用这些素材进行舞蹈的编排，通过不同的栩栩如生的形象对幼儿进行正确的引导，使他们从中懂得善、恶、美、丑和一些做人的道理。例如：《小红帽》、《丑小鸭》、《拔苗助长》、《七色花》等小故事都可作为很好的幼儿舞蹈创作题材。

4) 从音乐、美术、摄影、雕塑等其他的艺术形式中选材

创编者通过对音乐、美术、动画影片、电影、摄影、雕塑等其他艺术形式的作品进行思考和审视，再进行提炼和艺术加工，可以创编出许多有色彩、有意义的幼儿舞蹈。

现在幼儿歌曲很多，内容丰富，很多编者都会选择根据歌曲来进行舞蹈创编。但是有些编导往往不是听了音乐后在头脑里产生舞蹈的构思，而是拿着一首歌直接创编，舞蹈跟着歌词走，歌有多长舞就编多长，歌停舞止。这样就把舞蹈变成了歌的附属工具，舞蹈动作难以连贯自然，会造成词不达意的哑剧。这就要求编导要对音乐、美术等各种艺术作品进行分析和构思，通过巧妙设计，使舞蹈不仅符合原作品主题，又有自己独特的表达方式。

5) 根据时代的发展及当前的形势来选材

这类题材对于培养幼儿的思想品质有很大的意义。比如国庆节、劳动节、母亲节等有标志性的纪念意义的节日，或者环保方面、科学发展方面的题材，还有各种具有时代特征的题材，都可以对幼儿今后的健康成长起到积极的引导作用。例如《小小航天员》、《爱护环境我来了》、《星空下的遐想》等。

幼儿舞蹈题材丰富多彩，需要编导者对生活反复观察和体验，经常观察幼儿的生活，带着童心去听、去看、去感觉、去领悟周围的一切，才能选择出适合幼儿的舞蹈题材。

三、构思——体裁

在舞蹈创作构思过程中，主题和题材确定好后就要选择合适的舞蹈体裁。舞蹈体裁从不同角度有不同的分类方法。

(1) 按作品性质来分

① 情绪舞：也叫抒情性舞蹈，是指在特定的环境中，以鲜明、生动的舞蹈语言来直接抒发人物——舞蹈者的思想感情，达到感染观众的目的。

② 情节舞：也叫叙事性舞蹈，是指通过舞蹈中不同人物的行动所构成的情节事件来塑造人物，刻画人物性格，揭示性格冲突和发展，表现作品的主题内容。

(2) 按表现形式来分：可分为独舞、双人舞、三人舞、群舞(集体舞)、组舞、舞剧等。

(3) 按舞种来分：古典舞、芭蕾舞、现代舞、民间舞、交谊舞、爵士舞、踢踏舞、街舞等。

四、构思——音乐

音乐的选择是构思当中很重要的一环，它包含着编者对音乐的想法，即音乐的速度、节奏、情调、风格等。在创作中，音乐和舞蹈的关系应该是平等的、互补的。有的创作是根据主题、题材和体裁的要求来选择音乐，也有的创作者习惯于先有了音乐再进行编舞，通过音乐的起法和刺激，寻求创作灵感，确定舞蹈主题和题材、体裁。因此舞蹈和音乐可以说是"鱼水关系"。

在选择音乐时可采用选取成品音乐、剪接音乐和根据需要创作音乐三种方法。

幼儿舞蹈的音乐选择应注意以下几点：

① 音乐的乐句要短小、活泼，旋律流畅；

② 音乐节奏要鲜明、强烈，富有感染力；

③ 音乐形象应生动、具体，便于幼儿理解；

④ 歌词应通俗易懂、顺口、易记，能激发幼儿的兴趣和跳舞的欲望。

五、构思——结构

舞蹈作品的结构是表现舞蹈作品主题思想、塑造人物的重要艺术手段。在一部作品创作过程中，舞蹈作者在选定了题材后，就要考虑如何进行具体的安排，哪些情节在前，哪些事件在后，情绪、情感的节奏如何起承转合，如何发展变化？如何起头，怎样结尾，高潮放在哪里以及整个作品如何串联为一个整体等。这些都属于舞蹈作品的结构。

幼儿舞蹈常见的结构形式有抒情性结构和戏剧性结构两种。

1) 抒情性结构(情绪舞的结构)

抒情性结构没有故事情节和矛盾冲突，有时只有极简单的情节，表现的人物形象和性格都是概括的，但它以优美的形象、动态和富有变化的画面创造出意境、情绪和气氛。情绪舞主要是以动作、节奏、速度和画面的对比变化来表现舞蹈所要表达的情绪的。在幼儿舞蹈中最常用的有以下三种结构形式。

(1) 一段体——A，即以单一的特定情绪一贯到底为特色。从节奏上讲，若是快板就一快到底，若是慢板便一慢到底，中板或散板亦然。在一定意义上讲，节奏就是情感。

(2) 两段体结构——AB，即以两种特定情绪先后排列直至结束为特色。在布局上，根据情绪的需要，可先快板后慢板，或先慢板后快板。这种体式在两种节奏的处理上，不宜平分秋色，应有所侧重，或前短后长，或后短前长，使不同的情绪渲染有浓与淡、急与缓的对比。

(3) 三段体——ABA，即以两种情绪间隔排列直至结束为特色。在布局上，根据情绪需要排列为快慢快，或慢快慢。这种体式的情绪起伏与节奏变化都比较大，需要注意的是第三段再现的 A 要比第一段的 A 更强烈、更辉煌，并在整个气氛上要更上一层楼。

2) 戏剧性结构(情节舞的结构)

戏剧性结构是最常见的一种结构形式，即按照情节内容发展的时间顺序渐次展开，作品从开端、发展、高潮直至结局，层次递进，思路比较清晰。这种结构一般是围绕所表现的某一中心事件展开，要求线索清楚，脉络分明，人物情感的发展自然流畅。

六、构思——构图

舞蹈构图是舞蹈语言在舞台上存在和呈现的方式，也是舞蹈在时间、空间的动态结构，一般是指舞蹈者在舞台空间的运动线(不断变化、流动的舞蹈路线或队形)和画面造型，包括舞蹈队形变化中形成的图案和舞蹈静态造型所构成的画面。舞蹈构图是舞蹈作品的重要表现手段之一。不同的构图会给观众留下不同的直觉感受。例如：直线运动所形成的斜线和竖线，可以表现出强劲有力的动势，有逼近、压迫的感觉；横线则比较平稳、缓和；而有棱角的曲折线则给人一种游移跳荡和不安定的感觉；曲线运动所形成的圆形、弧线和蛇形线，则能表现出流畅、圆润、丰满、柔和的情调。

舞蹈构图应遵循以下原则：

① 舞蹈构图要服从和适应舞蹈作品的内容的要求；

② 舞蹈构图要从表现人物的情感和思想出发；

③ 舞蹈构图要衬托和展现舞蹈作品所规定的环境；

④ 舞蹈构图要符合艺术形式美的规律和法则。

在舞蹈构图的过程中，创编者还要发挥自己的独创性，根据所要表现的内容和塑造的人物形象，进行大胆的创造。在设计舞蹈的构图中，不仅要考虑到队形、造型、流动画面等舞蹈画面，也要考虑到舞者与舞台空间、背景、灯光、服装、道具等之间的画面感。而在舞台空间调度和队形变化中要注意均衡匀称、整齐一律、调和对比、疏密结合、动静结合、突出重点等审美习惯。

第三节　幼儿舞蹈创编的过程及要素——编舞

编导在有了舞蹈创作的整体构思后，就要进入幼儿舞蹈创编的实施阶段，这个阶段的首要问题就是挖掘寻找舞蹈动机(主题动作)。

一、舞蹈动机

舞蹈动机是舞蹈作品创作过程中的一个主题内核，是存在于舞蹈作品中的并外化为动作形态的一个或一组舞蹈词汇。舞蹈动机的核心是规定和影响作品的基调，是舞蹈作品所铺设的第一层底色，并在很大程度上规定和制约舞蹈作品发展的走向，因此它是最能够体现舞蹈主题思想的一个或一组舞蹈词汇，也可称之为舞蹈的主题动作。

舞蹈动机长度一般是 2～8 拍，并且需要具备六个要素：① 形象性；② 可变性；③ 简练性；④ 鲜明的个性；⑤ 舞蹈性；⑥ 观赏性。

二、幼儿舞蹈动作的来源

(1) 从幼儿的日常生活中捕捉动作形象。

幼儿天真活泼、幼稚可爱，他们的言行举止无拘无束，他们多姿多彩的动态常常成为幼儿舞蹈创作者捕捉到的艺术形象。编导要善于发现并抓住其动作的闪光点，经过自己的整理、提炼和艺术加工，将之转化为幼儿舞蹈中精彩的艺术形象。

(2) 从自然界、动植物中捕捉动作形象。

幼儿非常热爱大自然，往往会对自然界的动物、植物以及自然现象产生的丰富的联想，在创作时，编舞者常用借物喻人的方式来表现幼儿的生活和精神世界。

(3) 从音乐当中捕捉动作形象。

从音乐中获得舞蹈形象是编导的一个重要创作方法。当创编者在聆听音乐时，音乐的旋律、节奏和韵味化作情感流入心田，在头脑中展现出一幅幅动作的画面，产生舞蹈形象。这是一种由听觉感知到形象思维，再到形象确认的心理过程。它需要编导认真地聆听音乐，重视第一次听音乐的感受，再反复听反复感受，并融入主题后确立形象。

(4) 借鉴传统的民族舞、民间舞、外国舞等各舞种的动作，加以提炼、简化，形成舞蹈形象。

三、发展变化舞蹈动机

舞蹈动作要围绕舞蹈主题进行展开，而动作之间要找出合理的联系，把捕捉到的动机加以发展，才能构成舞蹈的句子、段落直至整个作品。对于动作的发展变化，应遵循动作自身的特点和变化的合理性、可能性。任何动作都具有时间性、空间性、造型性的特点，那么动作在变化上就存在着不同的变化组合。

动作的发展变化方法如下：

(1) 节奏的变化：在动作的节奏上进行快慢转换、节拍转换的变化。

(2) 幅度的变化：在动作幅度的大小和力度的强弱上进行转换的变化。

(3) 下肢的变化：保留上肢动作，改变下肢动作，包括各种下肢舞姿、位置和各种步伐。

(4) 上肢的变化：保留下肢动作，改变上肢动作，包括头、颈、肩、腰、手臂等各种舞姿和动作。

(5) 方向角度的变化：在动作的方向上进行左、右、正、反以及各个不同方向、角度或转圈的变化。

(6) 空间的变化：改变原动机的一、二、三空间，使高低关系有所不同。一度空间指除了双脚以外的身体任何部位接触到地面；二度空间指只有脚接触地面的动作；三度空间指身体的任何部位都不接触地面。

(7) 重复、再现、省略的变化：动机整体或者某一部分重复动作或再次呈现，也可省略其中一部分，还可以将重复、省略、再现三者结合进行变化。

(8) 顺序的变化：将动作的顺序进行变化，打乱原来的顺序排列，形成新的动作连接。

    (9) 复合变化：将任意两种以上单一的变化方法相结合后形成复合性的变化方法。

    动机的发展变化既要有保留，又要有变化，不可以全部都变没有，因此，只有抓住动作元素的可变化因素，才能得到不同风格的动作动态。

四、运用连接动作形成舞句和舞段

    运用合适的连接动作将舞蹈动机和发展变化后的动作连接起来，形成舞句和舞段，直至完成整个舞蹈。

    连接动作没有固定的要求，凡是连接舞蹈动机与发展变化出的动作之间的动作都可以称为连接动作，所有的走、跑、跳、转、翻等，包括技巧动作都属于连接动作。

第四节　幼儿舞蹈创编技法训练

一、捕捉形象、动机的训练

    (1) 表现人物形象。可从外在的动态形象着手，例如劳动场景、运动姿态、特定人物形象等；也可从人物内心情感入手，表现人物的喜、怒、哀、乐、愁等情绪。

    (2) 表现动物形象。对动物的外形进行模仿，模仿其动作特点，或对动物的内心情感进行设计，即表现喜、怒、哀、乐等。

    (3) 表现植物形象。对植物的外形进行模仿，如花、草、树木等，或表现植物的风格。

    (4) 表现自然界的景象。例如对风、雨、雷、电、雪、寒冬、酷暑等进行描绘和刻画，挖掘出景象的深层含义。

二、动机发展变化的训练

    (1) 确定舞蹈动机 2~8 拍(可以小组为单位进行训练，也可以个人为单位进行训练)。

    (2) 在原动机的基础上进行各种发展变化的训练(节奏的变化、幅度的变化、下肢的变化、上肢的变化、方向角度的变化、空间的变化、重复再现和省略的变化、动作顺序的变化、复合变化)，每种变化要求完成三组以上。

    (3) 运用动机及变化发展出的动机创编舞段。

三、舞步组合创编的训练

    (1) 规定舞步创编：规定四到五种舞步，分组或个人进行组合创编。这个练习可根据人数和时间来确定舞段长度，甚至可以创编整个舞蹈。

    (2) 自选舞步创编：自选任意几种舞步进行创编训练。这个练习可根据人数和时间来确定舞段长度，甚至可以创编整个舞蹈。

    (3) 命题创编：规定相同的主题或音乐，学生利用所学舞步创编舞段或舞蹈，各组学生自行设计创编方案，并进行编排。

四、舞蹈改编训练

将无队形、无情节的舞蹈组合进行改编，使之形成有角色、有情节、有队形变化的幼儿舞蹈。这个练习可由浅而深，可不断增加改编要求。例如开始只要求变换队形，然后增加故事情节的要求，还可再增加使用道具、增加头饰等不同的要求。

五、即兴编舞训练

音乐即兴是编舞技法中最基本、最重要的练习方法，目的在于培养和发展学生对肢体的反应能力、思考能力、多重的观察能力和创造能力。

即兴编舞是个复杂的训练过程，在幼儿舞蹈的即兴训练中，首先需要学生学会在音乐里跳舞，要注意音乐节奏、旋律及其变化，注意音乐所蕴含的情感特征，从情感特征中迅速判断乐曲的形式风格，随即确定以某一舞蹈动作为素材，并对音乐有所呼应。

参 考 文 献

[1] 隆荫培，徐尔充，欧建平. 舞蹈知识手册. 上海：上海音乐出版社，2001.
[2] 孟广城. 古典芭蕾基本功训练教程. 上海：上海音乐出版社，2004.
[3] 沈元敏. 中国古典舞基本功训练教学法. 上海：上海音乐出版社，2004.
[4] 韩萍，郭磊. 中国少数民族民间舞教程. 北京：高等教育出版社，2004.
[5] 赵铁，田露. 中国汉族民间舞教程. 北京：高等教育出版社，2009.
[6] 贾安，钟宁. 中国民族民间舞初级教程. 上海：上海音乐出版社，2004.
[7] 人民教育出版社体育室. 幼儿师范学校教科书舞蹈. 北京：人民教育出版社，2013.
[8] 贾任兰. 幼儿歌舞创编实用教程. 上海：复旦大学出版社，2007.